Egipto misterioso

JOSÉ MANUEL GARCÍA BAUTISTA

Egipto misterioso

ALMUZARA

Primera edición: julio de 2020

COLECCIÓN ENIGMA
EDITORIAL ALMUZARA
Director editorial: Antonio E. Cuesta López
Edición al cuidado de Rosa García Perea
www.editorialalmuzara.com
pedidos@almuzaralibros.com — info@almuzaralibros.com

Imprime: Coria Gráfica
ISBN: 978-84-18205-50-7
Depósito Legal: CO-622-2020
Hecho e impreso en España — *Made and printed in Spain*

A todos los que considero y se consideran mis amigos.
Al país de las arenas eternas, la tierra de faraones.

Índice

«¿Fue un hombre misericordioso quién la erigió como testimonio de su piedad?

¿Y construyó la pirámide para alguno de sus ídolos?

O bien, ¿es la obra de alguien que creía en el retorno del ama al cuerpo, después de haberle abandonado?

¿La edificó para sus tesoros y su cadáver, como tumba que había de preservarlos del Diluvio?

O bien, ¿es un observatorio para los planetas, escogido por los sabios, a causa de la excelencia del lugar?

O bien, ¿es la descripción de cálculos planetarios, como los que hacían en otros tiempos los persas y los griegos?

O bien, ¿grabaron sobre sus caras una ciencia que el espíritu se esfuerza en comprender?

En el corazón de quien las ve brota un deseo de comprender su escritura, que hace que se muerdan las puntas de los dedos».

Cadí Fajr el-Din el-Uahab el-Masri, 1257 d.C.,
preguntándose por los misterios que encerraba la Gran Pirámide.

PRÓLOGO

«El hombre teme al tiempo, pero el tiempo a las pirámides».
Proverbio árabe

Si hay un lugar en el mundo que nos fascina y despierta nuestros deseos de conocimiento, ese es, sin duda, Egipto. En torno al país de las arenas eternas se han tejido mil y una historias, a cual más enigmáticas, sobre el origen de su conocimiento, de su singular cultura, de su saber... Y hoy día sigue habiendo en su Historia lagunas que el ser humano moderno no sabe explicar.

Hay un lugar en Egipto, muy cerca de su capital, El Cairo, que resume claramente toda esa pléyade de misterios, ese lugar es la meseta de Giza, el emplazamiento seleccionado por los faraones para erigir unas monumentales construcciones en forma piramidal, que en su día ya fueron parte de las Siete Maravillas del mundo antiguo; las únicas que siguen en pie en la actualidad, tan monumentales como eternas.

Más de 4000 años las contemplan y atraen hoy día a aquellos que quieren resolver y desvelar sus misterios. ¿Qué son o qué representan las pirámides? ¿Qué relación tienen con sus «análogas» de Asia o de América? ¿Cómo se construyeron? ¿Quién las construyó? ¿Por qué no albergan ningún cuerpo si, teóricamente, se erigieron para ello? ¿Cuánto tiempo se empleó en su construcción? Estas son solamente algunas de las preguntas que surgen cuando hablamos de las pirámides de Giza y es pretensión de esta obra arrojar luz sobre unas de ellas.

Tenemos, también, a la guardiana de las pirámides, la Gran Esfinge de Giza, aquella que con su mirada perdida en el horizonte guarda secretos casi más antiguos que las propias pirámides, casi tan antiguos como sus perdidos constructores. ¿Qué nos esconde? ¿A quién representa? ¿Hay cámaras ocultas en su interior o bajo ellas? ¿Qué edad tiene?

Este es un recorrido por el Egipto mágico, por los secretos de la meseta de Giza, por sus pirámides, por su complejo de construcciones, por la Esfinge, por los templos, por la calzada, por el Nilo... un recorrido que pretende transmitir al lector la luz del conocimiento y la fascinación por una tierra ignota.

Viajaremos por Egipto, Giza, Luxor, Karnak, Abu Simbel y por aquellos lugares que se reservan sus misterios para aquel que sepa encontrarlos o interpretarlos... un viaje al país del que dicen que oculta aún bajo sus arenas el 80% de sus ruinas y tesoros; un país que fue la cuna de una de las civilizaciones más importantes del mundo, del que desconocemos gran parte de su pasado y que, de vez en cuando, desvela un misterio para descubrirnos otros todavía sin revelar.

Acompáñeme por un viaje apasionante a la tierra de los faraones, acompáñeme al país de las arenas eternas, acompáñeme, de la mano de la Historia y el Misterio, a los enigmas que aún protege EGIPTO.

En El Cairo, mientras observo las siluetas sin igual de las monumentales pirámides de Giza.

Jose Manuel García Bautista

1. MÁS ALLÁ DE LA ESFINGE

Su edad es un misterio. Se la data de hace 7000 años, pero es posible que su edad sea tan antigua como la de las propias pirámides. Es la guardiana del desierto, la guardiana de la meseta de Giza.

Se dice que bajo ella se esconden cámaras ocultas que podrían encerrar sus últimos secretos. Pero la Esfinge en sí nos sigue fascinando. Si es difícil comprender cómo se alzaron las moles de piedra de dos toneladas de la Gran Pirámide, más incomprensible es que los bloques de piedra de la Esfinge, entrelazados a lo largo de 70 metros de longitud por 20 de altura, sean del tamaño de un autobús y pesen ochenta toneladas.

Nos dice la Historia que encarna a Kefrén, cuya Dinastía alcanza el siglo XXVI a.C.; representa el cuerpo de un león con el rostro humano y expresión vigilante. Sin embargo, surgen dudas en este punto, ya que Kefrén en poco se parece al rostro de la Esfinge; como en otras ocasiones, el faraón usurpó la gloria de esta construcción.

El estilo de los rasgos de la Esfinge asemeja a los representados en las cabezas Olmecas, son más amerindios que egipcios... Pero, ¿cómo es posible?

Además, si se analiza la erosión de la piedra con la que está construida la Gran Pirámide, observaremos algo inquietante. Podría tener más de 10000 años, que además es la edad que, igualmente, se le atribuye a la Gran Pirámide. ¿Cómo es posible?

Pero hay más. Debemos detenernos en el 10450 a.C., ya que las «pruebas» parecen indicar que su construcción dataría más o menos de ese año, coincidiendo con determinadas constelaciones. Así pues, tanto las pirámides como la Esfinge ya estarían construidas en Giza cuando el ser humano comenzó a desarrollar allí su civilización.

Se cree que bajo la Esfinge hay determinadas galerías que albergan secretos tales como una importante biblioteca sorprendente, con archivos y todo el conocimiento oculto. Fabulando se profiere que «cambiaría la Historia y el destino de nuestra Humanidad». Quizá esto sea solo una exageración, máxime cuando aún no se ha descubierto nada. O casi nada, ya que la restauración que se le practicó en 1979, debido al peligro que corría la piedra de la Esfinge por su elevada edad, dejó al descubierto un agujero que recorría la parte trasera de la misma y comenzaba a descender hacia dos galerías y un pozo. Lo que alentó a los arqueólogos y a los amantes del misterio.

En 1994, el sismógrafo Thomas Dobecki realizó pruebas con un ecorradar hallando una estancia oculta bajo la pata derecha de la Esfinge, de 5 metros de profundidad por doce de longitud y nueve de ancho. Era claramente de origen artificial.

Robert Schoch, de la Universidad de Boston, se unió a Dobecki en 1997 y prosiguieron los trabajos de investigación. Descubrieron que la edad mínima de la Esfinge era de 7000 años y no de unos 4500 como se afirma ortodoxamente, y además, hallaron otras cuatro cámaras bajo ella.

SOBRE LA EDAD DE LA ESFINGE

Nunca quedará clara, a ciencia cierta, la edad de uno de los monumentos más enigmáticos e intrigantes de nuestro tiempo. Lo ubicamos en el país de los misterios, en el lugar de las arenas eternas, en Egipto. Allí encontramos, en la explanada de Giza —o Gizeh— la vieja Esfinge, un celoso guardián que vigila la integridad de los muchos secretos que guarda.

Un resignado arqueólogo del Museo Egipcio de El Cairo dijo, en referencia a la edad verdadera de la Esfinge: «Las viejas damas ocultan su edad».

Para unos es la imagen del dios solar Harmakis, para otros es el faraón Kefrén. Se la ubica hacia el tercer milenio antes de Cristo, pero las muestras de la erosión exterior nos dicen que la Esfinge es mucho más antigua de lo que la moderna datación nos indica. Según el desgaste de la piedra, provocado por el agua, la Esfinge ya estaba allí cuando el lugar no era un árido desierto y sí un territorio fértil, con exuberante vegetación y ríos de agua. Su tiempo: hacia el 7000 a.C. Pero claro, esto chocaría con la Historia ortodoxa que apunta, por no revisar sus planteamientos, que ello es imposible.

Incluso hay expertos que la sitúan en torno al siglo XI a.C., hacia el año 11.500 a.C. Lo cual indicaría que un pueblo, con una gran capacidad arquitectónica, habría construido el monumento sin igual y habría dado origen a una de las cunas de la Humanidad.

LA ESFINGE DE GIZEH

La gran Esfinge se alza majestuosa en la planicie de Gizeh. Oficialmente representa al faraón Kefrén, de la IV Dinastía, cuyo reinado tuvo lugar hacia el 2500 a.C. Sin embargo, los arqueólogos tienen serios problemas para ubicarla como contemporánea de Kefrén

Hemos de situar La Esfinge en el conjunto monumental de Gizeh, o Giza, junto a las tres pirámides y el conjunto funerario que las acompaña. Está esculpida sobre roca viva. Para erigir tan imponente monumento, se aprovechó una gran roca caliza en el terreno, se excavó un foso alrededor de ella y se comenzó a tallar la forma de un león echado, con las manos extendidas hacia delante. La cabeza del león representa la de un hombre con los atributos reales, cuya mirada se pierde en el horizonte. Se cree que anteriormente la cabeza era realmente la de un león y que posteriormente se retalló con la imagen del faraón.

La Esfinge, que mide 70 metros de largo por 20 metros de alto, es, hoy día, una de las mayores estatuas del mundo. Tiene entre las patas, un relieve que representa un sueño del faraón Tutmosis IV, realizado hacia el 1500 a.C. Ha perdido la barba faraónica que se guarda en el Museo de El Cairo y en el Museo Británico.

Inicialmente, se consideró que representaba a un dios, pero los expertos concluyeron que debía de tratarse de un faraón, designando, oficialmente, a la imagen funeraria de Kefrén.

Los arqueólogos e historiadores más heterodoxos, basándose en el índice de erosión de la roca, la han datado hacia el 10000 a.C., lo cual impacta directamente contra el origen de la cultura egipcia que fue hacia el tercer milenio a.C. Esto conmocionó a los historiadores ya que removía todos los planteamientos históricos.

Hacia el III milenio a.C. se reunificaron, teóricamente, los reinos prehistóricos e instauraron la I Dinastía, momento en que comienza la historia del Antiguo Egipto, con un núcleo poblacional que orbitaba en torno a la figura de sus dioses, con una distribución urbana de sus ciudades, templos y monumentos, comenzándose además, a registrar los primeros textos jeroglíficos. La Historia encaja según lo que nos cuenta la Historia ortodoxa, y sin embargo la Esfinge con su erosión desafía a esa misma Historia.

La cultura egipcia se ha visto mezclada habitualmente con curiosas hipótesis que nos hablan de una relación con la mítica Atlántida o con alguna civilización egipcia prediluviana, hipótesis que tratan de dar luz, o lo intentan, a una parte de la Historia aún difusa y desconocida.

Fue el autor John Anthony West el que, a través de sus relatos, mezclaba la realidad del mundo egipcio con la más pura ficción. En la década de los 70 del pasado siglo XX fue muy conocida la llamada «Cara» de Marte, una cara que se convirtió en un rasgo distintivo de la superficie del planeta Marte ubicado en la región de Cidonia y que para algunas personas se asemeja a un rostro humano. Mide aproximadamente 3 km de largo por 1,5 km de ancho y se ubica a 40°44' Norte y 9°27' Oeste. Fue fotografiada por primera vez el 25 de julio de 1976 por la sonda espacial Viking 1, que orbitaba el planeta en ese momento. El hecho llamó la atención del público, seis días después, en un informe de prensa entregado por la NASA. Para algunos esa cara de Marte tenía su análoga en la Tierra: la Esfinge de Gizeh.

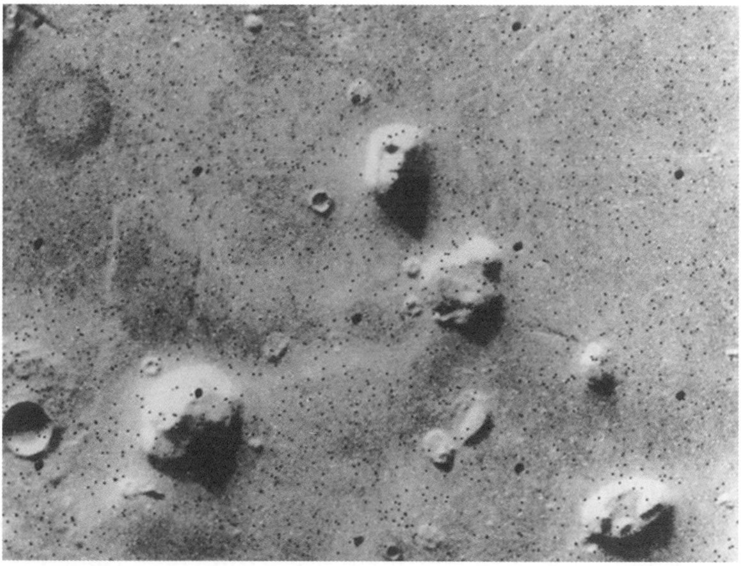

Los autores más fantasiosos comenzaron a escribir sobre ello: West, el francés Schwaller de Lubicz, más conocido como «Aor», quien elaboró un código matemático secreto a partir de los significados ocultos que él reinterpretó en la arquitectura egipcia. Ese código descifrado hablaría de una cultura más avanzada de lo que se pudiera pensar y que había sido transmitida por una civilización anterior desconocida. Se utilizaba como argumento la terrible erosión de la Esfinge, erosión originada por el agua.

Evidentemente las hipótesis fantasiosas de West o Lubicz no fueron jamás tenidas en cuenta por los historiadores ortodoxos, pero sí es cierto que sembraban la duda sobre los orígenes desconocidos de la cultura egipcia.

LOS ESTUDIOS DE ROBERT SCHOCH Y LA ESFINGE

Fue Robert Schoch, de la Universidad de Boston, uno de los primeros científicos que se interesó, en 1991, por investigar la edad real del monumento de Gizeh, el desgaste y la erosión de sus materiales. Trataría de hacer, a la luz de la Ciencia, una datación precisa de la edad de la Esfinge.

Schoch llegó a Gizeh y comenzó su trabajo de comparación con otras estatuas datadas en la misma época que la Esfinge, llamando su atención el grado de erosión de la estatua, que según su experta opinión era debida al efecto de las fuertes lluvias, al agua. Pero esos mismos signos de erosión eran muy evidentes también en el foso que rodea a la Esfinge, lo que resultaba particularmente curioso.

Schoch revisó sus datos y no había dudas pero... En los tiempos de aquellos faraones, año 2500 a.C., el clima de Egipto era semiárido, con muy pocas precipitaciones y menos lluvias aún, así que aquella terrible erosión no se debía a las condiciones atmosféricas propias de esa época. Analizó los patrones climatológicos y descubrió que aquel efecto lo podría haber causado el clima de Egipto... ¡¡¡ en torno al 7000 a.C.!!!

Examinando el resto de monumentos de Gizeh comprobó que estos sí se ajustaban a la cronología oficial. Las pirámides podían ser datadas a partir del tercer milenio antes de Cristo pero no la Esfinge: era imposible bajo aquellos mismos patrones, y la erosión de la Esfinge no encajaba con la erosión de las pirámides, de las que apenas la separan unos cientos de metros

Así Schoch determinó que la Esfinge era bastante más antigua de lo que se nos hacía creer gracias a un dato tan tangible como la erosión que ha sufrido a lo largo de los siglos; además concluyó que el rostro que representa no es el del faraón Kefrén.

En 1998 el historiador Robert Temple planteó, para explicar esta incógnita, que la Esfinge podría haber estado sumergida en el foso de forma intencionada por razones religiosas o por cualquier otro motivo estético. Parte de las propuestas de Temple fueron estimadas debido a que las filtraciones de humedad de la tumba de Kefrén eran canalizadas hacia ese mismo foso. Aunque mucha humedad debía de haber en un clima semiárido para originar tamaña erosión.

Temple demostró que la cabeza y los hombros de la Esfinge permanecieron fuera del agua y el resto del cuerpo sumergido, lo cual concordaría con la erosión y la explicaría satisfactoriamente. Solo faltaría demostrar por qué.

LA ESFINGE, INVESTIGADA POLICIALMENTE

El fisonomista del Departamento de Policía de Nueva York, el teniente Frank Domingo, se interesó por la edad de la Esfinge, y creyó que su trabajo podría ayudar a los historiadores y egiptólogos a fin de datar al monumento.

Habituado a la formación y comparación de rostros a partir de descripciones y usando modernos softwares, se dispuso a comparar el rostro de la Esfinge con los rostros de otras estatuas que representan al faraón Kefrén.

Frank Domingo seguía el trabajo de Robert Schoch y se puso al servicio de la egiptología. Analizó el rostro y los rasgos faciales del faraón Kefrén a partir de la estatua del Museo de Egiptología de El Cairo; tras ello, comenzó su trabajo de comparación con el rostro de la Esfinge. El resultado fue categórico: la imagen de la Esfinge no pertenecía al faraón Kefrén.

Las pruebas aducidas eran, entre otras, que no solo los rostros eran distintos, sino que probablemente eran de diferente raza, llegando en sus conclusiones a afirmar que la Esfinge es la representación de un hombre de raza negra. Efectivamente, si nos fijamos detenidamente, la barbilla de la Esfinge tiene un pronunciado prognatismo (consiste en una deformación de la mandíbula por la cual esta está adelantada respecto al plano vertical de la cara) de muchos africanos de raza negra.

Esta afirmación del teniente Domingo ha quedado corroborada por las comprobaciones estilísticas que realizó el arqueólogo alemán Rainer Stadelmann, llegando a la misma conclusión: Kefrén tiene el rostro alargado y delgado, en cambio la Esfinge posee una cara ancha; el tocado Nemes de la cabeza del faraón, solamente rayado en los flecos que cuelgan sobre el pecho, difiere con el de la Esfinge, rayado en todo su conjunto. E incluso los lados de dicho tocado son diferentes en ambos casos: en Kefrén son planos y en la Esfinge están ahuecados.

Con el resultado concluyente del policía, un nuevo enigma se plantea a historiadores y egiptólogos… ¿A quién pertenecía el rostro de la Esfinge?

EL MISTERIO DE LA ESFINGE

El anuncio de Adrian Gilbert («El misterio de Orión» junto a Robert Bauval) sobre la edad de la Esfinge era otro espaldarazo a la polémica datación del monumento pétreo. Gilbert afirmó haber comprobado que la Esfinge tenía más de 8000 años, gracias a un moderno sistema de datación que orbitaba en torno a sofisticadas técnicas informáticas.

Gilbert calculó que la Esfinge databa del 10500 a.C. y que la constelación de Leo aparecía en el firmamento del equinoccio de primavera, justo frente a la estatua de la Esfinge. Así Gilbert aseguró que la Esfinge representaba el cuerpo de un León por un motivo astronómico, marcaba precisamente ese hecho: el sitio preciso por donde señalaba la constelación de Leo.

¿Qué significaría si su teoría fuese correcta?

La pregunta no es sencilla pero baste decir que una de las primeras consecuencias sería que la Esfinge habría sido construida por una cultura antediluviana. La teoría no era descabellada, las primeras culturas neolíticas de Mesopotamia ya eran capaces de construir maravillas arquitectónicas tales como los zigurats. Jericó era una ciudad amurallada y Catal Huiyuk presentaba innovaciones arquitectónicas como los arcos de viviendas y la decoración. Así pues, el investigador Robert Schoch fue uno de los partidarios de apostar por la aparición de una cultura neolítica en el norte de África con unas altas dotes para la construcción de monumentos.

John Anthony West afirmó que habría sido construida alrededor del 15000 a.C. e incluso evocó a la perdida Atlántida. Robert Schoch mantuvo que la erosión en la piedra de la Esfinge también podría ser anterior al 7000 a.C., ello situaría a la Esfinge en la era glacial, justo antes del deshielo.

LOS ROSTROS DE KEFRÉN

Si el viajero a Egipto se detiene, como sería obligatorio dentro de la voluntariedad, en la explanada de Gizeh y se para a observar detenidamente la Esfinge, desde la lejanía, notará algo sorprendente: dentro de la perfección de la estatua su cabeza es proporcionalmente más pequeña que el cuerpo. Está desproporcionada y además la erosión es mucho menor en ella.

Actualmente se estudia este curioso hecho y se ha llegado a la conclusión de que posiblemente, la cabeza de la Esfinge fuera reesculpida con posterioridad, representando originariamente la cabeza de un león manteniendo una correcta proporción con respecto al cuerpo. Es entonces posible que sí se trate de un faraón posterior, de Kefrén, sin embargo los estudios del teniente de la policía Frank Domingo determinaron que no se trataba del faraón de la IV Dinastía.

Surgió otro estudio a ese respecto, el realizado por Mark Lehner, del instituto de Estudios Orientales de la Universidad de Chicago. En 1992 y mediante el uso de la informática Lehner, superpuso el rostro de Kefrén de diorita y el de alabastro que se encuentra en el Museo de Bellas Artes de Boston. ¿El resultado? Que ambos eran diferentes ¿Cómo podía ser posible? La explicación: licencias de autor que tendían a idealizar y mejorar determinados rasgos del faraón. Así el rostro de El Cairo, el de Boston y el de la Esfinge representarían al mismo faraón pero los tres serían diferentes entre si, como si tuviera tres caras o más.

LA ESFINGE Y LAS CASAS ASTROLÓGICAS

La Esfinge de Gizeh guarda una relación directa con el estereotipo y fisonomía de las estatuas egipcias, en base a su modelo de Arte y representación. Parece que su factura se corresponde, efectivamente, con el concepto artístico desarrollado durante la IV Dinastía y los monumentos de Gizeh. Así la gran Esfinge tiene notables similitudes con la estela de Tutmosis IV.

En Gizeh tiene una importante relación con las tres pirámides que guarda: Keops, Kefrén y Micerinos, así como con otros templos funerarios en cuyo interior se encontraron muestras de alfarería, que al ser datadas sugirieron como fecha un origen del tercer milenio a.C.

Sin embargo llama la atención que en la planicie de Gizeh no exista ninguna muestra anterior de una cultura neolítica ni de ninguna otra precedente a la IV Dinastía. Los investigadores Robert Bauval y Graham Hancock consideraron que sería debido a que algún sumo sacerdote de la IV Dinastía convenció al faraón para construir un complejo «funerario» en torno a la ya existente Esfinge y que ello le reportaría poder al heredar los secretos de aquellos que controlaron los astros y que erigieron la Esfinge.

EL CONTRASENTIDO DE KEFRÉN

Una estela hallada en Gizeh cuenta cómo Tutmosis IV recibió, hacia el año 1410 a.C., la visita del dios Harmakis, quien le prometió que se convertiría en el faraón más grande de Egipto si liberaba de su prisión de arena a la estatua que lo representaba, la gran Esfinge que se hallaba enterrada.

En la estela también surge el nombre del faraón Kefrén y se relaciona pues su rostro con el de éste así como su construcción, pero surge algo importante, algo que supone un contrasentido: una inscripción encontrada en la pirámide de Keops explica como éste encargó la reparación de la cola y el tocado de la estatua. Kefrén era el hermano menor de Keops y su sucesor... Kefrén no podía ser el constructor de una Esfinge que él mandó reparar por que ya estaba construida y ya había sufrido una restauración anterior.

Los mismos egipcios de la época no creían que Kefrén fuera el constructor de la Esfinge y los arqueólogos modernos, al igual que los del siglo XIX, tienen esa misma opinión.

EL CULTO AL SOL EN EGIPTO

Fueron los investigadores Robert Bauval y Graham Hancock quienes, utilizando modernos programas informáticos, calcularon la posición de los astros en Egipto miles de años atrás en el tiempo; así pudieron ver simulado el cielo de Egipto con todo el conjunto de constelaciones predominantes en épocas remotas.

Partiendo de esa precisión, y en la línea de Adrian Gilbert, los investigadores llegaron a la conclusión de que la Esfinge habría sido erigida en la meseta de Gizeh hacia el año 10500 a.C., señalando una fecha que convulsionaría a la Historia más ortodoxa.

La Esfinge está orientada hacia el orto del Sol; esto podía ser aceptado por los egiptólogos pues los egipcios adoraban al sol, nada había de extraño en que se orientaran los monumentos hacia la salida del astro rey. Para ellos la propia Esfinge estaba identificada con varias deidades solares así como otros muchos edificios y templos que miraban a levante. Era el lugar, la posición de la adoración solar básica en la teología faraónica. Así, el nombre que recibía la Esfinge era «Harmakis» o «Hor-em-Akhet» cuyo significado es «Horizonte de Horus». Igualmente era llamada «Sheshep-ankh Atón» o «La imagen del dios Sol».

La Esfinge según los cálculos de Robert Bauval y Graham Hancock estaba orientada hacia el Este cardinal, el punto de salida del Sol en el equinoccio de primavera, uno de los momentos en que la noche tiene la misma duración que el día. El hecho era muy calculado y nada tiene que ver aquí el azar; los constructores de la gran Esfinge querían marcar con ello un hecho relevante para su cultura, un momento astral propicio.

LA CONSTELACIÓN DEL LEÓN Y LA ESFINGE

Nuestro planeta tiene un movimiento conocido como «precesión»; es un movimiento muy leve que hace que nuestra visión del cielo varíe, pudiendo observarlo desde distintas posiciones relativas y desde ángulos diferentes. Es un movimiento importante pues la bóveda celeste no siempre ha estado igual que la vemos en el cielo en la actualidad.

Robert Bauval y Graham Hancock tenían una curiosa hipótesis empleando este mismo concepto. Ellos creían que a mediados del tercer milenio a.C., cuando se erigió la Esfinge según la teoría ortodoxa, la constelación de Leo se hacía visible a unos 30° de longitud norte con respecto al este geográfico; mirando los modelos informáticos descubrieron que la posición de la constelación de Leo hacia el 10500 a.C. era la del punto equinoccial de primavera al que señalaban los ojos de la Esfinge en el horizonte. Y la Esfinge además era un león. Parece que el rompecabezas comenzaba a tener sentido.

Todo es simbólico. Por ejemplo, según la astrología, vivimos en la era de Piscis que se inicia poco antes de finalizar el primer milenio a.C. Dentro del simbolismo cristiano se dice que Jesús de Nazaret eligió a los pescadores como sus discípulos como un guiño precisamente a la era en la vivía: la de Piscis. Igualmente, el símbolo de los cristianos era un pez. En nuestra era actual Piscis está llegando al final de su recorrido para entrar en la era de Acuario (según las casas astrológicas). Para otros el símbolo del pez sería derivado del griego «Ixthus» que significaría de forma críptica «Jesucristo, de Dios el Hijo, Salvador» o lo que es lo mismo «Iesous Xhristos THeou Uios Soter». Pero es curiosa la analogía astral ¿Casualidad? No lo creo.

Si seguimos mirando el pasado de nuestro cielo y de las constelaciones encontraremos que hacia mediados del XI milenio a.C. predominaba la casa astrológica de Leo, la constelación del león, como lo que representaba originariamente la Esfinge. Y así Robert Bauval y Graham Hancock se preguntarían: «¿No sería lo más lógico que la estatua leonina fuera erigida en la era dominada por el león?

Sin embargo, parece que los antiguos egipcios tenían tales conocimientos astronómicos que eran capaces de calcular esas posiciones y conceptos aún más avanzados, por tanto, la pregunta no es nada descabellada.

LAS «CASAS ZODIACALES» EN EGIPTO

Los antiguos egipcios eran grandes astrónomos con excelentes conocimientos sobre los astros, los movimientos solares, los ciclos de la Luna y el Sol, el desplazamiento de estrellas, planetas y constelaciones. Eran, en suma, unos consumados observadores del cielo que habían ido prefeccionando su técnica a lo largo de los siglos. Así eran los herederos naturales del saber astronómico y astrológico de las antiguas culturas mesopotámicas. Sin embargo, también hay quien opina que los sacerdotes egipcios no comienzan a sentir un interés por las casas astrales hasta el siglo II a.C., cuando la Esfinge llevaba ya mucho tiempo erigida.

La aparición como concepto, de las «casas zodiacales» surge por primera vez hacia el 1500 a.C. y sus nombres fueron aportados por las antiguas culturas helenísticas, hacia el siglo IV a.C. Fueron griegos y romanos quienes bautizaron a las estrellas y planetas con los nombres de sus dioses o de los animales de su cultura y mitología; así nacieron: Acuario, Centauro, Capricornio, Géminis, Leo…

Las constelaciones recibieron esos nombres por una interpretación realizada por un observador en la Tierra, no por un punto de vista astronómico. De tal forma que se formaban figuras imaginarias uniendo las estrellas con líneas sin tener en cuenta ni su intensidad, ni su posición real en el universo ni la distancia entre sí o con la Tierra. Era un concepto de formación de imagen, totalmente arbitrario, y regido por la estética de esos pueblos. Así pues, también parece improbable que los astrólogos egipcios imaginaran las mismas formas que los griegos o romanos o que llamaran de la misma manera a un conjunto caprichoso de estrellas denominadas como «León» u «Orión».

Pero hay nuevas sorpresas… hacia el segundo milenio a.C. regía en el cielo Aries, el carnero, que además era el animal sagrado del culto a Amón—Ra. Dos milenios atrás (hacia el 4000 a.C.) el animal predominante era Taurus, el toro, curiosamente figura de la mitología y liturgia egipcia. Pero también encontramos esos mismos paralelismos en otras culturas como la Creta minoica del Mediterráneo o en el Indostán. A todos nos viene a la cabeza el famoso Minotauro o el Becerro de Oro en la Biblia, precisamente hacia esa época. ¿Una nueva casualidad? Me temo que no.

El carnero, nuestro primer ejemplo, es otra muestra de ello. Era venerado en la antigüedad, era el símbolo de la virilidad, hay referencias al carnero mitológico como el vellocino de oro, o al uso de su piel en las liturgias religiosas o mágicas.

Con todo ello, puede parecer que ha habido una raíz común en la difusión del conocimiento de las «casas zodiacales» (¿quién sabe si de algo más? De un saber ya perdido) que se transmitió a diferentes culturas en diferentes ubicaciones geográficas en el mundo, un saber común, una raíz común de un pueblo origen ya desaparecido y que pervivió en su integración, o creación, de otros nuevos pueblos y nuevas culturas o civilizaciones. La idea, cuando menos, es sugerente.

Sería atrevido analizar quién habitaba la Tierra de forma civilizada hace casi 12000 años. Cuando la constelación de Leo dominaba nuestra bóveda celeste, hacia el 10500 a.C., ya encontramos pocas referencias. El hombre aún vivía, oficialmente, en cavernas y no era un ejemplo de vida de sociedad. Deberíamos trasladarnos en el tiempo e igualmente cruzar la Era de Géminis en el VI-VII milenio a.C., la Era del Cangrejo hacia el VIII-IX milenio a.C. Pero no hay vestigios de culturas que adoraran a los gemelos celestes o al cangrejo... ¿Por qué debemos pensar, sin embargo, que al león sí?

La precesión de los equinoccios anuales fue hallada gracias a la capacidad de observación y análisis del astrónomo griego Hiparco, hacia el siglo II a.C. Para ello se apoyó en registros astronómicos asiriobabilónicos que eran desconocidos en Egipto, todo ello a finales del paleolítico. Así pues el interrogante es aún mayor, ¿acaso hubo una involución cultural en un conocimiento «inicial» luego perdido para ser redescubierto?

El investigador Graham Hancock opina que ese conocimiento pudo surgir de una civilización que ocupó la zona de la Antártida cuando era habitable y su climatología no era extrema como en la actualidad; esa cultura, adquirida antes de la edad glacial, tendría altos conocimientos astronómicos y astrológicos. Algunos de sus miembros emigraron a otras zonas del mundo, llegando a las orillas del Nilo; allí los primeros egipcios asimilarían ese culto a Leo. Para Hancock la distribución de los continentes hace 20000 años no era la actual, el desplazamiento de las plataformas continentales hizo que la Antártida estuviera en una zona climatológica más benigna y habitable, cerca de lo que hoy es Sudáfrica y por tanto, muy cerca del continente africano. Pero claro, esto es sólo una hipótesis de este investigador para tratar de explicar precisamente el rito a Leo y los orígenes remotos de la cultura egipcia.

Pero hemos de quedarnos con algo fundamental: no se ha demostrado que la cabeza de la Esfinge sea la del faraón Kefrén; sí parece probado que la cabeza fue tallada con posterioridad sobre la original, que representaría a un león. Es razonable dudar de la datación oficial de la Esfinge atendiendo a razones de erosión y es interesante razonar el propósito de la Esfinge y si, realmente, miraba a la constelación de Leo hace más de 12000 años.

¿CONSTRUYÓ KEFRÉN LA ESFINGE?

El investigador y escritor Jesús Callejo es otra de las personas inquietas que se interesa por tan interesante cuestión, y en un fragmento de su obra se formula las mismas preguntas, los mismos interrogantes acerca de quién construyó la famosa y enigmática Esfinge.

UN PLANO CÓSMICO

Y si queremos complicar aún más las cosas, ni siquiera Kefrén habría mandado construir su famosa pirámide pues también sería anterior a su reinado varios miles de años. En su obra El misterio de Orión (1994), Robert Bauval y Adran Gilbert señalaban que la disposición de las tres pirámides de la meseta de Gizeh reproduce con total exactitud la alineación de las tres estrellas del cinturón de Orión y la ubicación de estas al oeste de la vía láctea, el Nilo Celeste, también corresponde con la posición de dichas estrellas en el cielo en una fecha cercana al 10.000 a. C., algo que no parece casual.

En *El guardián del Génesis* (1996), Robert Bauval y Graham Hancock, utilizando la astronomía precesional, muestran que la Esfinge está ligada a la fecha del 10.000 a. C. y centran su atención en el hecho de que durante el Imperio Nuevo el nombre egipcio de la Esfinge era Hor-em-Akhet, que fue acortado en Horakhti (Heracte) u «Horus en el horizonte», imagen venerada como un dios.

Si solamente dispusiéramos de esos datos, un Sherlock Holmes no tendría elementos suficientes de juicio para decir que la Esfinge es de una época tan anterior a la IV Dinastía, pero si se aportasen otras pruebas tal vez la cosa cambie.

En el libro de Bauval y Hancock se ha hecho un estudio histórico, geológico y astronómico llegando a la conclusión de que la Gran Esfinge pudo haber sido construida por una civilización avanzada en una época «imposible» para los arqueólogos, en torno al 10.500 a. C. periodo ése en el que el valle del Nilo estaba habitado por tribus neolíticas más preocupadas en sobrevivir que en construir grandes monumentos cósmicos.

Para ellos, la hipótesis de la correlación estelar de Gizeh el 10.500 a.C. queda avalada por la alineación astronómica de la Esfinge. Sobre la estela que se colocó entre sus patas en el Imperio Nuevo hay una inscripción que afirma que el lugar sobre el que se asienta fue conocido como »el lugar del tiempo primigenio». La Esfinge mira en dirección Este, exactamente hacia donde sale el sol cada año en el momento de los equinoccios. Estos autores deducen que la estrella Zeta Oronis, en el cinturón de Orión, cruzó el meridiano en el 10.500 a.C. con una ascensión de cerca de 18 horas, lo que significa que en ese momento el punto venal (el lugar que ocupa el sol en el cielo en el equinoccio de primavera) habría estado sobre el horizonte justo en el Este, es decir, en perfecta alineación con la Esfinge y también en ese momento la constelación zodiacal de Leo estaría localizada hacia el Este.

Bauval y Hancock llegan a la conclusión de que cuando el cinturón de Orión se encontraba en su punto más bajo en el meridiano sur, la Gran Esfinge estaba apuntando hacia él y este hecho debió ocurrir en el 10.500 a.C., la «Era del León», recordando que uno de los nombres de la Esfinge fue «Horus en el horizonte». ¿En qué se basan para fijar esta fecha? Bauval y Hancock aseguran que el canal norte de la Cámara de la Reina de la Gran Pirámide apuntaba en esa época hacia Beta Osa Menor, estrella que los egipcios asociaban a la inmortalidad del alma, mientras que el canal sur apuntaba a Sirio, identificada con la diosa Isis. Desde la Cámara del Rey, el canal norte apuntaba hacia Alfa Dragón asociada a la fecundidad y el canal sur señalaba a Zeta Orión, la más brillante de las estrellas del cinturón de la Constelación de Orión a la que se identifica con Osiris, deduciendo que se trata de un mapa celeste.

A modo de conclusión y tomando todas las pruebas esgrimidas: la alineación astronómica meridional de la Gran Pirámide y sus cuatro canales de ventilación, la alineación equinoccial de la Esfinge, los numerosos pasajes en los textos de las pirámides que identificaban a los faraones con Orión y con Leo, la declaración de la estela del sueño de la Esfinge y tantas otras, Bauval y Hancock llegan a afirmar que la causa de este proyecto no puede ser casual y que «los antiguos» que diseñaron Gizeh intentaron fijar una fecha para conmemorar el «tiempo primigenio» o la «Edad de Osiris» y que esta fecha fue alrededor del 10.500 a.C.

KEFRÉN Y LA PROTECTORA DEL VALLE

Kefrén no sucedió directamente a Keops. Entre estos dos grandes faraones se sitúa el reinado de Djedefre (2528-2520 a. C.) quien, inexplicablemente, hizo construir su pirámide en Abu Roach, al noroeste de Gizeh y no en la llanura donde se alzaba la Gran Pirámide. Según Manetón, Kefrén, cuyo nombre egipcio significa «Ra-cuando-se-levanta», reinó 66 años aunque los especialistas actuales le otorgan tan solo 26 años. El reinado de este faraón no parece estar marcado por ningún acontecimiento histórico relevante. Según Heródoto (Historias II) habría sido un tirano como Keops: «Durante todo ese tiempo, no se abrieron los santuarios que se habían cerrado. El odio que los egipcios sienten por esos reyes hace que no quieran nombrarlos; incluso llaman a las pirámides con el nombre del sacerdote Filitis que en aquellos tiempo llevaba a pacer sus animales por allí».

A Kefrén se le atribuye la construcción de la Esfinge, aunque los textos antiguos silencian este dato y ninguna inscripción del Imperio Nuevo se refiere a ella, tan solo la identifican con el dios Harmakis, cuyo nombre significa «Horus en el horizonte». La Esfinge es un león (símbolo del rey) con cabeza humana ataviada con una peluca ritual, situada al sureste de la Gran Pirámide y encarada hacia Oriente. Su altura es de veinte metros y cincuenta y siete de largo. La Esfinge fue considerada protectora de la necrópolis de Gizeh haciendo guardia para garantizar el descanso de los muertos y alejar los malos espíritus. Este monumento se vio continuamente amenazado por la arena. El rey Tutmosis IV tuvo que limpiarla y se cree que Ramsés II ordenó que la repararan con unos buenos especialistas en tallar piedra. Lo que resulta extraño es que Heródoto no hable de la Esfinge ya que en la época que viajó a Egipto su culto gozaba de gran importancia y este fervor perduró hasta el final del paganismo (siglo IV a.C.) En el siglo II, los romanos restauraron los adoquines del patio situado delante del monumento; también se debe a ellos el revestimiento de las patas del animal. La mutilación de la cara fue provocada por el emir árabe que bombardeó la Esfinge con un cañón destrozándole la nariz.

Anthony West presenta en su libro «Serpen in the Sky» una tabla respecto a las épocas en que la Esfinge estuvo enterrada en la arena (un total de 3.300 años) diciendo que desde Kefrén a Tutmosis IV fueron unos 1000 años; desde Tutmosis IV hasta los Ptolomeos permaneció oculta unos 800 años; desde estas dinastías hasta el cristianismo estuvo visible y desde este último periodo hasta el siglo XVIII volvió a estar enterrada durante unos 1500 años.

LA ESTELA DEL SUEÑO

Entre las patas de la Esfinge se encuentra un bloque de granito que nos cuenta un suceso acaecido a un faraón que por entonces era príncipe del Impero Nuevo. Me refiero al futuro Tutmosis IV que, tras regresar de una cacería, se queda dormido a la sombra de la Esfinge y el león se le aparece en sueños anunciándole que reinaría en un futuro próximo. Tutmosis en aquel momento no tenía muchas posibilidades de llegar a ser faraón, pues había otros candidatos mejor situados que él. Durante el sueño, el espíritu de la Esfinge le pidió que la liberara de la arena del desierto que la cubría y la restaurara. Así lo hizo y llegó a ser coronado, cumpliéndose así las profecías de la Esfinge. Entonces, Tutmosis mando erigir esta estela, reutilizando para ello un dintel del antiguo templo de Kefrén, para rememorar aquel sueño y de ahí que se denomine a esta inscripción como «la estela del sueño». Si ya esta historia es fascinante mucho más lo es lo que se puede apreciar en los relieves que aparecen grabados sobre la luneta en su parte superior. En ella se ha representado una escena en donde aparece el faraón Tutmosis IV realizando una serie de ofrendas ante dos esfinges distintas. Una reposa sobre una construcción arquitectónica, algo que no está en la actualidad, o que ha hecho sospechar a los especialistas de que bajo la Esfinge debe existir algún tipo de construcción o túnel que la comunique con la pirámide de Keops. También se ha especulado que pudo haber realmente dos esfinges y que la segunda, tras ser destruida por un rayo o por cualquier otra circunstancia, nunca fuera remplazada.

Y es que el escritor Jesús Callejo acierta en sus observaciones, observaciones que no hacen más que poner en un inquietante aprieto a la Historia más ortodoxa.

Tras todo ello algo parece seguro: la Gran Esfinge de Gizeh guarda más secretos de los que podríamos imaginar, algunos que ni tan siquiera hemos planteado.

2. LA ASTRONOMÍA EN EL ANTIGUO EGIPTO

Los egipcios observaron que las estrellas completaban un giro completo en poco más de 365 días. Además, este ciclo de 365 días del Sol concuerda con el de las estaciones, y ya antes del 2500 a.C. los egipcios usaban un calendario basado en ese ciclo, por lo que cabe suponer que, desde el cuarto milenio, utilizaban la observación astronómica de manera sistemática.

El año civil egipcio constaba de 12 meses de 30 días, más 5 días llamados epagómenos. La diferencia respecto al año solar era de ¼ de día. No utilizaban años bisiestos: 120 años después, se adelantaba un mes, de tal forma que 1456 años después, el año civil y el astronómico volvían a coincidir de nuevo.

La crecida del Nilo coincidía con el primer día en que la estrella Sothis, nuestra Sirio y Sepedet para los egipcios, se hacia de nuevo visible poco antes de la salida del Sol, tras mucho tiempo oculta bajo el horizonte.

El calendario egipcio tenía tres estaciones de cuatro meses cada una:

1. Inundación o Akhet.
2. Invierno o Peret, es decir, «salida» de las tierras fuera del agua.
3. Verano o Shemú, es decir, «falta de agua».

La «apertura del año» egipcio ocurría el primer día del primer mes de la Inundación, aproximadamente cuando la estrella Sirio comenzaba de nuevo a verse un poco antes de la salida del Sol.

De finales de la época egipcia (144 d.C.) son los llamados papiros de Carlsberg, donde se recoge un método procedente de fuentes muy antiguas, para determinar las fases de la Luna. En ellos se establece un ciclo de 309 lunaciones por cada 25 años egipcios, de tal forma que estos 9.125 días se disponen en grupos de meses lunares de 29 y 30 días. El conocimiento de este ciclo permite a los sacerdotes egipcios situar en el calendario civil las fiestas móviles lunares.

La orientación de templos y pirámides es otra prueba del tipo de conocimientos astronómicos de los egipcios: las caras de Se construyeron pirámides como la de Gizeh, alineada con la estrella polar, con la que les era posible determinar el inicio de las estaciones usando para ello la posición de la sombra de la pirámide. También utilizaron las estrellas para guiar la navegación.

El legado de la astronomía egipcia llega hasta nuestros días bajo la forma del calendario. Herodoto, en sus Historias dice: «los egipcios fueron los primeros de todos los hombres que descubrieron el año, y decían que lo hallaron a partir de los astros».

La perspicaz observación del movimiento estelar y planetario permitió a los egipcios la elaboración de dos calendarios, uno lunar y otro civil. El calendario Juliano y, más tarde, el Gregoriano, que usamos actualmente, no son más que una modificación del calendario civil egipcio.

3. OTROS MISTERIOS DE EGIPTO

Si bien los antiguos egipcios no conocían el número Pi o el número de oro Fi, elementos tan especiales para las matemáticas contemporáneas, su conocimiento de los números no era tan primitivo como creen algunos escépticos. Observando la majestuosidad de su gran obra: Las Pirámides, y considerando que las construcciones modernas podrían vivir tan solo unos cientos de años sin los mantenimientos que el hombre debe realizarles con frecuencia, comprenderemos que tenían un conocimiento de astronomía, resistencia de materiales, geometría y agrimensura, mucho más avanzados de los que algunos todavía sostienen.

Con medios limitados y un desconocido manejo de los números, aquella cultura, consiguió erigir monumentos en piedra que aún perduran hasta nuestros días, esculpiendo la piedra como si fuera mantequilla, erigiendo bloques de mil toneladas como si se tratase de papel.

Conocían los secretos del cielo, elaboraron una cosmología y levantaron panteones religiosos anacrónicos para su tiempo. Dicen que de ese antiguo Imperio está todo estudiado, entendido y clasificado; que los misterios no existen y que son invención de ilusos anticientíficos, sin base académica y manipuladores de evidencias. En todos los libros de texto se afirma que las pirámides son tumbas y que los tanques de granito de su interior son sarcófagos. Pese a lo rotundo de esta afirmación, jamás se ha encontrado, en ninguna de las 108 pirámides censadas en Egipto, restos de faraón alguno. Incluso las descubiertas recientemente, con los sellos intactos, sin posibilidad alguna de haber sido violadas, estaban vacías. No existe en ellas la más mínima referencia de restos humanos mortuorios. Y la duda en torno a que las pirámides sean mausoleos se amplía al saber que muchos faraones se hicieron construir varias pirámides.

La constatación de la energía piramidal y sus mágicos poderes, el culto isiaco que se realizaba en su interior y el compendio científico incorporado en sus medidas, nos indican que las pirámides fueron, en realidad, templos y museos más que sepulcros. Por tanto, los tanques de piedra tampoco debieron ser sarcófagos. Hay, por cierto, una constante que se repite en el Egipto faraónico en relación con estas urnas de piedra: siempre que los restos arqueológicos del reinado de un faraón evidencian conocimientos científicos de envergadura, vestigios de máquinas desconocidas, taladros imposibles y medidas sorprendentes, coincide con que el tanque de granito conservado en el interior de la pirámide se encuentra protegido contra el secuestro. Como si el robo les preocupase menos que la desaparición de la pieza en sí. Así en Giza, lllahum, Saqqara o Darhur encontramos que el hipotético sarcófago es más grande que el pasadizo que conduce a su cámara.

Al parecer, los constructores ya imaginaban que futuros ladrones de tumbas podrían profanar los santuarios y robar objetos de valor, si es que tales existían. Pero se aseguraron de que nunca pudieran llevarse los datos incorporados a los tanques de piedra, dándoles la importancia y el tamaño que se mecerían.

EL CASO DIODEFRE

Sucesor de Keops y antecesor de Kefrén, la pirámide de Diodefre se encuentra a 20 kilómetros de El Cairo en dirección este, en pleno desierto estéril. La ciudad más cercana, Abu Roash, posee una hermosa colección de serpientes venenosas procedentes de la zona arqueológica; pero, más allá de las curiosidades, queda poco del amplio complejo monumental que fue en su día, y lo que hay está en penoso estado. Las piedras de la zona, saqueada durante milenios, fueron tomadas para formar parte de otras construcciones.

El suelo, en varios cientos de metros a la redonda, se encuentra lleno de trozos de cerámicas y cascotes procedentes del desmantelamiento. Entre estos restos pueden verse aún vestigios de rocas graníticas y de diorita, material que sólo se empleaba para construcciones de alto nivel tecnológico.

La pirámide que debió presidir la zona es hoy difícilmente reconocible. Como en el caso de Kefrén, la zona noble fue excavada en roca, empezando las primeras hileras sobre pasadizos y cámaras a nivel del suelo de la meseta.

Debió ser una pirámide pequeña, de 30 metros de lado. Todas sus piedras han desaparecido y se ha hundido el suelo dejando al descubierto la cámara principal y el pasadizo de acceso. También los templos anejos fueron desmantelados, entre ellos un precioso patio de Heb Sed, del que hoy sólo puede adivinarse su presencia.

UN BLOQUE DE GRANITO ROJO

A principios de siglo se logró rescatar, de entre los escombros, el sarcófago de Diodefre. Hoy duerme en el rincón más oscuro de la sala del Imperio Antiguo del Museo del Cairo, sin ninguna anotación que lo identifique, sin que nada dé cuenta de su historia, señalado sólo por un número: el 6193. En ninguna guía del museo aparece reseñada la pieza y se conserva ahí, relegada al olvido, como si se tratase de una piedra más. Y no es así: encierra auténticos misterios. El primero, que no se trata de un producto acabado. Como en el caso del tanque situado en la Cámara del Rey de la Cran Pirámide (la llamada de Keops), el supuesto sarcófago de Diodefre también está tal cual salió del taller de cortado, sin haberse realizado el pulimento final.

Esta pieza arqueológica demuestra cómo eran transportados los tanques desde la cantera hasta la pirámide. La tapa estaba unida al gran bloque del que formaba parte, para evitar su ruptura, y ya en su lugar de destino era separada de la piedra madre. Pero en el caso de este sarcófago no se realizó tal separación, lo que nos enfrenta a uno de los enigmas más impresionantes del antiguo Egipto: el modo en que las piezas eran cortadas.

La falta de pulimento final nos ha permitido comprobar la alta tecnología que poseían en la IV Dinastía; una industria de imposible comparación con ninguna de nuestro tiempo. Es cierto que, a primera vista, los sarcófagos atribuidos a Keops y a Diodefre parecen inacabados, sin pulir ni interior ni exteriormente. La versión oficial indica que, por razones ignoradas, los faraones no se enterraron allí, eligiendo otro lugar de modo que se evitase la profanación de sus cuerpos. Pero existen otras respuestas alternativas.

EGIPTO: EL NÚMERO SAGRADO

¿Cómo entender que las pirámides quedaran absolutamente terminadas y no se hiciera lo mismo con los sarcófagos? La razón más obvia para ello es que no quisieron hacerlo. ¿Por qué? Tal vez si el tanque procedía de las canteras o del taller en el que le habían conferido unas medidas milimétricas, cualquier manipulado ulterior podría haber alterado notablemente la precisión de estas medidas.

Tienen razón los escépticos en que, cualquier medida multiplicada por cualquier dato, puede dar otra cantidad proporcional semejante al antecedente que buscamos. Y eso, desgraciadamente, es lo que han hecho en innumerables ocasiones personas enamoradas de sus propias y singulares teorías. Por este medio podríamos incluso deducir que el lado de la pirámide dividido por la altura de un farol de Hyde Park nos da irrefutablemente los granos de alpiste que come al día un gorrión adulto.

Pero existen cosas más serias y trascendentes que resulta imposible desacreditar. Todas las leyendas referentes a la Gran Pirámide indican que fue erigida para venerar a los astros y que en su interior se refleja la auténtica ciencia del Cosmos, en sus medidas encontramos, de forma directa, los datos relacionados con la masa de la Tierra, de la Luna, del Sol, la distancia al Sol en perihelio, el radio polar, la densidad de la Tierra, su peso, la aceleración polar y ecuatorial de la gravedad, el azimut de los polos geográfico y magnético, etc.

Eso significa que los antiguos egipcios incorporaron en las medidas de esta pirámide, de forma categórica y milimétrica, datos que sólo hoy en día la ciencia moderna conoce. Y si la Gran Pirámide estaba erigida en relación con la astronomía, y la de Kefrén se dedicó a la medicina, como evidencian los datos de su sarcófago, sin duda la de Diodefre no iba a ser menos.

Quienes dicen que en el Antiguo Egipto no existen asuntos de números, deberían intentar resolver este problema: determínese un tanque de granito de tal forma que todas sus medidas interiores y exteriores, lineales y volumétricas, correspondan a un solo número, a su doble, a su inverso, a su cuadrado y a su mitad; y además que una de sus medidas incorpore el valor de la unidad con la que se está trabajando.

Los especialistas en matemáticas comprobarán que no existe solución posible. Sin embargo, parece que los antiguos egipcios consiguieron resolver este problema y, si alguien lo justifica mencionando la casualidad, es que no tiene ni idea de lo que está hablando.

La dificultad radica en que el enunciado plantea un sistema de 8 ecuaciones (largo exterior, largo interior, ancho exterior, ancho interior, alto exterior, alto interior, volumen exterior y volumen interior) con tan sólo seis incógnitas (un número (X), su doble (X * 2), su inverso (1 /X), su cuadrado (X*X) su mitad (X/2), y la unidad de trabajo que se emplea. Y todo ello desconociendo cuánto mide la unidad métrica egipcia utilizada para su construcción; porque, como ocurre en la actualidad con pulgadas, millas o centímetros, los egipcios trabajaban con distintas unidades.

UNA ECUACIÓN IMPOSIBLE

De las medidas obtenidas directamente del sarcófago se deduce que la unidad empleada por los egipcios en esta construcción (o sea, su «1») viene dada por el largo interior del tanque (2,092 m de nuestro sistema métrico), medida equivalente al doble (x 2) de una unidad egipcia reconocida deducida por Isaac Newton y que, en metros actuales, es 1,046.

Con estos datos podemos convertir las medidas actuales (metros) en medidas egipcias con sólo dividirlas por 1,046. Siguiendo esto se resuelven las ocho ecuaciones:

Largo exterior 2,45 m = 2,34 en medida egipcia. Largo interior 2,092 m = 2 en medida egipcia. Ancho exterior 1,23 m = 1,17 en medida egipcia. Ancho interior 0,894 m = 0,855 en medida egipcia. Alto exterior 0,894 m = 0,855 en medida egipcia. Alto interior 0,716 m = 0,685 en medida egipcia. Volumen exterior 2,34 x 1,17 x 0,855 m = 2,34 en medida egipcia. Volumen interior 2 x 0,855 x 0,685 m = 1,17 en medida egipcia. De estas medidas egipcias conseguidas podemos apreciar que el enunciado del problema se cumple a la perfección ya que: 1,17 es el número seleccionado en sí, 2,34 es su doble (1,17 x 2), 0,855 es su inverso (1/1,17), 0,685 es la mitad de su cuadrado (1,172 1 2) y 2 es la equivalencia (x 2) de la unidad empleada.

El número elegido como sagrado por aquellos egipcios de la IV Dinastía, tan venerable como para incluirlo en el tanque de granito de su faraón, fue la cifra 117, que no dice mucho. Aunque... volviendo a las teorías matemáticas, las proporciones del enunciado del problema no variarían en absoluto si utilizásemos el doble de dicha cifra, o sea, el número sagrado 234 (entendido como la secuencia de los números 2-3-4).

Es este número sagrado lo suficientemente importante en sí mismo como para pensar que no fue elegido al azar y que la numerología y la cábala, que tanto se apoyan en él, tienen sus raíces en los mismos conocimientos empleados en aquel lejano, oscuro y maravilloso reinado del Imperio Antiguo

ALTA TECNOLOGÍA EGIPCIA

El sarcófago de Diodefre nos enfrenta no sólo al problema matemático más antiguo, sino que nos sitúa ante auténticos misterios tecnológicos: por las formas que se descubren estudiando el tanque y su tapa podemos afirmar que la sierra que cortó parte de esta última es una máquina imposible para nuestra actual tecnología.

En las canteras de granito de Cerceda (Madrid), especializadas en el corte de rocas graníticas y, por tanto, acostumbradas a utilizar los más modernos métodos de producción, puede comprobarse que el ataque de las puntas de diamante sintético (widia) en la piedra se efectúa a razón de 0,05 mm por vuelta. La observación del tanque de Diodefres permite afirmar que, en él, la sierra avanzaba por el interior del granito 2,5 mm por recorrido: ¡50 veces más rápido —más profundamente— de lo que hoy se consigue! Esta sierra inconcebible se guiaba manualmente y los errores de dirección del corte pueden comprobarse visualmente.

Además, el interior del sarcófago tiene también muestras inequívocas de la utilización de una taladradora tan eficaz que era capaz de cortar, en el interior del bloque, ángulos perfectos de 90 grados.

4. LAS PIRÁMIDES

Una inmensa montaña de piedras en perfecta formación triangular, una de las imágenes que mejor guarda nuestro cerebro: la pirámide de Keops, junto a sus hermanas Kefrén y Micerinos, hacen eterna la instantánea de la meseta de Gizeh.

Fueron los babilonios, tiempo atrás, los que con sus imponentes zigurats fascinaban a las culturas conocidas. El zigurat no era más que una pirámide truncada y escalonada que se elevaba al cielo superponiendo varias plataformas de ladrillos realizados en barro cocido. Estas construcciones fueron haciéndose familiares en el territorio sumerio-babilónico y legendarias ciudades como Akkad, Babilonia, Sumer o Uruk atesoraban zigurats que asombraban al mundo.

Desde un punto de vista arquitectónico, las construcciones iban mejorándose poco a poco, y en Egipto comienza la edificación de las primeras pirámides, que, posiblemente, se desarrollaron como evolución de las mastabas. Dicen los eruditos que la pirámide escalonada de Saggara, la más antigua, fue originariamente una mastaba, posteriormente ampliada.

Pero la construcción de estas obras no era patrimonio exclusivo de los pueblos mediterráneos; en lugares tan apartados como Asia o Mesoamérica también se conoció ese impulso creador de un edificio que se elevara al cielo con forma de pirámide.

La función principal para la que fueron construidas fue la de monumento funerario y a su forma piramidal se la dota de un poder magnético, de una atracción a los dioses. En el culto egipcio, la pirámide era la representación de la montaña original, la mítica montaña original que era la casa de los dioses y la generadora del mundo. Su extremo o vértice atraía la «fuerza cósmica» dirigida por un dios para ejercer su halo de influencia sobre los mortales, en todas las etapas de su existencia.

En una tablilla mesopotámica descubierta en el transcurso de una excavación puede leerse: *«el dios ya no viene a yacer en su lecho en lo alto del zigurat»*, en referencia a una catástrofe prediluviana.

IMHOTEP: SUEÑOS HECHOS ARQUITECTURA

En algún momento del III milenio a.C. las construcciones sumerio babilónicas (zigurats) llegaron a Egipto. En el país del Nilo se erigían pequeñas edificaciones piramidales, escalonadas, partiendo del modelo de construcción inicial y básica llamada mastaba; estos monumentos tenían una función mística, religiosa y funeraria, eran panteones y santuarios.

Sobre el 2700 a.C. el faraón Zoser I (III Dinastía) trasladó la capital a la ciudad de Menfis, en el curso superior del Nilo, desde su emplazamiento en Tinis. Allí encargaría a un arquitecto, que pasaría a formar parte de la leyenda y de la Historia más brillante de Egipto, la construcción de un conjunto funerario sobre el valle de Saqqara, en las afueras de la ciudad; ese arquitecto era Imhotep.

Imhotep, tras estudiar formas de construcción, levanta una mastaba sobre la que coloca otra más pequeña y sobre esta otra más pequeña aún, dando así origen a una formación piramidal escalonada que se eleva al cielo. Imhotep desecha la construcción a la manera sumerio babilónica que empleaba ladrillos de barro cocido, y decide hacerlo con rocas talladas, mucho más sólidas y firmes. La nueva construcción era imponente sin precisar a qué fin último atendía, si a uno funerario o religioso.

Imhotep construye la pirámide de Zoser, que es la gran estructura de piedra más antigua de Egipto. El arquitecto erige el conjunto funerario de Saqqara, que comprendía la construcción de las tumbas de la familia del faraón, de éste y varios santuarios llamadas «casas de sur y del norte».

«Las momias reales descansaban en tumbas separadas de los panteones situados dentro o fuera de las pirámides», comentaba uno de los guías que narra las prodigiosas construcciones egipcias. Es curioso, porque todo ello puede ser debido a que las pirámides eran entendidas como una edificación mágica, un templo que conectaba las almas de los muertos con el cielo. La pirámide sería el medio, el vehículo, y ello tiene su parte de lógica: jamás se ha encontrado un cuerpo o sarcófago ocupado en el interior de una pirámide o santuario funerario. Diferente es el lugar donde el cuerpo reposa momificado.

En opinión de los expertos, se trataba de evitar que los ladrones de tumbas profanaran el cuerpo del faraón, siendo destacado que en el Valle de los Reyes sí se encontraron tumbas en recintos funerarios excavados en la roca, a varios metros de profundidad, pero estos, al contrario que las pirámides, sí tenían la función de albergar los restos momificados del faraón o de la familia real.

Si buscamos más información sobre Imhotep en cualquier enciclopedia nos encontraremos que era algo más que un simple arquitecto al servicio del faraón Zoser, así podremos leer sobre su interesante biografía:

«Imhotep, nacido hacia el 2700 a.C. Arquitecto y médico egipcio del rey Djeser o Zoser, de la III dinastía egipcia. De origen plebeyo, hijo del también arquitecto Kanefer y de Kherduankh, según una inscripción hallada en el Uadi Hammamat, llegó a alcanzar, gracias a su valía personal, un significativo puesto en la Corte real, y llegó a actuar como consejero personal del rey a plena satisfacción de aquél.

Entre sus títulos, conocidos gracias a los jeroglíficos existentes en los restos de una estatua del rey Djeser hallada en Saqqara, tuvo los de Canciller del Bajo Egipto, Príncipe real, Juez principal, Sumo sacerdote de Heliópolis, Jefe de los trabajos públicos, Carpintero y Albañil real.

Su obra cumbre, como arquitecto, fue el diseño y la realización del complejo funerario de Saqqara para el rey Djeser (pirámide escalonada y edificios anejos para la Fiesta Sed). Se trataba de un conjunto de realizaciones arquitectónicas trabajadas en piedra tallada y pulida (Manetón le atribuye, aunque erróneamente, el empleo por primera vez de tal material como elemento constructivo).

Aunque su vida es prácticamente desconocida, le fueron atribuidos los más antiguos textos de sabiduría, medicina y astronomía, y gozó de justa fama en el campo de las letras. Desempeñó también el cargo de médico y fue reconocido a su muerte como dios de la medicina y considerado incluso hijo del dios Ptah; los griegos, muchísimo más tarde, lo identificaron con el nombre de Imuthes, como Asklepios. La capilla de Saqqara —el Asklepion— fue lugar al que los lisiados y enfermos, en la Baja época, acudían en busca de curación. Muchos templos (dentro de otros complejos religiosos) le fueron consagrados: Karnak, Deir el-Bahari (aquí representado en compañía de su madre, de su esposa Renepet-neferet, y de diversas divinidades), Deir el-Medina e Isla de Filae (templo éste levantado por Ptolomeo V).

De Imhotep han llegado diferentes estatuas de diversos materiales —la mayoría de bronce—; en ellas aparece representado como sacerdote (con la cabeza rapada, vestido talar y rollo de papiro) y médico divino. En algunos templos de Egipto y de Nubia subsisten representaciones murales de Imhotep como divinidad, portando el cetro was y el símbolo ankh.

No ha podido ser identificada su tumba —una mastaba—, aunque se supone que hubo de estar en el sector norte de Saqqara, cerca del Serapeum de Menfis, en cuyas cercanías, tiempo después, se edificaría el Templo de Imhotep, «hijo de Ptah». De Imhotep des-

cienden una serie de cualificados arquitectos, cuyos nombres aparecen recogidos en una inscripción del Uadi Hammamat».

Así Imhotep se ganó el merecido reconocimiento, no solo del faraón sino también del pueblo egipcio; a él se deben las asombrosas construcciones piramidales que hoy, milenios después, disfrutamos asombrados bajo el sol de justicia del país de las arenas eternas: Egipto.

LA PIRÁMIDE DE MAYDUM

Cincuenta años desde la muerte de Imhotep, el faraón de la III Dinastía, Houni, ordenó levantar una pirámide, semejante a la de Saqqara, en el valle de Maydum, en el extremo sur de la meseta de Gizeh. Houni no pudo ver finalizada su obra ya que falleció poco tiempo después, desapareciendo así su linaje. Bajo el reinado de su sucesor, el faraón Snefru (2600 al 2576 a.C.), de la IV Dinastía, se concluye la pirámide de Maydum y el complejo funerario en torno a ella. En este complejo se hallaron los restos momificados del príncipe Rahotep y su esposa Nofret, y se descubrieron las ocas de un noble de la época, pintadas en las paredes del panteón. La pirámide de Maydum, además, sería la primera que lucía un acabado lineal de sus caras ocultando su escalonamiento. Esta innovación fue utilizada posteriormente en la pirámide de Snefru, en Dahchour, cuya silueta nos recuerda lo que serían las pirámides de la meseta de Gizeh.

Es evidente en ambas pirámides, Maydum y Snefru, un error en sus cálculos y posterior rectificación en el grado de inclinación de sus caras, siendo perceptible la existencia de dos grados de inclinación diferentes.

Los arquitectos egipcios buscaban la perfección arquitectónica por principios simbólicos y místicos. Atribuían poder magnético a la forma de la pirámide (en egipcio «mer» = imán), que según sus creencias ayudaba a llegar al cielo y servía de contacto con los dioses si su construcción era perfecta. Así el lado esotérico estaba también muy presente en estas edificaciones y había sacerdotes que realizaban funciones de arquitectos velando por estos principios de perfección ritual y geométrica.

Tuvo su momento álgido hacia el III milenio a.C. en el diseño de las pirámides de los faraones de la IV Dinastía Keops y Kefrén, incluso se llegó a realizar la hipótesis, por parte de arqueólogos e historiadores heterodoxos, de que los egipcios lograron «descifrar un arcano anterior al diluvio, que revelaba la proporción del «triángulo sagrado». La fórmula en la progresión de los lados era 3-4-5, y se dice que en ella se inspiró Pitágoras para su teorema fundamental».

Comenzaría un antes y un después en la historia de la construcción de las pirámides, una época de esplendor, una época de misterios…

Las medidas de la Gran Pirámide de Keops son impresionantes y no dejan de asombrarnos; todo en ella es colosal. Está compuesta por, aproximadamente, 2.300.000 bloques de piedra incluyendo el revestimiento exterior de piedra caliza de Tura, con un peso medio de dos toneladas y media cada uno hasta un máximo de quince toneladas.

Encontramos el conjunto de Giza a 20 kilómetros al sudoeste del centro de El Cairo y formando parte de su área metropolitana, en la orilla occidental del río Nilo. La Gran Pirámide de Keops fue levantada sobre la meseta, en la ribera izquierda del Nilo y a 40 metros sobre el nivel del Valle de Giza.

La Gran Pirámide de Keops es una de las edificaciones más grandes construidas por el hombre, en su construcción se emplearon:

Bloques de piedra: 2.300.000 bloques de piedra individuales aproximadamente, cada uno de ellos con un peso que oscilaba entre 2 y 60 toneladas, hecho que la convierten en un triunfo arquitectónico y una de las Siete Maravillas del Mundo.

Piedra caliza: estaba cubierta por 25.000 bloques de piedra caliza pulida, que también pesaban varias toneladas, pero este recubrimiento se desprendió como consecuencia de fuertes terremotos que asolaron la región. Posteriormente los turcos otomanos desmontaron y fragmentaron estos bloques para poder transportarlos y construir diversas edificaciones en El Cairo.

La Cámara del Rey está totalmente construida en granito de Asuán.

Las medidas originales de los cuatro lados de la base eran las siguientes (en metros):

Norte: 230.26 metros; Sur: 230.45 metros; Este: 230.39 metros; Oeste: 230.36 metros.

La diferencia entre el más largo y el más corto era de sólo 20 centímetros.

Sus lados están perfectamente orientados de manera casi exacta al norte, sur, este y oeste verdaderos, siendo los siguientes los errores estimados:

Lado norte, 2'28" al sur del oeste; lado sur, 1'57" al sur del oeste; lado este, 5'30" al oeste del norte; lado oeste, 2'30" al oeste del norte.

Las cuatro esquinas formaban ángulos rectos casi perfectos, siendo sus medidas:

Norte-este, 90°3'2"; norte-oeste, 89°59'58"; sur-este, 89°56'27"; sur-oeste, 90°0'33".

Su altura original era de 146.73 metros a la que actualmente le faltan los 9.44 metros superiores. El área de su base es de 5.3 hectáreas. La altura media de los bloques es de 50 centímetros. Aunque hay algunos de 1'5 m. de alto.

De la cúspide se quitaron alrededor de una docena de capas y la piedra cimera. De los lados se eliminó casi la totalidad del revestimiento exterior de piedra caliza de Tura que le daba un aspecto casi divino al ser observada desde la lejanía.

Los bloques de apoyo de piedra local se dispusieron de tal modo que se inclinaban ligeramente hacia dentro y hacia el centro de cada capa, con el resultado de que hay una visible depresión en el centro de cada cara, de las ocho caras de las que dispone la Gran Pirámide pues cada una de las cuatro que contamos en la actualidad se divide en dos creando un prodigiosos efecto.

En la cara norte, un poco por debajo de la entrada original hay una gran abertura toscamente esculpida, hecha durante la segunda mitad del s. IX por orden del califa Al-Mamun.

Debajo de las piedras de la hilada inferior hay un pavimento liso de piedra caliza de Tura que sobresale de la pirámide hasta una anchura de unos 61 centímetros.

El área de la base de la Gran Pirámide ocupa 5'3 hectáreas. Tiene un volumen aproximado de 2.521.000 m3 con un número de 210 hiladas.

Por la Gran Pirámide se han interesado a lo largo de la Historia prestigiosos historiadores, cronistas, investigadores, entre los que hemos de destacar:

Herodoto (Libro II s. V a.C.).

Diodoro Siculo (I, 63- 54).

Estrabón (Geográphica 17, 1, 33-34).

Al Masudi al servicio del Califa Al-Mamun (en torno al 820).

Gabrielle Capodilista (1458).

Mauro Camaldolese.

Benjamín de Tudela (1173) y Dr. Jean de Mandeville.

Giorgio Emo (1582) y el médico Próspero Alpini (midió la altura y perímetro).

John Greaves (1638) tomó las primeras medidas precisas.

Benoit de Maillet (1735) primera sección precisa.

Frederit Ludwig Norden (1738) la exploró cuidadosamente.

Richard Pococke (1737-38).

La Expedición Napoleónica (1798).

Giovanni Battista Caviglia (1818) excavó la Cámara de la Reina y exploró la primera de las 5 cámaras de descarga.

Richard William Howard Vyse y Perring hicieron el descubrimiento de las 4 restantes cámaras de descarga y en la última, el cartucho que permitió identificar al faraón.

William Mathew Flinders Petrie, que realizó el primer estudio exhaustivo del monumento.

CONEXIONES PIRAMIDALES

A 12000 kilómetros de distancia de Egipto encontramos otro punto del planeta donde la forma de la pirámide tiene especial relevancia; se trata de México y en el país norteamericano hallamos, entre otras ciudades, a Tenochtitlán. Su pirámide del Sol nos va a recordar en extremo a la gran pirámide de Keops.

La base de la pirámide mexicana es de parecidas dimensiones a la de Keops y el número de escalones hasta su cúspide es el mismo. ¿Casualidad? Parece que entre ambas hubiera habido algún tipo de conexión que nuestra Historia o nuestra Ciencia no logra dilucidar.

Para unos, es la muestra inequívoca del vínculo con un origen común, un pueblo raíz del que partieron, obligados, hacia otros puntos del mundo. Para otros, es una simple cuestión de azar en la construcción de monumentos con pretensión de acercamiento al cielo, a sus dioses, sin embargo parece excesivo atribuirlo todo a la casualidad.

LAS «MATEMÁTICAS SACRALIZADAS» DE LA GRAN PIRÁMIDE

«*Si la pirámide pitagórica de Kefrén exhala en su interior un ambiente sedante, a la inversa de la de Keops, vagamente angustiante, ello no quita que ésta represente también una perfección matemática*» decía el egiptólogo francés Jean-Louis Bernard en torno al uso de unas «Matemáticas sacralizadas».

Para el egiptólogo francés el conocimiento de la ciencia egipcia les llevaba a conocer datos tan relevantes como el radio terrestre, la distancia al sol, el eje polar, la perfecta orientación norte-sur-este-oeste, las proporciones perfectas…

Pero además, si regresamos a México comprobaremos más paralelismos entre ambas construcciones: las cámaras subterráneas siguen la vertical de la cúspide. Así mismo, las ondas sonoras y las vibraciones producen experiencias de visualización y audición de voces y sonidos ¿Qué serían estos sonidos? ¿Alucinaciones acústicas? ¿Amplificación de otros sonidos en otros puntos de la pirámide?

Michel Skariatine, parapsicólogo, realizó una serie de experimentos intrigantes en las pirámides de Keops y Teotihuacán. En un horario sin visitantes y controlando su estado psíquico trató de entrar con concentración absoluta; lo logró de forma rápida, debido en su opinión, a que la forma de la pirámide es un perfecto receptor de la energía psíquica y de la energía cósmica.

Ello podría explicar las razones por la que muchos turistas sufren en el interior de ambas pirámides, ataques de angustia o perciben sonidos «extraños», y en sus cámaras y pasadizos sienten algo especial, algo que no saben explicar. Los radiestesistas Chaumery y Bauzal piensan que puede tratarse de un efecto electromagnético que estaría relacionado intrínsecamente con el telurismo (radiación propia de la corteza terrestre).

Ello da paso a un fenómeno que los radiestesistas denominan «rayo verde» y es que ese fenómeno del telurismo emite una radiación de ondas supercortas en el arco del verde negativo; según esta hipótesis estas ondas «*serían el reflejo especular de radiaciones cósmicas del mismo color en positivo*», actuando la pirámide como un imán condensador de estas energías astrales que causan determinados efectos sobre el organismo humano».

Así, bajo ese prisma, la ansiedad y la angustia que muchos visitantes sienten se explicaría por la concentración de ondas telúricas de la corteza terrestre y que producirían efectos en el organismo humano tales como el enlentecimiento del proceso cardiorrespiratorio y la circulación sanguínea. Incluso, según los «abogados» de esta teoría, en el interior se realizaría mejor el proceso de momificación así como el paso extracorpóreo a la otra vida, tan deseada en la religión egipcia.

Pero es importante destacar que esta es sólo una hipótesis, o una teoría, de las muchas que hay en torno a las pirámides. Dentro de las pirámides egipcias no se ha encontrado jamás un cuerpo y pese a la existencia de diferentes sarcófagos su interior se hallaba vacío. ¿Tenía otra función? La de tumba faraónica parece descartada.

LA GRAN PIRÁMIDE DE KEOPS

Es, sin duda, el monumento más evocador que nos ha dejado el fecundo pasado de la antigua civilización Egipcia. Sus medidas colosales, sus proporciones, su perfección y los misterios que encierra, alimentan la imaginación de todo aquel que hasta ella se acerca, es la única maravilla del mundo antiguo que sigue en pie, es la Gran Pirámide de Keops.

Herodoto nos dice en sus escritos que la Gran Pirámide fue construida por el faraón Keops pero su cuerpo jamás se halló en su interior. Diodoro de Sicilia informaba que las pirámides más grandes fueron mandadas construir por dos faraones: Keops y Kefrén, para que fueran sus tumbas pero que finalmente no albergaron sus cuerpos ya qué el pueblo sometido y esclavizado amenazaba con «sabotear» su último lugar de descanso. Es Estrabón quien narraba en sus escritos que la pirámide de Micerinos albergó a una cortesana llamada Rhodopis, en el siglo VI a.C., sin embargo la oficialidad sobre la edad de las pirámides nos dicen que datan de la IV Dinastía, de un periodo entre el 2575 y el 2465 a.C.

Hacia el siglo VII d.C. los musulmanes islamistas habían conquistado Alejandría (640 d.C.), la espléndida ciudad a orillas del mediterráneo causó sensación por sus palacios, baños y teatros. Fue un periodo de esplendor en el que se tradujeron al árabe los textos que habían tenido reservado el conocimiento astronómico, matemático, geográfico… Se tradujeron textos del griego, sánscrito, latín… Textos de Euclides, Galeno, Aristóteles o Platón.

El califa Harun Al Rashid pagaba el trabajo de los traductores al peso y en oro… Sus hazañas fueron llevadas a la literatura en «Las mil y una noches». Su hijo, Abdullah Al Mamún ascendió al poder en el 813 d.C. y cultivó igualmente las ciencias desarrollando una gran actividad cultural tales como crear universidades, bibliotecas, centros de estudio. Hizo de Bagdad la ciudad cultural y académica del mundo musulmán, así como el desarrollo de la astronomía y las matemáticas. Su amor por la cultura fue tal que al vencer en la guerra contra los griegos le impuso como «castigo» la entrega del «Almagesto» de Ptolomeo que hizo traducir por sus importantes datos astronómicos y geográficos, era el tratado astronómico más antiguo de la Humanidad.

Al Mamún se desplazó a Egipto, llamado por los ecos de la sabiduría de la antigua cultura egipcia. Allí le hablaron de las cámaras secretas y los fabulosos tesoros y tesoros culturales dentro de la Gran Pirámide. La imaginación haría el resto… Es posible que Al Mamún ya conociera una entrada al monumento, así Estrabón en el año 24 a.C. hablaba de cómo una piedra en uno de los lados de la pirámide podía retirarse y dejaba ver la entrada a una galería que conducía a la tumba (?). La piedra era distinguible en el revestimiento exterior y era giratoria, los nativos conocían bien este acceso. El pasadizo tenía menos de 1´20 metros de alto y de ancho y descendía a un depósito de agua a 114 metros de distancia y a 46 metros de profundidad.

Así Estrabón, por los datos que facilita, estaría en lo cierto y su relato debe ser tenido por real. Herodoto y Plinio también narran en sus crónicas los pasadizos y conductos de la Gran Pirámide, así pues —parece evidente— al interior de la «montaña de piedra» ya había accedido el ser humano.

Al Mamún cuando llegó ante la pirámide de Keops palideció, aquello era mucho más de lo que imaginó, además aún tenía el revestimiento exterior que la hacía tan especial, tan delicada y a la vez eterna…

La entrada citada por Estrabón no se pudo localizar, sin embargo Sir William Matews Flinders Petrie encontró vestigios de una entrada similar a la referida en la pirámide acodada de Snefru, en Dashur. Esta puerta tenía una piedra de similares características que era atravesada por un eje metálico sobre el que pivotaba el movimiento de la misma y que servía de acceso a la pirámide. Pese a que no se halló ya en la Gran Pirámide sí parece acertado el afirmar que debía existir algo similar.

Al Mamún mandó levantar parte de aquel revestimiento y dejó al descubierto la entrada a la pirámide tal y como la podemos encontrar hoy. La Siringa o canal descendente sirve para que se alcen los cuatro bloques de sólida piedra sobre el que se apoya el resistente dintel. Es curioso observar las mil y una leyendas que los mil y un visitantes de la Gran Pirámide han ido dejando a lo largo del tiempo. Llama la atención la que se dedica a Federico Guillermo IV de Prusia, una inscripción del egiptólogo Lepsius, que le denomina como «Rey del Alto y Bajo Egipto, Hijo de Ra, agraciado con la vida eterna».

Pese a todo ello no se encontró ninguna inscripción o jeroglífico que nos hablara de su constructor o faraón que mandó construirla… ¿Keops? Hoy día es algo que está puesto más que en duda. Sobre todo ya que las últimas dataciones realizadas a la Gran Pirámide nos hablan de una fecha 70 años antes del nacimiento del faraón…

El «Signo del Horizonte» es el triángulo formado por la entrada original, el Tetragrama. No se sabe quién lo realizó y si es una inscripción que llama la atención de egiptólogos e historiadores.

Hay opiniones como las del investigador Juan Vallejo que nos habla de que podría tratarse de una inscripción en bereber o libio vertical. Según su opinión sería un indicativo de que la pirámide albergaría a un «hombre santo».

El francés André Pochán —autor de un magnífico libro sobre la Gran Pirámide— creía que tras la puerta basculante habría un extraño mecanismo y que el «Signo del Horizonte» podría indicar las posiciones de la puerta: abierta o cerrada.

EN EL INTERIOR DE LA GRAN PIRÁMIDE

LA CÁMARA DE CAOS

Para entrar a la Gran Pirámide debemos ascender casi 17 metros; una vez en la entrada se comienza un tránsito por un pasaje de 1,22 metros de alto por 1,05 metros de ancho que recorre 105,15 metros hasta la vertical del centro de la pirámide. Para algunos la sensación es insoportable; la claustrofobia, la ansiedad, el pánico, obligan a retroceder a muchos visitantes, sin embargo la experiencia es única.

Una vez llegados a este punto comienza una sección horizontal que es un poco más estrecha, tiene 0.91 metros de ancho por 0,81 metros de alto y recorre 9 metros desembocando en la denominada Cámara del Caos.

La Cámara del Caos es un recinto situado a 30 metros bajo el nivel de la Gran Pirámide y bajo la meseta; es un espacio practicado en la roca viva y sorprende la laboriosidad de su ejecución así como se desconoce su concreta función. Parece que es un recinto no acabado y el caos, como se deriva de su denominación es lo que predomina en su interior. Curiosamente en sus paredes de roca podemos ver conchas y fósiles marinos, los vestigios de un pasado muy conectado con el medio acuático. Los egiptólogos Lauer y Borchardt la han llamado «La Cámara Inacabada».

La Cámara del Caos es un lugar sorprendente. Totalmente anárquico, sin una dirección arquitectónica definida, produce la impresión de que los trabajadores que hasta aquí llegaron bregaron cada uno a su libre albedrío, sin seguir unas pautas de equipo, algo totalmente extraño en el ordenado y perfecto funcionamiento de la construcción de la Gran Pirámide. La Cámara del Caos mide poco más de tres metros, sus laterales, 14,50 metros por 9 metros y, al sur, frente a la entrada, el pasillo de 14 metros. Hay un pozo cuadrado de 2 metros por 2 metros y no más de 3 metros de hondo.

El coronel Vyse, a mediados del siglo XIX, buscó una cámara mentada por Herodoto. El historiador afirmaba que era parte de un conjunto en el que se formaba una isleta derivada de las aguas del Nilo, y donde se encontraría el cuerpo de Keops... pero no parece probable.

Así pues, la siringa nos lleva a una cámara inacabada, quizás porque su función era la de despistar a los profanadores o, quizás porque esta sala representaba, según su simbología, al inframundo y el estado de conciencia más bajo del ser humano. Curiosamente, algunas de las personas que han realizado actos de concentración en esta cámara, dicen haber escuchado extraños sonidos o tener conciencia de vidas pasadas… ¿Sugestión o realidad?

EL TÚNEL DE AL MAMÚN

No fue tarea fácil para los expertos de Al Mamún, abrir un acceso en la pirámide de Keops. Analizaron e investigaron la cubierta que la protegía, trataron de entrar a golpe de martillo pero todos sus esfuerzos fueron inútiles.

Sin saber cómo entrar en aquella construcción, optaron por un método más agresivo. Determinaron el lugar en el que podrían realizar una entrada y allí comenzaron a encender hogueras que calentaron la piedra, vertieron vinagre frío sobre esa superficie caliente y el efecto no se hizo esperar: la piedra comenzó a agrietarse. Los trabajadores comenzaron una tarea rápida de destrucción usando palancas y arietes hasta dejar al descubierto la entrada a la Gran Pirámide, la entrada tal y como la conocemos hoy.

Recorrieron los 38 metros del pasillo norte-sur, giraron al Este y toparon con dos bloques de granito que les impedían seguir avanzando. Los obreros de Al Mamún no se amedrentaron, ya habían llegado muy lejos y, prestando atención, escucharon el lamento de la piedra. Ese sonido les indicó dónde debían excavar. Encontraron así el pasaje descendente hasta la Cámara del Caos y desde allí el pasillo ascendente, 27 metros, hacia la entrada de la Gran Pirámide, la entrada real.

EL CANAL ASCENDENTE Y EL CANAL HORIZONTAL

Los obreros de Al Mamún tenían una misión y un objetivo claro: despejar el camino al corazón de la Gran Pirámide. En aquel pasillo, comenzaron a excavar alrededor de los bloques de granito que les impedían seguir por el camino «robado» a la pirámide. Aquellos bloques de granito eran piezas imponentes: con una dimensión de 4´5 metros comenzaba en ellos un canal de 25 metros perfectamente realizado, encajando hasta la milésima de milímetro, las juntas entre los bloques, siendo estas prácticamente imperceptibles.

Este canal o pasillo tiene 1,05 metros de ancho y es absolutamente uniforme. La altura es de 1´20 metros y su acabado es admirable. Sus paredes están perfectamente pulidas y se mantienen en un ángulo de ascenso de 26º. Este canal nos lleva directamente a la Gran Galería, a 22 metros del zócalo de la base de la pirámide de Keops.

Al llegar al rellano observamos, en las paredes, cinco agujeros que posiblemente servían de fijación de alguna plataforma que ayudara a salvar ese muro de 2,18 metros y que prosigue la subida; su función no está clara en la actualidad.

La ausencia de los bloques hizo que se encontrara un canal de 38 metros. El canal mantiene la misma línea arquitectónica perfecta que el conjunto piramidal. A sólo 5 metros del final encontramos un escalón del que se ignora su función, tiene medio metro y su presencia resulta chocante. Una vez salvados esos 38 metros nos encontramos en la Cámara de la Reina.

LA CÁMARA DE LA REINA

La Cámara de la Reina es una estancia sorprendente. Se bautizó de esa forma por la creencia árabe sobre la costumbre faraónica de enterrar a sus mujeres en tumbas con techos a dos aguas, como los de esta cámara. Pero lo cierto es que jamás albergó el cuerpo de una reina de Egipto. La encontraron vacía y solo destaca, en la actualidad, el agujero que realizó el coronel Vyse buscando alguna cámara secreta.

Para algunos expertos esta sala sería el recinto donde reposaría el doble del faraón. Así en un nicho en la pared se depositaba una imagen del faraón, una estatua esculpida en diorita o basalto a la que se le habían realizado el rito de vida isiaco de la Apertura de la Boca y de los Ojos. El arqueólogo Petrie halló escombros de piedra negra en este lugar. Edrisi, en el siglo XIII, habla de la existencia de una cuba en esta cámara. Una cuba que no debemos confundir con el cofre conocido en la actualidad. Edrisi especifica, además, que en la Cámara del Rey se halló una cuba exactamente igual.

En el suelo se hallan lo que debieron de ser las marcas dejadas por cinco columnas, tres al Sur y dos al Norte. Justo frente al nicho hallamos las huellas de algo que pudo haber sido un altar de ofrendas. Todo, como se puede leer, conjeturas reconstruidas en función de los vestigios y huellas halladas en la cámara.

La expedición francesa de Napoleón Bonaparte así como otras expediciones entre los siglos XVIII y XIX, hallaron igualmente restos de escombros en su interior, pero la Gran Pirámide había sido tan visitada, que se dudaba del origen de esos restos.

Originariamente estaba pintada en color azul. En sus paredes Norte y Sur podemos apreciar unos agujeros de 22 centímetros, son los llamados canales de ventilación que, sin embargo, se encontraban taponados por lo que su denominación no parece cuadrar con su función real. En 1872 Wainmann Dixon abrió el canal Norte, que tenía un recorrido análogo en el canal Sur, pero hoy día se sigue desconociendo su función: para unos podría tratarse de un canal psíquico en las ceremonias del traspaso del Ka (o del Doble); otros opinan que son canales acústicos o de resonancia para la comunicación. Existen mil y una hipótesis y cualquiera podría ser la correcta.

Este orificio saltó a la fama en marzo de 1993 de la mano del ingeniero germano Rudolf Gantenbrink; su misión era relativamente sencilla: limpiar los canales de ventilación de la Cámara de la Reina y saber hasta dónde llegaban. Así, Gantenbrink, fiel al encargo realizado por el Instituto Arqueológico Alemán, ideó un pequeño robot que llevaba una cámara y lo introdujo en el canal de ventilación; el aparato rodó 65 metros hasta que algo obstaculizó el avance. Era una losa colocada a modo de piedra o puerta con dos pomos metálicos. Las dimensiones eran de 22 centímetros por 22 centímetros y se desconoce su función. En esta puerta hallamos los únicos restos metálicos encontrados en la Gran Pirámide… ¿qué hay tras ella? ¿Otra puerta? ¿Y tras esa puerta? La pirámide está llena de secretos aún por desvelar.

LA GRAN GALERÍA

La Gran Galería de la Gran Pirámide es una visión que impresiona; impresiona no solo estar en su interior sino conocer cómo realizaron tal prodigio arquitectónico aquellos «primitivos» egipcios hace milenios. La Gran Galería es impecable, sus paredes son milimétricamente paralelas, con perfecta orientación Norte-Sur. Como afirma el investigador y egiptólogo Manuel Delgado, «los dos metros del suelo se van reduciendo a medida que las paredes ascienden hasta los ochos metros de altura, para finalizar en el techo de un metro de ancho. Las cuarenta losas que forman la cubierta están imbricadas como tejas en un tejado».

La cavidad tiene 1,05 metros de ancho, a cada lado dos especies de banquetas de 0´5 metros. Tal y como estaba diseñada la Gran Pirámide eran 28, 14 a ambos lados. Este es un dato curioso pues Keops era el vigésimo octavo faraón de Egipto, Menes fue el primero de la I Dinastía del Imperio Antiguo si atendemos a la cronología faraónica de Manetón. Lo que podría indicar que esa Gran Galería guardaba algún sentido simbólico hacia cada uno de los faraones anteriores; esos 28 lugares o entalladuras habrían dado cabida a 28 estatuas de otros tantos faraones siendo Keops el que ocupaba el lugar 28 y Menes el 1. Abu Ya´Kub escribía: «*en esta terraza se abrió un corredor…, la bóveda está hecha en piedra, y allí se encuentran pinturas y estatuas yacentes o de pie, y otras muchas cosas de las que no se conoce el significado*». Ibrahim Uasif Sha dice que en la pirámide se realizaron dos cámaras con un significado simbólico, representaban el cielo y las estrellas y allí se guardaron las estatuas de los abuelos del faraón.

No es sencillo transitar por esta galería, cuya grandiosidad nos deja boquiabiertos; se camina sobre una escalera de madera apoyada en una barandilla o pasamanos. Es una galería amplia, abierta, monumental, con el techo a 8 metros de altura. Y es perfecta. Al final hallamos el denominado Gran Escalón, con un desnivel de más de metro y medio ante el que, forzosamente, todos debemos apoyarnos. El espectáculo arquitectónico tras nosotros es indescriptible.

LA CÁMARA DE LOS RASTRILLOS

En la cara Sur de la Gran Galería encontraremos un pasadizo; si lo recorremos llegaremos a la Antecámara o Cámara de los Rastrillos. Esta cámara tenía como misión cerrar el paso a la siguiente Cámara. Así podemos apreciar que en el granito hay practicadas unas correderas con una finalidad de tapón. Por dintel encontramos una pieza de 40 centímetros de grosor y dos piezas apoyadas en las paredes Este y Oeste.

En la pared sur quedan aún huellas de lo que los profanadores debieron de destruir. Aquí destacan cuatro ranuras verticales que siembran de dudas a todo aquel que se ha preguntado sobre su utilidad. Para unos es una opción de taponamiento, para otros un soporte, pero la verdad es que se desconoce su finalidad. La más resuelta es la que nos habla de una estancia que se cerraba para practicar algún tipo de rito o culto religioso.

Se ha ilustrado el hipotético funcionamiento de un mecanismo a base de poleas y cuerdas que servirían para desplazar la roca y sellar la cámara, sin embargo todo son hipótesis. Lo cierto es que no queda ninguna prueba de ello.

LA CÁMARA DEL REY

Ahora como en el pasado... Esa es la conclusión a la que muchos llegan tras visitar la Cámara del Rey. Su estado actual es el mismo que tenía en el año 820 d.C., cuando los enviados de Al Mamún llegaron a esta estancia. En estos siglos no ha cambiado nada en su interior. Contiene únicamente un sarcófago vacio de granito rojo, perfectamente pulido.

Tenemos la referencia que de él hizo el barón Desvernois en 1799, el cual habla de la tapa del sarcófago; es la única mención que hay de la misma. Por desgracia la tapa estaba rota y apoyada contra una pared. En la Cámara del Rey no hay nada más. ¿Acaso fue profanada y su contenido saqueado? No se sabe a ciencia cierta lo que ocurrió, pero la desolación dentro de la majestuosidad de aquella sala es palpable.

La Cámara del Rey tiene 50 metros cuadrados y está construída con enormes bloques de granito rojo de las canteras de Assuán. Cinco hileras de piedra forman sus muros y nueve losas de 400 toneladas de peso, el techo, con perceptibles grietas, fruto del paso del tiempo y algún terremoto. De las paredes Norte y Sur nacen dos canales en la mampostería, ambos con salida al exterior de la pirámide. En 1837 fueron limpiados por Perring, ayudante del coronel Vyse.

Ninguna de las expediciones, desde la de Al Mamún hasta la de Napoleón Bonaparte, halló ningún tesoro. Las leyendas en torno a la experiencia vivida una noche por Napoleón, en el interior de la Gran Pirámide, generaron todo tipo de supersticiones y mitos, pero lo cierto es que al emperador «algo» le ocurrió allí dentro.

EL POZO

Una fecha importante para la Gran Pirámide fue la de 1638, año íntimamente ligado en su efemérides a la figura de John Greaves, a la sazón astrónomo, matemático y geómetra británico.

Greaves llegó a Gizeh con la esperanza de hallar en la Gran Pirámide, un viejo sueño, un sueño tenido también por Al Mamún: encontrar en el monumento pétreo las dimensiones de nuestro planeta, basándose en los escritos de Pitágoras sobre la sabiduría egipcia.

La primera impresión de John Greaves sobre la Gran Pirámide no fue demasiado alentadora: un enjambre de murciélagos revoloteaba en el interior sobresaltando al académico. La siringa estaba bloqueada; prosiguió el camino y al final de la Gran Galería notó que faltaba un sillar que dejaba al descubierto un canal al que se llamaría «El Pozo» (vetado al turista en la actualidad).

Abierta en su totalidad en el año 1817 por el arqueólogo Caviglia, se trata de un canal que comunica la siringa con la Gran Galería, con un recorrido de cerca de 70 metros. Descender por este canal es peligroso ya que es angosto, irregular, claustrofóbico... Los expertos creen que por sus características imperfectas debió de ser practicado con posterioridad a la construcción de la Gran Pirámide, sin un fin definido en la actualidad. Al descender se aprecian unos bloques de piedra que agarran evitando posibles derrumbes. Más abajo llega el final de la vertical del canal pero sigue una porción inclinada; en este punto, y tras el tortuoso descenso, el investigador se siente exhausto. Finalmente el canal nos lleva hasta la siringa, en un punto cercano a la Cámara del Caos.

Es curioso que buscando un sentido a esta construcción, a este canal, se puede decir que una parte de él se hizo mientras se construía la Gran Pirámide, como un acceso rápido de los obreros a otras zonas como la Cámara del Caos. Lo que se desconoce es la finalidad de la segunda parte del canal... Aunque eso es otra historia.

LAS CÁMARAS DE DESCARGA

En 1765 el cónsul británico en Argelia, Nathaniel Davidson, visitó la Gran Pirámide y mientras avanzaba por la Gran Galería descubrió unas perforaciones de 60 centímetros entre la pared y el techo. El canal estaba cegado por los excrementos de los murciélagos; despejado el camino se comprobó que desembocaba en la conocida como Cámara de Davidson, estancia ubicada sobre el techo de la Cámara del Rey, de las mismas dimensiones, pero con una altura de 1'20 centímetros.

En 1837 los obreros del coronel Howard Vyse descubrieron, empleando la dinamita, cuatro cámaras sobre la Cámara de Davidson... Con formas un poco toscas, fueron posteriormente denominadas Cámaras de Wellington, del Almirante Nelson, de Lady Ann Arbuthnot y del Coronel Campbell. Se las conoce como «Cámaras de Descarga» y destacan las grandes losas de granito que las forman y que refuerzan la estructura sobre la que se construyen: la Cámara del Rey.

En la Cámara de Descarga se encontró algo sorprendente y muy cuestionado en la actualidad: unas inscripciones con el cartucho del faraón Keops. Para algunos historiadores y arqueólogos este sería el argumento para atribuir la construcción de la Gran Pirámide a Keops; el mismo Herodoto lo hace en sus escritos. Sin embargo el cartucho tiene imprecisiones que hacen pensar que es posterior a Keops, incluso contemporáneo...

CÓMO SE CONSTRUYÓ LA GRAN PIRÁMIDE

Es una de las cuestiones más controvertidas de cuantas se formulan sobre la pirámide de Keops. Los historiadores y arqueólogos no logran llegar a un consenso pues son varias las teorías existentes al respecto. Lo que sí podemos es abordar la construcción de la Gran Pirámide atendiendo a sus fases ejecución. Así tendremos:

FASE 1

Consistió en elegir el lugar de la construcción y nivelar topográficamente el terreno; esto se logró orientando los lados de la pirámide hacia los cuatro puntos cardinales y posteriormente, posiblemente, rellenando de agua el espacio de la base de la pirámide lo que haría que al secarse dejara el terreno a nivel para posteriormente «alisarlo».

FASE 2

Comprende la construcción de una calzada que serviría de «carretera» para transportar los bloques de piedra que llegaban por el río Nilo, hasta su emplazamiento en la meseta de Gizeh. Tenemos las informaciones de Herodoto que mencionan las dimensiones de esta calzada en la que se empleron 10 años de trabajo: 900 metros de larga por 20 metros de ancha. Entre tanto, se comenzaba, en la pirámide, el trabajo de excavación de la siringa. De esta forma se inicia la excavación del pasillo hasta la Cámara del Caos, para luego construir otro pasillo hacia el Pozo y tener, así, dos caminos (uno de ida y otro de vuelta), casi independientes.

FASE 3

Una vez finalizada la calzada comienzan a llegar, y se colocan, los primeros bloques de piedra en el lugar de la construcción. Posiblemente, los primeros fueron los que marcaron los cuatro puntos cardinales, los vértices, y posteriormente se dispuso uno en medio que centraría las líneas entre los lados; a partir de ahí las primeras hileras de piedras perfectamente niveladas y orientadas. En esta etapa se comienza a tapar el Pozo y se dejan los huecos para el canal descendente y el canal ascendente.

FASE 4

Se siguen colocando bloques de piedra y se continúa con la construcción de: la Cámara de la Reina, la Cámara del Rey, la Cámara de los Rastrillos, la Gran Galería y el pasaje.

FASE 5

Se erigen la Cámara de Descarga y los conductos de ventilación de la Cámara del Rey y la de la Reina. Se siguen instalando los bloques y se llega hasta la plataforma de la cúspide de la pirámide, que debe albergar al llamado Piramidón, normalmente otra pirámide que remataba la construcción y que solía ser dorada, reflejando así los rayos del sol al brillar en su superficie.

FASE 6

Construcción del complejo funerario o de templos en las cercanías de la Gran Pirámide y colocación del revestimiento exterior. El revestimiento, además, llevaba una capa de pintura de yeso, piedra molida y fragmentos de un mineral rojizo, lo que hacía que la pirámide luciera de un tono anaranjado—rojizo, conforme a los cultos solares egipcios. En las paredes se inscribieron, posiblemente, jeroglíficos que narraban la historia del faraón o las crónicas de la época.

FASE 7

Se levanta una muralla alrededor del conjunto. Algunos investigadores creen que en el lado norte se alisó el terreno y sería allí donde la Gran Pirámide proyectaría su sombra sirviendo de destacado astronómico donde celebrar los solsticios, estaciones, equinoccios y demás eventos anuales.

En modernas enciclopedias podemos encontrar sobre su construcción:

«Nadie sabe con certeza el sistema que se utilizó para construir las pirámides de Egipto aunque varias teorías ofrecen respuestas posibles al modo en que se trasladaron los bloques de piedra; quedan por encarar los problemas técnicos que implican la colocación y elevación de dichas piedras, así como la exactitud en su colocación, medidas y cálculos. Dicha construcción ha sido atribuida a extraterrestres, atlantes, egipcios anteriores a Keops o a otras culturas o civilizaciones desconocidas.»

HERODOTO

Herodoto, fue el primero en hacer referencia a su modo de construcción cuando las visitó 2000 años después de haber sido construidas y ofrece la única descripción histórica con que se cuenta.

Declara en lo referente a la construcción del monumento de Keops:

Sistema constructivo según Herodoto

«Esta pirámide fue construida de la siguiente manera: se colocaron al principio una serie de gradas que algunos llaman crossai y otros bomides.

Después de haberle dado para empezar, esta primer forma, se procedió a subir las piedras restantes, por medio de máquinas construidas con trozos cortos de madera, desde el suelo las subían a la primera plataforma, cuando la piedra había llegado allí, era colocada en otra máquina instalada sobre esta primera plataforma y pasaba a otra grúa, pues había tantas máquinas como plataformas. O quizás sólo había una máquina, fácil de transportar, que trasladaban de un piso a otro, después de haber retirado la piedra, indicamos los dos procedimientos, según las dos versiones que hemos oído. Lo primero que hicieron fue llegar al vértice de la pirámide, después pasaron a las partes que quedaban inmediatamente debajo, y por fin, dieron el último toque a los pisos próximos al suelo y al pie mismo del edificio.»

Hasta el presente no se han aportado pruebas que apoyen las teorías de Herodoto en su conjunto.

Sistema de rampas

En los últimos años ha parecido afianzarse la teoría de las rampas, auque sin ponerse de acuerdo sobre qué tipo de rampa.

Rampas envolventes

Rampas envolventes, hacen referencia a las que en forma de espiral se iban levantando sobre las hiladas de piedras ya colocadas. Quienes han estudiado más a fondo este sistema lo consideran muy dificultoso y con grandes contraindicaciones por las grandes masas volumétricas utilizadas, que a medida que se acercaban a la cúspide contaban con un espacio mucho más reducido para moverse a la vez que los andamios que se iban montando para una rampa capaz de aguantar semejantes pesos cubriría totalmente las caras de las pirámides dificultando su trazado y orientación, que era perfecto.

Rampa interior

Partiendo de la mitad de una de sus caras, la rampa se prolongaría en el núcleo interno de la pirámide, dejándolo atravesado por un corredor hueco y sin techo. A medida que fuera creciendo el número de hiladas del edificio, aumentaría la longitud de la rampa, hasta casi alcanzar la cara contraria. Llegados ahí, se rellenaría el corredor y se montaría una nueva rampa que, comenzando en el exterior, penetraría de nuevo en el interior de la pirámide hasta la cara contraria, repitiéndose el proceso cada vez a mayor altura. En las últimas etapas habría que recurrir a rampas laterales de refuerzo y escaleras.

Rampa perpendicular

Se trata de la rampa tradicional que llevaría las piedras desde la cantera y se iría elevando a medida que creciera la pirámide permitiendo con facilidad la colocación de las últimas hiladas aunque cuenta con el inconveniente de la gran cantidad de material que se necesita para construirla.

El arquitecto francés Jean-Pierre Houdin expuso en abril de 2007 la teoría, según la cual las piedras de la Gran Pirámide de Giza fueron transportadas por una rampa exterior tradicional hasta una altura de 45 metros. Desde ahí los bloques eran subidos por una rampa en espiral, montada dentro de la propia pirámide.

A lo largo de los años los arqueólogos y científicos, incluso los arquitectos han pensado en muchos otros tipos de rampas combinadas con sistemas de contrapesos y poleas. Este método posible se ha basado en pruebas arqueológicas, pero no existen evidencias claras de que fuera utilizado como modo único en la Pirámide de Keops, por lo que todo queda en el campo de las teorías. A la fecha no hay modo de saber con certeza qué métodos utilizaron los antiguos egipcios para la elevación de los bloques de Guiza».

SELLADO DE LA GRAN PIRÁMIDE

Una vez concluida la construcción del monumento llegó el momento de su cierre; para ello se celebró un conjunto de ritos y cultos, una liturgia en la cual se bajaron los cierres de granito de la Sala de los Rastrillos y la Antecámara. El siguiente paso sería el de taponar el corredor ascendente: aquí se usaron, probablemente, los tres bloques de granito. El investigador Manuel Delgado decía al respecto: «*en efecto, se han encontrado dos de los tres tapones que actuaban como cierre de la Antecámara. Uno de ellos está situado junto a la entrada original del monumento y otro depositado en el Pozo de la Cámara del Caos. Ambos tienen tres perforaciones circulares de unos 15 centímetros de diámetro para alojar unos tarugos de madera y así poderlos bajar sosteniéndolos con cuerdas. En las paredes de la Cámara de los Rastrillos se han excavado unos surcos, precisamente para que las cuerdas pudieran desplazarse sin rozamiento. Sin embargo, todo este entramado técnico no tiene ninguna validez si, como se afirma, sólo sirvieron para cerrar el acceso a la Cámara del Rey. No existe en ninguna otra pirámide de Egipto un sistema parecido. Más bien, y todos los estudios así lo confirman, el conjunto está concebido para poder subir o bajar los bloques a voluntad, no una sino sucesivas veces»*. Ello indicaría que en el interior de la Gran Pirámide pudieron celebrarse diferentes ritos, no siendo un monumento de «un solo uso».

Los bloques de granito que taponaban el corredor ascendente tienen una dimensión de 4´53 metros lo que crea otro conflicto que explica Manuel Delgado: «*pudieron estar depositados en la parte inferior de la Gran Galería, antes de la entrada al pasaje horizontal que llega hasta la Cámara de la Reina, que mide 4´77 metros. Pero, en esta hipótesis, sólo quedarían 24 centímetros para pasar el cuerpo y ascender por la Gran Galería. A su vez, el pasaje de la Cámara de la Reina es más pequeño que los bloques, por lo que tampoco pudieron colocarse en ese lugar. Si hubiesen sido depositados en el centro de la Gran Galería habría que escalar más de 3,5 metros para que una comitiva pudiera sobrepasarlos. Y más aún cuando consideramos que los tapones de granito tienen el mismo ancho de sección que el propio pasaje ascendente, lo que impediría su desplazamiento por él. Todo parece indicar que el problema no tiene solución y ninguna teoría hasta ahora ha conseguido explicar el misterio que plantean estos tres bloques*».

De esta forma o de otra, la pirámide quedó sellada, los bloques de granito haciendo de bloqueo, la entrada disimulada… Pero todo ello no impidió que los expoliadores accedieran al interior de la Gran Pirámide.

LO QUE OCULTA LA GRAN PIRÁMIDE

¿Qué secretos guardan aún las arenas del desierto? ¿Qué misterio tiene aún por descifrar? ¿Cuántos años de ignorancia esconden sus arenas eternas? Ignorancia para el ser humano actual que cree que la tecnología no tiene límites y que somos los primeros en lograr grandes metas… Pero, ¿y si en el pasado ya se hubieran logrado cotas iguales o superiores a las nuestras? ¿Cómo sería posible? La Ciencia siempre lo negará, la Historia siempre lo negará y sólo unos pocos nadarán contra la tendencia ortodoxa de hacer difícil lo fácil…

La Gran Pirámide data, oficialmente, del 2500 a.C., esa es la datación comúnmente aceptada, sin embargo se cree —heterodoxamente— que podría su construcción ir más allá del 10000 a.C., cuando el Homo Sapiens Sapiens comenzaba a poblar la Tierra… ¿Cómo es posible?

Textos antiguos indican que las pirámides ya estaban en su ubicación actual cuando comenzó a florecer la cultura y civilización egipcia. Así pues las tres pirámides no serían obra de Keops, Krefén y Micerinos, sino que estos serían tres usurpadores de los tres monumentos (algo muy común entre los faraones de Egipto) y sus constructores habría que buscarlos más atrás en el tiempo…

Tampoco está clara su función como presunta tumba… ¿Por qué? Pues no se ha encontrado ningún cuerpo en el interior de ninguna de las tres. Cierto es que los sarcófagos parecen indicar su lugar de descanso eterno, o tránsito, para el Faraón, pero las evidencias nos dicen que no puede ser… ¿Y si fuera una cámara de regeneración? Tal y como indica Javier Sierra en «La Ruta Prohibida» u otros autores en sus obras… Podría ser, si una persona pasa allí la noche y abre sus sentidos tiene un choque de emociones, un choque de sentimientos y creer morir para renacer… La Luz del día es como un nuevo nacimiento, una regeneración… Puede que sólo sea eso o sea mucho más…

Igualmente no hay una sola inscripción que indique que la gran pirámide sea obra de Keops, sólo un más que dudoso cartucho descubierto por Wyse en la cámara de descarga y se cree que por su grafía es muy posterior al faraón, es decir: un añadido incluso contemporáneo.

Pero la Gran Pirámide nos sigue sorprendiendo… En su interior hay una serie de pasadizos sin una función aparente, estos pasadizos de pequeño tamaño podrían ser la ruta a cámaras perdidas que aún contengan el secreto de tan colosal edificación.

Fue en 1993 cuando el Servicio de Antigüedades de Egipto decidió instalar en su interior ventiladores para amortiguar la humedad que desprendía de la gran cantidad de visitantes que acudían a los pasillos de la edificación y que ponía en peligro la integridad de la piedra.

Para realizar este trabajo buscaron en Alemania al especialista Rudolf Gantenbrink, que había diseñado y fabricado un robot llamado Upuaut 2, una especie de automóvil oruga que era capaz de explorar los canales de ventilación de apenas 20 por 20 centímetros y que tienen como origen las cámaras reales. Por allí, por donde el ser humano no podía entrar, se desplazaba con perfección el Upuaut 2, y así comenzó la exploración de aquellos canales de «ventilación», grabando en video su recorrido e iluminando zonas que la luz dejó de hacerlo hace miles de años…

Después exploraron las salidas que parten desde la cámara de la Reina, y a 65 metros de una de ellas encontraba algo que no dejaba avanzar a este vehículo. Era una losa de piedra con dos más que extrañas agarraderas, o asas, que tapaban el camino natural de Upuaut 2, que bloqueaba aquel pasillo. Pero, ¿qué hacía allí una especie de «Puerta»?

Se aplazó su investigación hasta la fabricación de otro vehículo, el «Pyramid Rover» y el 17 de Septiembre de 2002 aquel nuevo ingenio de nuestra tecnología recorría aquel pasillo en busca de aquella misteriosa puerta…

Fue Zahi Hawass, jefe del Servicio de Antigüedades quien contactó con National Geographic para venderle los derechos de aquella exploración… Y es que Egipto sigue siendo un buen negocio…

Aquello dio la vuelta al mundo y se esperaba sacar el último secreto conocido a la Gran Pirámide… La expectación mundial era máxima. Había mil y una especulaciones que iban desde el descubrimiento de un tesoro fabuloso, el Libro de los Muertos, una estatuilla de algún dios o un simple canal…

Aquel 17 de Septiembre el «Pyramid Rover» se puso en marcha y partió en busca de la llamada «Puerta de Gantenbrink», realizó un agujero en la piedra y por el orificio practicado introdujo una cámara que descubrió una estancia de 45 centímetros por 20 de altura y al final otra losa… No había nada más…

La comunidad científica y los aficionados a Egipto quedaron un tanto decepcionados… Se banalizó con aquel espectáculo de luces y la expectación creada todo el acto de la exploración… Pero ¿qué hay tras esa losa? Posiblemente una nueva losa más. Hasta tres losas más siguiendo la tradición egipcia y tras ellas el canal con su salida hacia la luz, hacia las estrellas hacia las que los egipcios orientaron sus pirámides y que parecen estar indicándonos algo que, o no queremos entender, o es difícil de asimilar…

¿QUIÉN CONSTRUYÓ LA GRAN PIRÁMIDE?

En interior de la Gran Pirámide estaba desolada; nunca se halló vestigio de cuerpo alguno. Ello ha dado pie a pensar que realmente la pirámide no fuera un monumento funerario y con ello se abrió el campo a mil y una hipótesis sobre el uso de una construcción realizada con esfuerzo sobrehumano.

La Gran Pirámide sigue ocultando sus misterios y son muchos los investigadores que se afanan por desvelar lo que esconden sus canales, sus conductos, los que buscan cámaras secretas o los que todavía creen que en su interior se esconde un fabuloso tesoro junto al cuerpo momificado de Keops… Quizás el mayor tesoro es tener este monumento aún en pie para nuestro gozo y admiración, y su mayor enigma es desvelar quién la construyó.

La Historia ortodoxa nos dice que fue el faraón Keops quién la mandó edificar pero hay tantas inconsistencias en esa teoría que hasta lo más acérrimos defensores de la misma comienzan a dudarlo. Desde los documentos dejados por Herodoto de Halicarnaso casi 500 años antes de Cristo hasta las investigaciones del coronel retirado Richard Howard Vyse en 1837. Cada uno con un estilo y un concepto bastante particular sobre la pirámide.

Tanto Herodoto como Vyse atribuyen su construcción a Keops. El primero lo hace a través de su obra «Los nueve libros de Historia», pero es un hecho que no contrasta, sino que lo afirma, por las indicaciones que recoge. El segundo por el cartucho «encontrado» en la Cámara de Descarga y que toscamente pertenece a Keops. Un estudio de ese cartucho pintado nos dirá que posiblemente sea falso.

Por tanto una pregunta sigue flotando en el ambiente, como diría Carlos Murciano: ¿Quién construyó la Gran Pirámide?

HERODOTO Y LA GRAN PIRÁMIDE

Las primeras referencias a la Gran Pirámide son de Herodoto quien escribió de esta forma sobre el tiempo en el que, presuntamente, se construyó: «*Hasta el reinado de Rampsinito, según los sacerdotes, viose florecer en Egipto la justicia, permaneciendo las leyes en su vigor y viviendo la nación en el seno de la abundancia y prosperidad; pero Keops, que le sucedió en el trono, echó a perder un Estado tan floreciente. Primeramente, cerrando los templos, prohibió a los egipcios sus acostumbrados sacrificios; ordenó después que todos trabajasen por cuenta del público...*»

Parece que Keops ordenó que el Templo de Isis, la Gran Pirámide, pasara a reconvertirse en su tumba, siendo ya un monumento edificado anteriormente al reinado del faraón: «*Viéndose ya falto de dinero, llegó Keops a tal extremo de avaricia y bajeza, que en público lupanar prostituyó a una hija, con orden de exigir en recompensa de su torpe y vil entrega cierta suma..., pidiendo a sus amantes que le costearan cada uno una piedra para su edificio*», parece una exageración más bien orientada a retratar a Keops como un tirano sin escrúpulos, al que los egipcios odiaban y al que sus restricciones al pueblo le acabarían pasando factura.

Sobre la Gran Pirámide nos sigue narrando Herodoto: «*En esta fatiga ocupaba de continuo hasta 3000 hombres, a los cuales de tres en tres meses iban relevando, y solo en construir el camino para conducir dicha piedra de sillería hizo penar y afanar a su pueblo durante diez años enteros, lo que no debe extrañar, pues este camino, si no me engaño, es obra poco o nada inferior a la pirámide misma..., y en los diez años de fatiga empleados en la construcción del camino, no se incluye el tiempo invertido en preparar el terreno del collado donde las pirámides debían levantarse, y en construir una cámara subterránea que sirviese para sepulcro real, situada en una isla formada por una acequia que del Nilo se deriva. En cuanto a la pirámide, se gastaron en su construcción veinte años*».

Es por tanto Herodoto de Helicarnaso el que más datos nos ofrece sobre la Gran Pirámide; Herodoto, que era reconocido historiador y cronista de su época, y quien otorga en su obra «Los nueve libros de la Historia», la autoría de la construcción de la pirámide al faraón Keops, la construcción de la segunda pirámide a Kefrén y la tercera a Micerinos, o en sus nombre egipcios: Khufú, Khafra y Menkura. Aunque él mismo matizaba: «*...si alguno hubiere a quien se hagan creíbles esas fábulas egipcias, sea enhorabuena, pues no salgo fiador de lo que cuento, y sólo me propuse por lo general escribir lo que otros me referían...*»

EL CORONEL RICHARD HOWARD VYSE

Fue en el año 1835 cuando en el cálido El Cairo hace acto de presencia un coronel británico, destacado en la India, llamado Richard Howard Vyse. Su máximo afán era dar notoriedad al apellido familiar y centró sus esfuerzos en «desvelar» los secretos de la Gran Pirámide, sin duda una buena forma de lograr su objetivo.

En Giza también se encontraba el italiano Giovanni Battista Caviglia, capitán de navío, que estaba vivamente interesado en aquel colosal monumento. Caviglia se había encargado de que se limpiara, de escombros y excrementos de murciélago, todo el camino del pasaje que iba hasta la Cámara de Descarga y que descubrió en 1765 Nathaniel Davidson. Igualmente, el Pozo. Vyse estaba atento a lo que desarrollaba aquel trabajador italiano, y un día se presentó ante él y le ofreció su financiación a condición de que comparecieran juntos ante los medios compartiendo los descubrimientos. Pero Caviglia, temperamental, rechazó la propuesta de aquel inglés con más ganas de protagonismo que de investigar. Caviglia además era un arqueólogo sumamente meticuloso, cuidadoso, un ejemplo para otros arqueólogos. El mismo William M. Flinders Petrie, uno de los mejores investigadores de la Gran Pirámide, contactó en 1880, con el capataz de Caviglia, Ali Gabri, para que dirigiese los trabajos que iba a realizar.

El coronel Vyse no se rendía y seguía intentado pasar a la Historia, así obtuvo un permiso para trabajar en la meseta de Giza, y con un presupuesto de 10.000 libras, se encaminó hacia el lugar en busca de sus sueños y deseos. Contrató a Caviglia, pero Vyse se desesperaba con la lentitud del italiano que era muy meticuloso. Las peleas entre ambos eran constantes y Vyse decidió prescindir de Caviglia y contratar al ingeniero John Perring. Uno de los métodos preferidos de esta singular pareja de «arqueólogos» era el uso de pólvora en sus excavaciones, método, sin duda, bastante alejado de los cuidadosos métodos de Caviglia. A ellos se debe que la Esfinge tenga «Heridas» de pólvora en el hombro y en el lomo.

Pero miraron a la Gran Pirámide y centraron la búsqueda en su interior. Caviglia había observado que sobre la Cámara de Descarga podría haber otras cámaras, así que Vyse, haciendo suya esa teoría, decidió usar la pólvora que «les aligeraba el trabajo» y probar suerte. Un trabajador de malos hábitos, llamado Daued, fue el encargado de la voladura; tras una resonante explosión en el monumento y una nube de polvo, un agujero surgió ante sus ojos. Así pasaron a otra pieza que estaba igualmente cerrada y la pólvora volvió a entrar en acción; continuaron hasta encontrar una quinta Cámara de Descarga, descubriendo todas estas estancias sobre las que acertadamente teorizó Caviglia.

En estas cámaras no se halló nada, eran estancias con una función arquitectónica no ornamental, pero Vyse tenía un as en la manga y presentó el hallazgo de unos jeroglíficos, que decía haber encontrado pintados en la pared. El experto en escritura jeroglífica del Museo Británico, Samuel Birch, dictaminó que uno de ellos pertenecía al faraón Keops, que según la Historia, desde tiempos de Herodoto, había mandado construir el monumento. Aquella parecía la prueba definitiva que desvelaba el misterio del constructor de la Gran Pirámide.

Vyse se podía dar por satisfecho, había logrado su sueño de gloria y popularidad, y con el éxito en el bolsillo decidió que ya había pasado demasiado tiempo bajo el sol de El Cairo y regresó a Inglaterra, llevándose algunos «recuerdos» de su estancia en el país de los Faraones. Pero la desgracia se alió con Vyse y su barco naufragó en las costas de Cartagena, y con el barco un importante botín arqueológico en el que se encontraba el sarcófago de Micerinos. No obstante, el coronel Vyse fue ascendido a General del Ejército Británico gracias a los méritos contraídos. Hoy día habría sido degradado a soldado raso.

Pero centrémonos en los jeroglíficos hallados por Vyse y que comenzaron a sembrar dudas sobre su autoría. A Caviglia, avezado experto, le fue prohibido el paso a las cámaras descubiertas, así como al capataz de la excavación; los ingenieros Mash y Perring sí entraron en las estancias; de hecho, Perring lo refleja en su obra «Las Pirámides de Giza a la luz de su exploración verdadera y las medidas tomadas allí mismo», destacando las líneas rojas del albañil pero no los jeroglíficos, que apunta, fueron hallados «posteriormente». ¿Posteriormente? ¿Reparan en unas líneas de albañil y no en unos jeroglíficos? Extraño.

Una vez que se realiza la voladura Vyse impide el paso de cualquier persona a la estancia yendo él mismo y su acompañante, J.R. Hill. En la obra de Vyse «Operaciones llevadas a cabo en la Pirámide de Gizeh» (1837), el coronel agradece públicamente a Hill su ayuda; posteriormente Hill se convirtió repentinamente en el propietario del Hotel El Cairo, se cree que en agradecimiento a su fidelidad. Fue entonces cuando surgió el rumor de que los cartuchos y jeroglíficos hallados en la Gran Pirámide eran contemporáneos, es decir: los habían pintado ellos mismos.

Analizando más detenidamente los jeroglíficos, comienzan las dudas. Samuel Birch se quedó estupefacto ante el descubrimiento. No había una sola indicación del constructor de la pirámide en todo el edificio y ¿se iban a molestar en dejar ese vestigio en una cámara cerrada para toda la eternidad? Birch reconoció en el cartucho el nombre de Khufú (Keops) pero también se percató de elementos extraños, tanto en los cartuchos como jeroglíficos, que le hacían dudar. Los signos grabados no se correspondían con los del Imperio Antiguo sino que encajaban mejor con el demótico, más tardío. Otros signos eran desconocidos y otros estaban pintados al ¡revés! Aquello parecía una burda falsificación sacada de un manual lleno de incorrecciones. Igualmente, apareció un cartucho con el nombre de Khnum-khuf, un faraón inexistente que se cree podría hacer una referencia lejana a Keops.

Se investigaron las fuentes arqueológicas y egiptológicas empleadas por el coronel Vyse, y se pasó de la perplejidad, por el uso de la pólvora, a la ira al comprobar el fraude de los jeroglíficos. Así pues la Piedra Rosetta fue encontrada en 1799, habían pasado tres décadas desde su descubrimiento y se desconocía mucho en torno a la escritura jeroglífica, se podría decir que se estaba en las primeras fases de comprenderla dando lugar a numerosos estudios y a numerosos errores aún, era una «ciencia» en aprendizaje, en proceso de perfeccionamiento. Así J.R. Hill consultó una obra llamada «Materia Hieroglyphica» cuyo autor era Sir John Wilkinson. Pues bien, no cabía dudas que fuera la obra consultada por Hill y Vyse y, precisamente en esa obra hallamos errores en la denominación del nombre de Keops, los mismos errores que se encontraron como «espectacular hallazgo» en las cámaras… Era muy curioso.

Cuando Hill y Vyse procedían a la voladura de la cuarta cámara se actualizaba el texto de Wilkinson, «Hábitos y costumbres del Antiguo Egipto» y Hill se hizo de esta nueva obra, en ella se rectificaba el nombre de Keops, así Vyse y Hill rectifican, en plan chapuza, el nombre de Keops en las siguientes cámaras donde si aparece «correctamente» escrito Khufú (Jufú o Keops), pero en el colmo de los despropósitos nuevamente había errores pues Wilkinson interpretaba el círculo de correspondencia a la letra KH (Khufú), ese signo («tamiz» o cedazo») se corresponde con un círculo y varias líneas que lo cruzan. Así, Hill y Vyse, fieles a Wilkinson como autor de cabecera, cometen el mismo error… Seguir los errores de Wilkinson es seguir los errores de la pareja de «arqueólogos»… Así ese signo lo confunden con el símbolo de Ra, del Sol, que es un círculo con un punto en el centro, así Hill y Vyse no escriben Khufú sino Raufú… Eso jamás se hubiera permitido a los constructores de las pirámides.

Pero hay más: los signos pintados por Hill y Vyse no están representados en la postura correcta ya que están pintados al revés, como si los miráramos desde un espejo. Era una chapuza.

Pero los historiadores, de buena gana y siguiendo la ortodoxia histórica, admitieron el «descubrimiento» (ya

Falsificación) que otorgaba la gloria de la construcción de la Gran Pirámide al faraón Keops y además se cubría con ello toda una época histórica. Así, si su construcción no pertenecía a la IV Dinastía debía de ser más antigua aún, casi del neolítico egipcio y eso según la ortodoxia es impensable, pero no improbable. Así la Gran Pirámide sería de tiempos predinásticos, cuando según los textos egipcios, el país estaba regido por una especie de semidioses. Pero la ortodoxia, nuevamente, niega tal posibilidad; si era impensable creer que en época de Keops había sido posible construir tal monumento, cuando se desconocía la rueda o el hierro, más impensable aún era pensar que en tiempos más remotos pudieran haberlo logrado.

Pero hay más. De las cinco Cámaras de Descarga, la descubierta por un arqueólogo serio y riguroso como Davidson, no tiene ni un solo jeroglífico; sin embargo, las cuatro halladas por Vyse se encuentran marcadas con jeroglíficos a cual más incorrecto. Además, en la Gran Pirámide no hay ni un solo jeroglífico similar a los hallados por Vyse, más bien falsificados por Vyse, ni ninguna otra referencia a Keops. Extraño ¿verdad?

Así los hallazgos de Vyse quedaron desacreditados y sin más valor que el de aquel que quería llegar pronto a ser reconocido como lo que no era: un arqueólogo de prestigio, especializado en el Antiguo Egipto.

Un último apunte, en la Estela del Inventario, en el museo de El Cairo, se habla de cómo el faraón Keops crea una orden religiosa para el culto a Isis, «Señora de la Pirámide». Es decir, que cuando Keops crea esa orden, la Pirámide ya dominaba el horizonte de Giza, ya estaba construida y era el templo de la diosa.

KEOPS Y LA GRAN PIRÁMIDE

La Historia más ortodoxa admite como constructor de la Gran Pirámide al faraón Keops de la IV Dinastía, con ello cubre un hueco en la Historia y explica la construcción de una de las edificaciones más importantes del mundo, tanto que es considerada como una de las Siete Maravillas del Mundo Antiguo y de la actualidad. Pero en el camino hay demasiadas dudas.

Según Herodoto, Keops manda construir una calzada desde la orilla del Nilo hasta la Gran Pirámide, con la función de facilitar el transporte de los bloques de piedra que formarán el monumento; en esta tarea se invirtieron 10 años; posteriormente comienza la construcción de la pirámide, que se concluyó en 20 años. Y quizás es el momento de más dudas y preguntas: ¿pudieron aquellos «toscos» constructores colocar milimétricamente los 54000 metros cuadrados de bloques de piedra de la primera de las 204 gradas que la forman con aquella precisión? ¿Cómo se tarda 10 años en construir una calzada hasta la pirámide y solo 20 años en erigir el ciclópeo monumento? ¿Por qué Herodoto no se refiere a los túneles y pasajes del interior de la Gran Pirámide? ¿Acaso se le atribuye la construcción de la Gran Pirámide a Keops porque ordenó trabajar en ella a fin de que albergara su cuerpo a modo de tumba, cuando originalmente, según los textos, era un templo dedicado al culto a Isis? ¿Cómo se las ingeniaron aquellos arquitectos y constructores para elegir, cortar milimétricamente, tallar y transportar las moles de piedra desde la cantera hasta Gizeh? ¿Cómo se colocaron los más de dos millones y medio de bloques de manera tan perfecta que en algunas ubicaciones su unión no permite ni el paso de una cuchilla de afeitar? ¿Cómo lograron los egipcios que la pirámide realizara el llamado «efecto relámpago», desde un punto de vista astronómico y arquitectónico? ¿Por qué hay tantas diferencias entre el trabajo original en la Gran Pirámide y unos añadidos posteriores, de acabado impreciso e imperfecto, que se podrían atribuir al encargo del faraón Keops?

Preguntas y más preguntas que nos llevan a cuestionar si Keops fue su constructor y la antigüedad admitida de la Gran Pirámide.

EL «EFECTO RELÁMPAGO» EN LA GRAN PIRÁMIDE

Sin duda es una de las sorpresas más significativas que nos tenía reservada la Gran Pirámide; y es que cuando llega una fecha mágica —para muchas culturas antiguas y dotada de cierto poder mágico en la actualidad— sucede algo, sucede el denominado «efecto relámpago», Gustavo Bletter, especialista en Arqueoastronomía, lo describía así: *«El 21 de marzo (equinoccio de primavera en el hemisferio norte) de 1934 a las 18:00 horas, un avión de la Royal Air Force (RAF) británica, fotografió desde el aire las pirámides de Giza. La sorprendente fotografía mostraba claramente como la cara sur de la pirámide de Keops, (no así la de Kefrén, situada al lado) se dividía en dos triángulos menores, uno iluminado por el sol y el otro a oscuras. El efecto solo dura 5 minutos y desaparece en la oscuridad, por lo cual el egiptólogo André Pochan lo bautizó «Efecto Relámpago».*

Actualmente, se conoce con certeza que las caras triangulares de la Gran Pirámide, no son totalmente rectas; como es el caso de la pirámide de Kefrén y las más de 80 pirámides conocidas.

Las 4 caras triangulares de la Gran Pirámide, presentan una ligera concavidad hacia dentro (conformando dos planos o semicaras de 27 minutos de arco respecto a la línea recta que debería seguir) invisible a simple vista. Esto confiere a la pirámide 8 caras, aunque visualmente solo podamos apreciar 4.

Esta particular conformación de la Gran Pirámide podría hacer que, en determinados momentos del año, en especial al amanecer y al atardecer de los días del equinoccio de primavera y de otoño, (21 de marzo y 21 septiembre), se produzca el «Efecto Relámpago» cuando el sol proyecta sus rayos de luz solo sobre la mitad de una cara.

Y es que los egipcios no eran ajenos a este tipo de sutilezas arquitectónicas pues conocían bien los equinoccios y solsticios. Así en el templo que Ramsés II, en Abu Simbel, al amanecer de los equinoccios, los rayos del Sol atraviesan las salas del templo hasta iluminar el «Sancto Sanctórum», el lugar de culto más importante del complejo religioso.

En la mitología egipcia el 21 de marzo (el equinoccio de primavera en el hemisferio norte), era celebrado como el día del cumpleaños de la diosa Isis, diosa de la Tierra y de la naturaleza. Y resulta lógico que en algunos documentos antiguos se relacione a la Gran Pirámide como Templo de la diosa Isis

Para Gustavo Bletter *«existe suficiente evidencia para certificar que los egipcios conocían el fenómeno astronómico de los equinoccios. Es posible que el motivo de los 8 planos de la Gran Pirámide fuese reflejar a través del «Efecto Relámpago» el día exacto de los equinoccios. Fenómeno que efectivamente pudo ser contemplado en la antigüedad, aunque no hoy día, con las condiciones actuales de deterioro de la pirámide. No pueden descartarse las cuestiones estructurales como motivo de inclinación de las caras, a los efectos prácticos de reforzar el entramado de bloques y aumentar su resistencia. Avala esta teoría la presencia de 8 caras (2 por punto zodiacal) en la pirámide, cuando astronómicamente solo serían necesarias 4 caras (2 en la cara norte y 2 en la cara sur) para reflejar los 2 equinoccios. Finalmente, podemos integrar estas observaciones y suponer que los 8 planos de la Gran Pirámide se construyeron para satisfacer una necesidad estructural y astronómica a un mismo tiempo. Esto último hablaría muy bien de los conocimientos y la economía de recursos de los antiguos egipcios».*

CAMINANDO POR LA HISTORIA

El egiptólogo británico Sir William Matthew Flinders Petrie fue un pionero en la utilización de un método sistemático en el estudio arqueológico. En 1880 visitó Egipto buscando en las dimensiones de la Gran Pirámide una verdad divina desconocida hasta el momento, inspirado por el astrónomo escocés Charles Piazzi Smyth.

Pronto desechó estas fantasías, sin embargo logró realizar el estudio más detallado conocido hasta el momento sobre las dimensiones de la Gran Pirámide. Una de las peculiaridades que observó fue que la sección horizontal de la pirámide tiene forma octogonal (de estrella de cuatro puntas) en vez de forma cuadrada. Cada una de las cuatro caras está compuesta por dos planos, con una ligera pendiente hacia el centro. Esta pendiente es difícilmente apreciable a simple vista por la ausencia casi total del revestimiento que antaño cubría el monumento (pues solamente se han conservado algunos bloques de piedra caliza, procedentes de las canteras de Tura, en la primera hilada de la cara septentrional).

Esta característica y su orientación hacia el Norte geográfico genera en las caras norte y sur un fenómeno de proyección de sombras durante los equinoccios: hacia el amanecer, durante unos minutos, la mitad oeste de las caras norte y sur es iluminada por los rayos del Sol, mientras la mitad este permanece en sombras; hacia el ocaso ocurre al contrario, quedando iluminada la mitad este de las caras norte y sur, mientras la mitad oeste queda en sombras. Es el denominado «Efecto Relámpago», ya que en el momento de iluminarse una de las «semicaras» se produce una especie de «flash».

¿Fue un fallo en su construcción o un efecto buscado a propósito?, unos piensan que si otros que no, lo que está claro es que solo la «Gran Pirámide» presenta esta peculiaridad de todas las que hay en la tierra de los faraones. Queda la duda de que este fenómeno se diera antes del desmantelamiento de la caliza de Tura que la cubría.

Las mediciones del egiptólogo Flinders Petrie son extremadamente precisas y no dejan lugar a la duda: la Gran Pirámide tiene ocho caras, ya que cada uno de sus lados está dividido en dos por el centro (apotema), de tal manera que cada cara se hunde levemente (en un ángulo de 0 grados 27 minutos) hacia el interior de la construcción.

Sir William Matthew Flinders Petrie.

Sin embargo, no fue Flinders Petrie, sino el egiptólogo francés André Pochan, en su obra clásica «*El enigma de la Gran Pirámide*» (1971) quien describe por primera vez el efecto lumínico que se observa en la «Gran Pirámide» en el momento exacto en el que se producen los equinoccios (21 de marzo y 21 septiembre), y deduce que la concavidad de las caras de la Gran Pirámide sirve de anuncio de los equinoccios.

Fue una sorprendente fotografía —referida ya— de las pirámides de Guiza realizada por un avión de la Royal Air Force (RAF) británica (oficialmente realizada el 21 de marzo, equinoccio de primavera en el hemisferio norte, a la 18:00 horas de 1934), la que refrendó la hipótesis de Pochan al mostrar claramente como la cara sur de la pirámide de Keops, no así la de Kefrén, situada al lado, se dividía en dos triángulos menores, uno iluminado por el sol y el otro a oscuras.

Posteriores investigaciones han puesto en duda la autenticidad de la foto o al menos que la fecha en la que fue tomada no coincide con la citada por Pochan.

En dichas investigaciones fijándose en el recorrido que sigue el sol el día del equinoccio se ve que la fotografía aérea de la R.A.F. no pudo ser tomada ese día, puesto que los rayos solares no llegan a incidir en la cara Norte de la pirámide, sino que inciden en las caras Sur y Oeste y dependiendo de la hora de observación, se podría formar una sombra igual a la mostrada en la fotografía de la R.A.F (**¡pero al revés!**).

Estas investigaciones establecen que las únicas fechas aproximadas en que la foto pudo ser realizada serían el 23 de Mayo y 22 Julio (en un momento próximo al ocaso). Es decir, o bien se tomó la foto unos 2 meses después del equinoccio de primavera, o bien, un mes después del solsticio de verano.

¿Está confundida la fecha de la foto del libro de André Pochan? ¿Informó equivocadamente la R.A.F. a Pochan? O por el contrario ¿Está trucada la fotografía?

Lo cierto es que el famoso «Efecto Relámpago» pierde interés en cuanto no marca ni sirve de anuncio a los equinoccios, desmoronando las atrevidas teorías que dotaban a los antiguos egipcios de un extraordinario control del tiempo y del espacio, del cielo y de la tierra, del sol y de las estrellas.»

Pero, nuevamente, ahí quedan los hechos; no somos los hombres del siglo XXI los que tenemos las respuestas para explicar la veracidad o no de este intrigante fenómeno, que suma un misterio más al de la Gran Pirámide de ¿Keops?

EL FARAÓN KEOPS

Mucho se ha hablado hasta ahora del faraón Keops pero quizás es momento de conocer mejor su figura.

Jufu (ḫwfw en egipcio antiguo) o Jéops (Χέοψ en griego), pasará a la Historia como Keops, siendo el segundo faraón de la IV Dinastía, perteneciente al Imperio Antiguo de Egipto. Su reinado fue desde el 2579 al 2556 a. C.

Keops ha recibido diferentes nombres atendiendo a quién lo nombraba, así en la Lista Real de Abidos y la Lista Real de Saqqara se le llama Jufu. Llamado Jeops (Χέοψ) por Heródoto, y Sufis (Σοῦφις) por Manetón, Julio Africano, Eusebio de Cesárea y Jorge Sincelo.

Su reinado también es objeto de imprecisiones, en el Canon de Turín se le otorgan 23 años de reinado, aunque su nombre es ilegible. Heródoto narra que gobernó 50 años. Según Manetón, Sufis reinó 63 años (lo cual también se comenta en los escritos de Julio Africano y en la versión de Sincelo).

Keops fue —posiblemente— hijo del faraón Seneferu y de la reina Hetepheres I. Contrajo matrimonio con Meretites y Henutsen que fueron enterradas en pequeñas pirámides, junto a la Gran Pirámide de Giza. Su hijo mayor, Kauab, murió a temprana edad y no pudo sucederle, tras la muerte de Keops la familia se dividió en tres linajes, del tercero de los cuales surgió Jafra (Kefrén en griego). Le sucedieron cuatro de sus hijos: Dyedefra, Jafra (Kefrén), Dyedefhor y Baefra, que reinaron seguidamente, y de modo sucesivo, a la muerte de su padre.

Según los historiadores «durante el reinado de Jufu la monarquía alcanzó su mayor poder, como puede apreciarse por las disposiciones adoptadas durante su reinado, tendentes hacia la concentración total del poder en torno al faraón. Entre dichas disposiciones destacó el reforzamiento del cargo de chaty, nombrado personalmente por el propio faraón, asegurándose así el control casi absoluto sobre todos los estamentos del primer gran estado absolutista conocido».

Manetón comentó: «Sufis se ensoberbeció contra los dioses aunque, después, compuso el Libro Sagrado, que los egipcios tienen en gran estima».

El afán, o la obsesión, de Keops por la Gran Pirámide llegó a límites insospechados, obligó al pueblo a trabajar en su construcción así como en templos funerarios, no fue una gestión demasiado acertada pues agotó los recursos del estado, debilitando a la monarquía y tras el reinado de Pepy II, precipitando al país en la anarquía. Así nos ha quedado documentada la primera revolución social de la historia en la narración denominada «Lamentos de Ipuur» o «Papiro de Ipuur» que es un poema del Antiguo Egipto preservado en 17 fragmentos de papiro; clasificado con el nombre de Papiro de Leiden I 344, se encuentra custodiado en el Museo Arqueológico Nacional de Leiden, en los Países Bajos. «Ipuur (Ipu ur), «el príncipe Ipu», partidario del viejo orden, describe un Egipto afligido por desastres naturales y en un estado de caos, un mundo revuelto donde el pobre se hace rico, y el rico pobre, y la guerra, el hambre y la muerte están por todas partes. Un síntoma de este desplome del viejo orden es el lamento donde los sirvientes abandonan su servidumbre y se comportan con rebeldía».

Cabe destacar que la construcción de la Gran Pirámide no se hizo con mano de obra esclava como se pudiera pensar sino con una serie de trabajadores elegidos, muy cualificados que estaban mandados por capataces con conocimientos en geometría, estereotomía (arte de cortar la piedra), astronomía, organización del trabajo, logística... Pero Keops era un faraón impopular y no era querido por el pueblo por sus decisiones equivocadas y las restricciones impuestas al país.

Curiosamente la única representación del faraón Keops la encontró el arqueólogo Flinders Petrie cerca del templo de Jentiumentiu, en Abidos, la ciudad sagrada de Osiris. Se trata de una pequeña estatua de marfil, tiene unos siete centímetros de altura y se conserva en el Museo Egipcio de El Cairo.

Sin embargo, y gracias a Herodoto, Keops pasará a la Historia como el constructor de la Gran Pirámide: «Diez fueron, como digo, los años que se emplearon en la construcción de esa calzada (procesional) y de las cámaras subterráneas de la colina sobre la que se alzan las pirámides, cámaras que, para que le sirvieran de sepultura, Keops se hizo construir —conduciendo hasta allí un canal con agua procedente del Nilo— en una isla. Por su parte, en la construcción de la pirámide propiamente dicha se emplearon veinte años» (Heródoto, Historia, Libro II, 124, 4,5).

Demasiado mérito para tan poco faraón…

LA ENTRADA A LA GRAN PIRÁMIDE

Los arquitectos de Al Mamún, o tuvieron una suerte tremenda a la hora de seleccionar el punto por el que podían acceder a la Gran Pirámide o tenían un conocimiento exacto de cuál era ese punto. Resulta casi imposible imaginar que pasaran por los tapones de granito, bloques que cerraban el paso por el canal ascendente, en el primer intento; es como acertar en el centro de una diana en movimiento, de espaldas y con los ojos tapados.

Maqrizi, historiador árabe cariota, escribía hacia el siglo XIV: «El califa Abdallah Al Mamún ben Harún el-Rachid ordenó que se abriera la Gran Pirámide, y se excavó para él la brecha que aún sigue hoy abierta. Para lograrlo se empleó el fuego, el vinagre, las palancas, trabajaron en ello herreros, y se gastaron sumas considerables. El espesor del muro era de unos 20 codos (más de 9 metros)».

Pero hay más. Estrabón, en «Geografía» (libro XVII, 33) escribe sobre el acceso a la Gran Pirámide, en ¡tiempos de Cristo! Y los árabes que en siglos pasados entraron en la Cámara del Caos, contaban que en los techos de la galería figuraban inscripciones realizadas con el humo de las antorchas dejadas allí por visitantes del pasado Imperio Romano o por los griegos. Sorprendente ¿verdad?

La Historia y los documentos chocan. Herodoto nos dice que la Gran Pirámide era el monumento funerario que mandó construir Keops, pero la Estela del Inventario nos dice que la imponente construcción era un templo dedicado a Isis, que en tiempos de Keops ya estaba construida. La Estela del Inventario es anterior a las descripciones y narraciones de Herodoto, quien reconoce que puede estar equivocado en su narración, fruto de la «recolección» de los testimonios orales de su época sobre el gran monumento.

Herodoto nos dice igualmente sobre las cámaras de las pirámides: «Carece la pirámide de Kefrén de cámaras subterráneas; tampoco llega a ella el canal derivado del Nilo que alcanza la de Keops, y corriendo por un acueducto allí construido, forma y baña una isla, dentro de la cual dicen que yace este rey».

Parece que hay una construcción original que fue la que ya estaba realizada mucho antes de Keops y, después, unas rectificaciones ordenadas por un faraón para su mayor gloria. Hubo, pues, dos arquitectos, el original y el de Keops. Así el investigador Manuel Delgado afirma: *«Según la leyenda redactada en jeroglíficos, que se encuentra frente a la cara Norte de la pirámide de Kefrén, realizada en tiempos de Ramsés II (1287 a.C.), el superintendente de los trabajos, Mai, «Grande del templo de Maat», y Seanj-Pa, intendente de los trabajos del templo de Amón de Tebas, trabajaron en la reparación de las dos grandes pirámides de Giza. La presencia de estos arquitectos en Giza no fue tenida en cuenta hasta que recientemente se encontró una estatua del propio Ramsés II junto a las excavaciones en la pirámide de Micerinos. Esta inscripción señala que se introdujeron en los monumentos posiblemente para restaurar el culto a Isis en la Gran Pirámide. Su presencia explica que Al Mamún no encontrara los restos de los antepasados de Keops, y justificaría la tachadura a piqueta que se encuentra en la Gran Pirámide a la altura del tercer saledizo, posiblemente pata borrar alguna inscripción «profana» escrita por el faraón. Pero en este caso, se hace inevitable preguntarnos: si los tapones estaban puestos, ¿por dónde entraron?»*.

Manuel Delgado prosigue diciendo: *«Se sabe que antes de izar la primera hilada de la pirámide los trabajadores iniciaron la excavación del canal descendente y, a la vez, para que los que bajaban no chocaran con los que subían se realizó otro canal que, por supuesto, quedó abierto hasta que se puso la primera fila de bloques. A este canal, llamado «El Pozo», se puede acceder desde el canal descendente cerca de la Cámara del Caos. Los obreros de Ramsés sólo tuvieron que picar unos 20 metros en roca caliza para acceder a la Gran Galería y, desde allí, efectuar el canal para llegar a la primera Cámara de Descargar, con el fin de sopesar los destrozos producidos por los terremotos en los bloques de 60 toneladas de la Cámara del Rey. Efectivamente, se ha encontrado restos de yeso en las grietas de estos bloques. Tras la limpieza del monumento, los trabajadores de Ramsés II lo abandonaron, dejándolo con la desnudez que encontrara Al Mamún»*.

Demasiadas casualidades en torno a la Gran Pirámide, a su entrada, a los hallazgos, cuando parece que el acceso a la misma era de sobra conocido en tiempos remotos. ¿Pirámide funeraria de Keops en la IV Dinastía o Templo de Isis en tiempos remotos? Ortodoxia y Heterodoxia. Datos para dudar de una y sopesar otra... Es el Misterio de la Gran Pirámide.

5. LA ESTELA DEL INVENTARIO

Fue el arqueólogo francés Auguste Mariette quien encontró, en torno a las excavaciones que se realizaban en la Gran Pirámide y la Esfinge, una estela en la que se podía leer: *«¡Gloria a Horus-Medyed, rey del Alto y Bajo Egipto, Jufu, dotado de vida! Él encontró el Templo de Isis, Señora de las Pirámides, al lado del Templo de la Esfinge, en el noroeste del Templo de Osiris, Señor de Rosetau. Él construyó su pirámide al lado del templo de esta diosa y construyó la pirámide de la hija real Henutsen, al lado de este templo»*.

Y con la Estela del Inventario comienza la polémica. En ella se afirma que Keops (Jufu) «encontró» una pirámide consagrada a Isis, y un templo con la Esfinge. Admitiendo la veracidad del texto, y si la interpretación es correcta, tenemos la confirmación histórica de que la Esfinge, y, con menor grado de certeza, las tres grandes pirámides, son anteriores a lo que la arqueología actual defiende. De hecho, en la propia Estela del Inventario se narra que la Gran Pirámide ya estaba construida en tiempos de Keops y se denominaba «Templo de Isis». Así Keops solo habría sido un usurpador, algo típico y común entre los faraones de Egipto.

Pero hay más. En la Estela hallada entre las patas de la Esfinge nos encontramos una nueva sorpresa. Su realización fue ordenada por el faraón Tutmosis IV; así en la estela se narra cómo el faraón, cuando aún era príncipe con pocas posibilidades de reinar y tras un día de cacería, se quedó dormido al lado de la Esfinge, de la que solo se veía la cabeza ya que todo el cuerpo estaba cubierto por las arenas eternas egipcias. En ese sueño, a Tutmosis IV se le apareció el dios Horemakhet, cuyos atributos eran el horizonte y ciertas funciones heredadas de antiguos dioses solares, y le dijo que si liberaba a la Esfinge, que había sido consagrada a él hacía mucho tiempo, él le otorgaría el poder y el gobierno de los dos reinos (el Alto y el Bajo Egipto). Como se podrá comprobar, en esa «revelación onírica» no se hace referencia alguna a Kefrén como autor de la Esfinge, y la historia de la misma debía de ser conocida por el pueblo de Egipto. Sin embargo, no se dice nada al respecto.

Parece claro que hay indicios para pensar que los monumentos son anteriores a su datación oficial, e incluso que en tiempos remotos, los saqueadores conocían perfectamente la distribución interna y la entrada a la Gran Pirámide. Dentro de ella, además, hay reformas y rehabilitaciones llevadas a cabo en otros tiempos. En la Cámara del Rey el techo está rajado, posiblemente por la acción de algún terremoto, y curiosamente, nos encontramos con cemento que se ha aplicado en la junta de los bloques con posterioridad, lo que indica que se conocía la entrada; pero hay más, para ordenar una reforma, alguien debió de entrar previamente y descubrir el desperfecto. La observación procede del arqueólogo Petrie y jamás un profanador habría realizado este trabajo, más bien los sacerdotes de la pirámide ¿o del Templo de Isis?

Se cree que hacia la VI y IX Dinastía se pudo haber producido un expolio de las pirámides debido al malestar del pueblo. La situación no se normalizó hasta la XI y XII Dinastía en las que se reanudó la construcción de pirámides, pero mucho de ese saber y perfección se perdió.

Nuevamente, algo quedaba claro: se conocía la entrada a la Gran Pirámide, y fue expoliada en diferentes ocasiones.

Pero aún hay más... En una inscripción practicada en la roca frente a la cara norte de la pirámide de Kefrén se dice que Mai, el superintendente de los trabajos, «grande del Templo de Maat» y Seanj—Pa, intendente de los trabajos del Templo de Amón en Tebas, estuvieron trabajando en las obras de reparación de las pirámides de Keops y Kefrén.

Fue Ramsés II el que reinició los ritos piramidales teniéndolas como templos solares.

En la estela descubierta por Reisner en Giza, en la mastaba de Pen Meruu se habla de la Gran Pirámide como Templo Solar, en otros tiempos, Templo de Isis; a la meseta de Giza peregrinaban muchos adoradores del Sol desde diferentes puntos del país.

Tras haber sido expoliada en sucesivas ocasiones, y para preservarla, el faraón Ramsés II ordenó el cierre de la Gran Pirámide. Pasarían siglos hasta que Al Mamún la reabriera. Previamente el gran Saladino, 1169 d.C., hizo que el recubrimiento sirviera de gran cantera para construir diferentes edificaciones y casas en El Cairo, quedando así despojada de su hermoso revestimiento, extraido de las canteras de Tura. Pese a ello, la imponente pirámide sigue sorprendiendo y fascinando, reclamando la atención de millones de visitantes al año.

6. PARA HACERNOS PENSAR

¿Y si tuviéramos un vestigio escrito del siglo IX a.C. en el que ya se vieran las pirámides? Parece increíble, casi de ciencia ficción… y sin embargo es real. Déjenme que les cuente una historia oficialmente imposible.

En una sorprendente y apartada tumba, un equipo de investigadores excava cuidadosamente y encuentra un cuerpo momificado que permanece «inalterable», a pesar del paso de los siglos y de los milenios. Aquel cuerpo y el ajuar funerario que le acompañaba se dataron, sin margen de error, entre los años 8000 y 9000 a.C.

Entre la ornamentación y objetos que acompañaban «al más allá» a aquel cuerpo, se encontró un huevo de avestruz, con una pintura en su cáscara. Esa pintura es muy significativa pues se observa un río y a su lado tres pirámides... El Nilo y la meseta de Giza con sus tres pirámides… ¡Nueve milenios antes de Cristo! ¿Tres pirámides en el año 8000 a.C o 9000 a.C.? Parece que son muy anteriores a Keops.

Para los curiosos: la cáscara pintada del huevo se encuentra en el Museo Nubio de Asuán.

7. EGIPTO: EL PAÍS DEL CONOCIMIENTO PERDIDO

Hablar de Egipto implica hablar de una cultura milenaria que poseía un saber que en pleno siglo XXI estamos lejos de comprender. Cuando se han apagado los ecos de un pasado glorioso, sus enigmas despiertan todo tipo de preguntas entre historiadores y arqueólogos.

Sus misterios comenzaron a ir desvelándose a medida que se investigaba sobre el terreno lo magnífico de su cultura. Fue el hallazgo de la Piedra Rosetta y los estudios de Champollion sobre ella, los que comenzaron a revelarnos las claves de su escritura jeroglífica, una escritura que se podía encontrar en todas las construcciones de cierta importancia en el Egipto más glorioso.

Pero las incógnitas perduran, la cultura egipcia surge de una etapa neolítica casi de repente, sin ningún antecedente cultural o vestigio civilizador. Lo hace con el inicio de construcciones que aún hoy nos asombran porque cuesta comprender cómo podían realizarse con los toscos instrumentos de aquellos «primitivos» primeros pobladores del país de las arenas eternas.

Tenemos por un lado la incógnita de su desarrollo, pero también tenemos la incógnita de su involución cultural. Tan pronto fueron capaces de construir fastuosas pirámides como fueron incapaces siglos después de tan siquiera imitar la construcción piramidal. Hubo un preocupante retroceso que hizo que aquel saber se perdiera; al menos no supieron plasmarlo como sus antepasados cercanos.

Así, el mayor enigma surge al contemplar la Gran Pirámide, surge cuando no sabemos de qué forma construyeron un edificio de casi tres millones de metros cúbicos de piedra... No de qué forma, ni qué instrumento emplearon si no conocían más metal que el cobre y la rueda no la habían utilizado... Pero los que considerábamos constructores casi «ignorantes» se convierten en constructores fascinantes cuando se descubren en la Gran Pirámide, relaciones con el número Pi y Fi y cuando se entra en una agria polémica sobre el conocimiento oculto de sus constructores y el origen de ese saber...

Fue William Matews Flinders Petrie quien a finales del siglo XIX arribó a Egipto dispuesto, con la Ciencia como aliada, a desvelar algunos de los secretos de la Gran Pirámide. En su equipaje había teodolitos de precisión, niveles ópticos, calibres micrométricos, goniómetros rectificados a los ángulos de 90°, a los 51° 50´ y los 26° 20°, cintas de invar, etc... Todo un equipo de medición muy complejo y completo, con el que marcaría un camino que luego seguirían otros investigadores como el mismo André Pochan o Borchardt.

A Petrie casi lo podemos llamar el «forense de Egipto» pues trató las pruebas arqueológicas como si fueran una prueba judicial. Petrie, además, encontró una estatua griega que le llevó acertadamente a creer que en Egipto se estableció una colonia helena.

Así se comenzaron a desvelar algunos de los misterios de Egipto, pero sin hallar explicaciones razonables.

EGIPTO: EL PAÍS DEL CONOCIMIENTO PERDIDO

Hablar de Egipto implica hablar de una cultura milenaria que poseía un saber que en pleno siglo XXI estamos lejos de comprender. Cuando se han apagado los ecos de un pasado glorioso, sus enigmas despiertan todo tipo de preguntas entre historiadores y arqueólogos.

Sus misterios comenzaron a ir desvelándose a medida que se investigaba sobre el terreno lo magnífico de su cultura; fue el hallazgo de la Piedra Rosetta y los estudios de Champollion sobre ella, los que comenzaron a revelarnos las claves de su escritura jeroglífica, una escritura que se podía encontrar en todas las construcciones de cierta importancia en el Egipto más glorioso.

Pero las incógnitas perduran, la cultura egipcia surge de una etapa neolítica casi de repente, sin ningún antecedente cultural o vestigio civilizador. Lo hace con el inicio de construcciones que aún hoy nos asombran porque cuesta comprender cómo podían realizarse con los toscos instrumentos de aquellos «primitivos» primeros pobladores del país de las arenas eternas.

Tenemos por un lado la incógnita de su desarrollo, pero también tenemos la incógnita de su involución cultural. Tan pronto fueron capaces de construir fastuosas pirámides como fueron incapaces siglos después de tan siquiera imitar la construcción piramidal. Hubo un preocupante retroceso que hizo que aquel saber se perdiera; al menos no supieron plasmarlo como sus antepasados cercanos.

Así, el mayor enigma surge al contemplar la Gran Pirámide, surge cuando no sabemos de qué forma construyeron un edificio de casi tres millones de metros cúbicos de piedra ni qué instrumento emplearon si no conocían más metal que el cobre y la rueda no la habían utilizado... Pero los que considerábamos constructores casi «ignorantes» se convierten en constructores fascinantes cuando se descubren en la Gran Pirámide relaciones con el número Pi y Fi y cuando se entra en una agria polémica entre el conocimiento oculto de sus constructores y el origen de ese saber.

Fue William Matews Flinders Petrie quien a finales del siglo XIX arribó a Egipto dispuesto, con la Ciencia de aliada, a desvelar algunos de los secretos de la Gran Pirámide. En su equipaje había teodolitos de precisión, niveles ópticos, calibres micrométricos, goniómetros rectificados a los ángulos de 90°, a los 51° 50´ y los 26° 20°, cintas de invar, etc... Todo un equipo de medición muy complejo y completo, con el que marcaría un camino que luego seguirían otros investigadores como el mismo André Pochan o Borchardt.

A Petrie casi lo podemos llamar el «forense de Egipto» pues trató las pruebas arqueológicas como si fueran una prueba judicial. Petrie además encontró una estatua griega que le llevó acertadamente a creer que en Egipto se estableció una colonia helena.

Así se comenzaron a desvelar algunos de los misterios de Egipto, pero sin hallar explicaciones razonables

8. EGIPTO PARADÓJICO

De entre todas las grandezas de Egipto quizás la que más sorprende es el grado de evolución adquirido en pocos siglos tras la aparición de tan magnífica civilización, pero hay paradojas en su cultura, en su arte, en su arquitectura, que son difíciles de explicar. En la IV Dinastía fueron capaces de construir la Gran Pirámide y sus compañeras, grandes templos y monumentos; sin embargo se le atribuye una increíble incultura tecnológica y científica. Así hay datos que nos dejan perplejos si, como afirman las fuentes oficiales de la Historia, los egipcios no descubrieron la rueda hasta la XII Dinastía, en la XVIII Dinastía aparecer la plomada y el mrjt que era una mira de observación realizada en caña de palma.

Pero hay más sorpresas en este Egipto paradójico: es en la XI Dinastía cuando surgen los textos astronómicos en los sarcófagos, una astronomía que según Hawkes desconocía el fenómeno de los eclipses (!). En la época Ptolemaica, en el templo de Denderah, surgen las primeras representaciones de los meridianos y las «instrucciones» para el llamado «tendido de la cuerda» y para hallar el meridiano por las estrellas de la Osa Mayor. En la XIII Dinastía se encuentra el papiro matemático de Rhind, con un nivel muy básico. En la XIV Dinastía aparece el vidrio, y los utensilios de hierro hacia la XXVI Dinastía. En la época Ptolemaica, hacia el 200 a.C., surgen ya conocimientos astronómicos y matemáticos de un mayor nivel, influenciados, sin duda, por la cultura griega.

Por todo ello hay un contraste mayúsculo entre el Conocimiento que tenían aquellos egipcios de la III y IV Dinastía y aquellos que siglos después tomaron su relevo. Unos fueron capaces de erigir pirámides con un altísimo grado de perfección, otros, en cambio, construyeron la Sala Hipóstila de Karnac que se derrumbó hacia el 1899 a.C. ¡por no tener cimientos! Increíble. ¿Por qué se produjo ese contraste, esa involución en el Saber?

TRABAJANDO LA PIEDRA DE ASSUÁN

Uno de los misterios más complejos que nos depara la cultura egipcia es la forma en la que trabajaron la piedra, piedra de la dureza del cuarzo, la diorita, el pórfido o el granito, materiales cuya solidez superaba en mucho la capacidad de aquellos constructores que desconocían aún el hierro y que empleaban herramientas de cobre.

Hoy es sorprendente, simplemente es un enigma que no tiene, de momento, solución. ¿Cómo pudieron trabajar con ese grado de perfección estatuas en diorita verde como la de Kefrén? Su dureza es cercana al 11 y empleando un cincel de cobre no conseguiremos más que múltiples mellas. Más aún cuando observamos la perfección de los bloques de granito que se extraían de las canteras de Asuán y que eran tallados milimétricamente… ¡Con cinceles de cobre! ¿¡Cómo!? Algo debemos tener, en este punto, claro: aquellos bloques no se tallaron con herramientas de cobre. En las canteras de Assuán se han descubierto agujeros, cuñas de madera para reventar la piedra pues se humedecían y se lograba «estallar» la piedra ubicándolas en determinadas ranuras, pero la precisión de su acabado deja aún muchas dudas tal y como sostiene el profesor Clarke.

Hay una corriente de opinión que indica que los egipcios podrían haber conocido el hierro mucho antes de lo oficialmente aceptado; ello nos llevaría a pensar que, efectivamente, habrían conocido su uso y empleo y que su dureza sí habría permitido un mayor avance en sus construcciones. Si el uso del hierro lo combinamos con el empleo de las «máquinas» señaladas por Herodoto podríamos tener un buen ejemplo de un mayor desarrollo de su tecnología y artes de construcción.

¿Hay muestras de hierro en el Antiguo Egipto?

La respuesta es afirmativa. La primera muestra la encontramos en la hallada por Perring en el proceso de limpiado del canal sur de ventilación de la Cámara del Rey. Aunque se pensó en un fraude, según el análisis de Petrie la lámina de hierro tenía restos calcáreos con milenios de antigüedad.

Igualmente ocurriría con la rueda; los vecinos nubios de Egipto conocían su uso y empleo, nada hace indicar que en la misma época los egipcios vivieran al margen de ello. Otra cuestión es por qué no nos ha llegado o las razones para ocultar ese conocimiento, tal vez por un carácter sagrado o divino, tal vez por celo sacerdotal, tal vez ya que era un conocimiento que no debía conocer el pueblo y sólo aquellos relacionados con la élite egipcia, solo tal vez.

Otro serio problema es aquel que nos dice que la Gran Pirámide se construyó en 20 años, a un ritmo de casi un bloque cada dos minutos, un bloque que pesaba toneladas y movido por la fuerza bruta de los trabajadores que construían la pirámide. ¿Hasta qué punto es cierta esta afirmación? Si atendemos al espacio de tiempo que se invirtió en su construcción, según la creencia comúnmente aceptada, y a las matemáticas, hemos de creer que es correcta, sin embargo a los modernos investigadores les depara muchas dudas.

La estatua de Djejutijotep (XII Dinastía) —relieves de El Bershe— es representada sobre un trineo que era tirado por casi 180 hombres, su peso era de 60 toneladas, delante de ellos un hombre es dibujado vertiendo un brebaje líquido sobre los patines del trineo, facilitando su deslizamiento. El texto trata a aquellos trabajadores como héroes por ser capaces de mover aquella masa pétrea y fue reflejado en esos relieves como una hazaña. Lo curioso es que existen obeliscos de 1000 toneladas y no hay un solo relieve que nos hable de esa otra gran hazaña, ¿cómo es posible? ¿Acaso perdieron ese conocimiento y el hecho de acercarse a las proezas de sus antepasados era una victoria para aquellos egipcios?

Sigamos viendo ejemplos: templo de Luxor construido por Amenhotep III, dedicado al dios Amón y mejorado por Ramsés II con las colosales figuras y los dos magníficos obeliscos que han pasado a la Historia, uno de ellos en la plaza de la Concordia en París (Francia), como recuerdo del país. Para moverlos se habría precisado de la mano de obra de miles de trabajadores que debían haber tirado de él e izarlo mediante una rampa. El empuje necesario para ello: 90 toneladas de empuje.

Templo mortuorio de Micerinos, en él encontramos bloques de piedra de 200 toneladas.

Cámara del Rey en la Gran Pirámide: bloques de 50 toneladas en el techo, y ni una sola representación, relieve o dibujo sobre aquella hazaña...

Herodoto habla de «máquinas para elevar las piedras» pero se desconoce aún cómo eran esas piedras, aunque se haya teorizado sobre ellas e incluso representado artísticamente.

Pirámide de Kefrén: el acceso a la Cámara del Sarcófago estaba taponado por una losa. La «sencilla» operación de moverla precisaba de 60 trabajadores y en aquel lugar no caben más de diez personas. Ello llevó a Petrie a afirmar que se colocó con algún tipo de máquina.

Hoy día, hay que decirlo, explicar la construcción de las pirámides tirando de la idea de las rampas, es casi absurdo, quizás por una razón elemental: para levantarlas se invertiría casi el mismo tiempo y esfuerzo que en construir la pirámide en sí.

Otra explicación es el uso de rodillos, el inconveniente surge en la tremenda escasez de madera sólida en aquel lugar y el lecho arenoso del terreno que los harían hundirse. Además habrían de soportar grandes pesos sin reventarse.

El cómo lograron desplazar esas moles es aún una incógnita aunque siempre quedará la idea de los resignados trabajadores de la Gran Pirámide valiéndose de la fuerza bruta y tirando de aquellas masas pétreas...

LA PERFECCIÓN DE LAS UNIONES

Igual que fascina el tallado de los bloques de piedra, fascina la perfección de las uniones de los bloques de la Gran Pirámide. Aquellos constructores fueron capaces de ir cortando, tallando y uniendo los bloques de piedra de la construcción de manera tan perfecta que entre sus uniones no cupiera una hoja de afeitar.

¿Cómo lograron ese grado de perfección y encaje aquellos «rudimentarios» trabajadores? Hasta ahora, únicamente nos han llegado instrumentos de cobre como sus cinceles, una máquina llamada «la perforadora» que se usaba para taladrar pequeños huesos y madera y, en la V Dinastía, otra perforadora mayor que como muestra un relieve de Saqqara, utilizaba el polvo de esmeril para realizar las perforaciones.

Así pues el misterio de su perfección queda hoy en el aire y constituye otro punto de inflexión en torno a la Gran Pirámide.

LOS INSTRUMENTOS DE TRABAJO EGIPCIOS

Los egipcios fueron capaces de trabajar materiales tan duros como el cuarzo, el granito, la diorita, el pórfido..., todo ello con un grado de maestría asombroso. Así en el Museo de El Cairo podemos encontrar vasos de diorita del Imperio Antiguo que muestran evidencias de haber sido trabajados con un torno. Las huellas de su interior presentan marcas paralelas similares a las que en la actualidad dejaría un moderno torno.

Aquellas primitivas herramientas debían laborar con polvo de esmeril pero lo que evidencian estos trabajos egipcios no deja lugar a dudas: debió de trabajarse con el diamante, pero la Ciencia considera que aquellos egipcios desconocían ese uso del diamante... Sin embargo, al contemplar las vasijas de diorita de las primeras Dinastías se comprueba que poseían un gran conocimiento técnico y científico, perdido por completo en siglos posteriores.

De las primeras dinastías nos han quedado platos realizados con un torno de forma primorosa; solamente la participación de una máquina de precisión (¿en el Antiguo Egipto?) podría haberlo hecho posible. Ello demuestra que conocían el torno de punta fija y el torno articulado móvil con la capacidad de moverse en círculos (!)...

Sus máquinas de corte eran igualmente sorprendentes. Usaban un serrucho para la piedra de gran dureza, de hecho, nos han llegado serruchos de bronce con dientes de esmeril similares a las cortadoras modernas de cinta de acero con polvo de esmeril refrigeradas por agua. Pero todo es más complicado, en los Hipogeos de Tebas de la XII Dinastía se hallaron bloques de piedra de granito con restos de óxido de cobre a gran presión de trabajo (¿cómo es posible?). Aquellos primitivos serruchos jamás podrían haber trabajado materiales de esa dureza a esa presión.

En el Museo de El Cairo podemos contemplar el sarcófago de Diodefere, familiar de Keops, donde se aprecia el trabajo sobre este tipo de superficies. Aquí el serrucho ha cortado el 60% de la superficie y se aprecia perfectamente el corte de 2 centímetros de ancho, la superficie pulida y la aún tosca del sarcófago con las líneas de corte. Se ve que este corte está realizado a mano por el desnivel (1 centímetro) que presenta. Pero si lo comparamos con el de Keops en la Gran Pirámide observaremos su total perfección y apenas 1 milímetro de desnivel… La comparación es sorprendente pues el de Keops debía de haber tenido algún tipo de guía mecánica para lograr tal perfección. ¿Cómo? Sigue siendo un misterio.

Como indicador baste decir que una moderna máquina de corte usa dientes de widia y una hoja de corte con un diámetro de dos metros, logrando un corte algo inferior al metro. Estas modernas cortadoras (sobre todo de granito) tienen una capacidad de avance de 0,04 milímetros por vuelta. Bien…Quédese con ese dato. Por qué los «toscos» serruchos egipcios avanzaban en las mismas duras superficies, 2´5 milímetros por vuelta… ¿Asombroso verdad? Nuestra tecnología es incapaz de imitar tal corte en la actualidad.

LOS TALADROS EGIPCIOS

Hemos hablado de la perfección en el trabajo y acabado de los bloques de piedra de la Gran Pirámide, de la perfección de sus uniones y ahora lo haremos de lo asombroso de sus perforaciones y de la capacidad de perforación de sus ingenios desconocidos.

Se ha comprobado que aquellos egipcios realizaron agujeros en la sólida piedra de hasta 15 centímetros con una gran capacidad de avance, tras de si un bloque cilíndrico que se rompía de un golpe. Eran los trépanos egipcios, unos trépanos que deben hoy sorprendernos.

El hombre del siglo XXI no ha podido igualar aquella técnica. Actualmente tenemos modernas taladradoras y/o perforadoras que trabajan con puntas de diamante o widia, que trabajan a baja o alta velocidad bajo presiones de entre 30 50 kg y 30 kg. Nuestras máquinas pueden progresar sobre una superficie de granito a razón de 4 centésimas de milímetro por vuelta, esa es su capacidad. Hace siete milenios se tenían máquinas que eran capaces de avanzar en el granito 2 milímetros por vuelta, es decir, su capacidad de penetración y perforación era 50 veces más elevada que la de nuestras modernas máquinas con todo el saber de la Ciencia del siglo XXI.

Los científicos han tratado de explicar satisfactoriamente esta cuestión, bien bajo el prisma de haber trabajado golpeando el taladro o ensanchando el agujero, pero todo ha sido rechazado. La única explicación viable es que hubieran trabajado bajo presiones de 2 toneladas (muy lejos de los 50 kg de presión), ello implicaría poseer un material que fuera 50 veces más duro que el diamante... Petrie estudió un tarugo de pórfido trabajado en la I Dinastía, estaba trabajado por el egipcio de tan lejana época y el trépano que presentaba era de 70 centímetros de diámetro.

El historiador y egiptólogo Nacho Ares escribía a este respecto en su portal en internet, en el año 2004: «*Uno de los principales argumentos de los defensores de la supertecnología egipcia era que desde la IV dinastía, después de la construcción de la Gran Pirámide, se había perdido el conocimiento del trabajo de las piedras duras. Todo parecía dar a entender que había habido, según ellos, una involución. Tengo que reconocer que este dato nunca lo llegué a comprender cuando veía en cualquier libro de arte que los egipcios no dejaron en ningún momento de trabajar el granito, la diorita, el basalto, o el esquisto en ninguna dinastía. Es más, no solamente eran ellos unos supertecnólogos sino que también en Mesopotamia, Grecia e incluso Roma podíamos descubrir ejemplos idénticos. Fue entonces cuando pensé ¿qué me están contando? Han pasado casi dos décadas desde que leí por primera vez los trabajos de Álvarez López y los que le imitaron. En estos veinte años he tenido tiempo de viajar, ver, estudiar, conocer e incluso experimentar destrozando la superficie de algunas de las sillas de mi casa. En concreto una de ellas tiene decenas de melladuras producto de mi indomable búsqueda de la verdad.*

El segundo choque, y el que me hizo abrir de forma definitiva los ojos, fue cuando en la meseta de Gizeh, frente a la entrada original de la Gran Pirámide vi de cerca el bloque de granito en cuya superficie hay restos de varios trépanos. Uno de ellos estaba roto, por lo que podía verse el perfil de todo el recorrido de la herramienta en su interior. Efectivamente, como había leído en algunos informes, la punta de la herramienta dejaba un surco muy claro en la pared interior de la piedra que en ocasiones medía unos 2 milímetros entre vuelta y vuelta. Hasta ahí todo cuadraba con las investigaciones de

Álvarez López. Lo que no cuadraba era que entre los 2 milímetros de vuelta y vuelta de ese surco descendente había decenas de microsurcos apenas separados entre sí y que seguramente habían sido dejados allí por la misma herramienta. Empezaba a no entender nada, pero algo tenía muy claro. Eso de que la herramienta había penetrado en la piedra de la manera tan prodigiosa como se había llegado a decir, sencillamente, era faltar a la verdad. De lo contrario, ¿a qué se debían esos microsurcos separados entre sí por apenas unas décimas de milímetro? En ese mismo viaje a Egipto del año 1992 pude descubrir en el Museo de El Cairo que los egipcios vaciaban el interior de los bloques de granito, ya fuera para hacer una sarcófago para un enterramiento o para hacer el hueco sobre el que luego quedarían enganchadas unas pestañas, por medio de trépanos circulares de este tipo. Es el caso del sarcófago de Nefer-kheper-re, del Imperio Nuevo, en donde descubrimos 16 agujeros dejados por un taladro, o en un vaso de porfirio del mismo museo con 8 de estos agujeros (La referencia de estas piezas son JE 6337 A, en el caso del sarcófago y JE 18758 en el del vaso de porfirio).Incluso los trépanos podían llegar a ser muy diminutos, de apenas 1 centímetro de diámetro, si se empleaban para vaciar el espacio que ocupaba la ceja de una estatua. Es el caso de una escultura inacabada de Tutmosis III, del Imperio Nuevo, hecha de obsidiana y descubierta en el templo de Karnak.

El tema me fue fascinando más y más. Mi interés fue creciendo a medida que descubría que efectivamente había cosas que no cuadraban con lo que yo siempre había pensado. Y creció mucho más cuando cayó en mis manos el trabajo de un investigador inglés de la Universidad de Manchester. Su nombre era Denys Allen Stocks y antes de egiptólogo había sido ingeniero, aspecto que daba mayor peso a sus estudios sobre el trabajo de la piedra en el antiguo Egipto que hasta ese momento yo desconocía. Después de 25 años de investigaciones, Stocks es el mayor experto en este tema. Por medio de la arqueología experimental ha conseguido encontrar respuestas satisfactorias a uno de los mayores problemas planteados por la ciencia en las últimas décadas, el trabajo de piedras duras con herramientas primitivas de cobre. Si bien es mucho lo que se ha exagerado sobre la dureza de algunos de los materiales empleados para sus estatuas y vasos, los experimentos realizados en los últimos años por Stocks proporcionan pruebas tecnológicamente irrefutables de que los egipcios manipulaban las herramientas de una forma más hábil a como lo hacemos nosotros. Esto significa que ni existen herramientas de una dureza increíble ni nada parecido. Muy similar al estudio de los trépanos en los bloques de granito o basalto es el de los vasos. Conocer cómo se perforaron los vasos de obsidiana, los platos de diorita o, lo más difícil de todo, cómo se vaciaron los vasos panzudos con cuello estrecho, eran algunos elementos que siempre me habían fascinado. Y precisamente ésta era una de las especialidades de Stocks. Su primer contacto con el mundo egipcio fue en el año 1950 cuando solamente contaba con nueve años de edad. En aquella fecha su padre pasó cuatro meses en Egipto trabajando en la instalación de un generador diesel. Durante ese tiempo mandó a su familia en Inglaterra algunas postales de los monumentos del país. El resto fue como una especie de flechazo. Al instante quedó cautivado por los problemas de ingeniería de esas construcciones así como por el trabajo en áreas de desarrollo y producción más concretas como el vaciado de vasos de piedra, la ejecución de estatuas de granito o el transporte de los grandes obeliscos de Tebas. A lo largo de los últimos 25 años Denys A. Stocks ha fabricado y probado réplicas de vasos así como de herramientas antiguas, trabajo que le ha valido para conseguir su doctorado en egiptología por la Universidad de Manchester. Toda su investigación y las conclusiones de su trabajo están basadas en el conocimiento fundamental de la ingeniería y los principios artesanales aprendidos de su padre, su propia preparación como ingeniero y su experiencia docente. Stocks también se preguntó cuáles fueron los métodos empleados por los pueblos antiguos para trabajar rocas tan duras como el granito, el basalto o la diorita, empleando para ello herramientas de cobre, de aspecto tosco y primitivo. La respuesta parecía sencilla pero jamás nadie se había molestado en realizar la arqueología experimental necesaria que nos acercara a conocer un poco más este tipo de técnicas, a primera vista asombrosas. Él lo hizo y consiguió resultados sorprendentes.

Según Denys A. Stocks todo el trabajo artesanal y la tecnología que ha investigado indican el establecimiento de una industria social innovadora, compleja, sofisticada e interrelacionada, cuyo desarrollo ya era destacado en la época predinástica. El serrado y perforación de la piedra señala que se emplearon para ello miles de toneladas de cobre para las propias sierras y las herramientas tubulares. Este hecho implica la existencia de una notable organización para administrar los procesos industriales, el trabajo en la mina, la fundición de cobre y la fabricación de las herramientas. Para este ingeniero el avance más importante fue la conversión de las herramientas de piedra en otras idénticas pero de cobre, es decir sierras y tubos giratorios de perforación. De igual forma, una estruc-

tura tan complicada obligó a la reestructuración social de Egipto, generando grupos de trabajo muy especializados. Parece claro que los reyes egipcios de aquella época, y por ende sus subordinados, fueron ordenando de forma progresiva diseños más complicados y elegantes debidos principalmente a que sus artesanos iban desarrollando la tecnología necesaria para ello. Estos planteamientos, aparentemente teóricos, han levantado en las últimas décadas serias dudas sobre su efectividad real. A las teorías sobre la posibilidad de que los egipcios fueran capaces de ablandar piedras (que dentro de poco veremos) o que utilizaran herramientas increíbles para trepanar y perforar vasos, Denys A. Stocks ha contestado a todas estas hipótesis de trabajo de una forma rotunda mediante un serio estudio en laboratorio gracias al cual ha conseguido demostrar la veracidad de sus métodos. Aunque parezca lo contrario, los egipcios utilizaron el cobre en el Imperio Antiguo para el trabajo de la piedra en la Gran Pirámide. Según Stocks los antiguos egipcios pudieron haber empleado para vaciar, por ejemplo, sus vasos un taladro-tubo fabricado con cobre que, unido fuertemente a un mango de madera, sería introducido lentamente en la piedra.

Como ya he explicado más arriba, esta herramienta genera en el interior del tubo de cobre un tarugo de piedra que posteriormente es extraído por medio de un cincel también de cobre y un mazo. Para ayudar al taladro-tubo los egipcios, según Stocks, emplearon arena de cuarzo, el mayor abrasivo que existe. De igual manera, el desgaste del taladro-tubo de cobre debió de suponer el cambio continuo de esta herramienta por una nueva al poco tiempo de iniciar el trabajo. Cuando conocí a Stocks en el año 2000 una de las primeras preguntas que le transmití era cómo podían conseguir las antiguas herramientas egipcias esas marcas o surcos en el interior de las piedras trepanadas. También le hice saber, aunque lógicamente ya lo conocía, el hecho de la asombrosa distancia entre una marca y otra, detalle que parecía hablar de una herramienta con una fuerza increíble. Desde su punto de vista de la experiencia, después de tantos años de trabajo vaciando bloques de piedra con sus herramientas de cobre ayudándose de arena de cuarzo, la respuesta podía encontrarse en una especie de «efecto óptico». Según Stocks, la perforación de piedras con tubos de cobre y arena a modo de abrasivo, demuestra que las marcas dejadas en las paredes interiores del vaso o el bloque de granito o cuarcita están causadas por los propios cristales de cuarzo de la arena que se incrustan en las paredes exteriores del tubo de cobre, recorriendo distancias que en ocasiones alcanzan el metro de longitud a lo largo del perímetro de la piedra. Fin del misterio. En otras palabras, las decenas de surcos que podíamos encontrar entre cada uno de los surcos gruesos cuya distancia de interlineado alcanzaba los 2,3 milímetros, se debían a la herramienta del tubo de cobre. Por su parte, los surcos gruesos de largo recorrido se debían a los cristales de cuarzo que quedaban incrustados en la pared exterior del tubo de cobre entre éste y la pared de la roca, dejando así una sorprendente e imprevista marca. Tanto Álvarez López como muchos de los que le han seguido en sus fantásticas teorías del trabajo de la piedra, caso de Graham Hancock, siempre han recurrido al trabajo de Flinders Petrie para respaldar sus datos. No voy a dudar que en el primer libro de este arqueólogo inglés, publicado a su llegada de Gizeh en 1883, se presentan innumerables ejemplos de estos bloques de piedra de sorprendente trazado. Sin embargo, en vez de idolatrar tanto a Petrie y ponerlo en la picota como adalid de sus teorías, mejor leían su obra con detenimiento. El libro «The Pyramids and Temples of Gizeh» fue revisado continuamente por Petrie en obras posteriores.

Y si no encontraba respuesta a este enigma arqueológico en su obra de 1883, cuando todavía era prácticamente un debutante en la arqueología, si revisamos su bibliografía posterior, nos topamos con respuestas claras, en muchos casos muy cercanas a las que décadas después Stocks ha demostrado en laboratorio. En su libro «The arts & crafts of Ancient Egypt» publicado originalmente en 1909, Petrie apunta ya la posibilidad de que las marcas en espiral se deban a la acción del abrasivo, si bien no parece estar del todo convencido. Los elementos que le faltan a Petrie para aceptar esta posibilidad son los que precisamente Stocks ha presentado a la comunidad científica: la experiencia. En definitiva, el trabajo de este ingeniero de Manchester ha tenido resultados positivos en los experimentos que él mismo ha realizado. Para llevarlos a cabo, Stocks empleó modelos de vasos de caliza, granito y diorita de apenas 11 centímetros de altura y un diámetro de 10 centímetros. Los resultados fueron los siguientes. Para vaciar el vaso de piedra caliza, roca bastante blanda, empleó 5 horas, tiempo que se dilató hasta llegar a las 23 horas para acabar en su totalidad el vaso. Auténtico trabajo de chinos, o mejor de egipcios, fue la realización de los otros dos vasos, para los cuales el tiempo se multiplicó por quince; es decir, 75 horas para el vaciado y 345 horas para la ejecución completa de cada uno de los vasos de diorita y granito. Si bien un avezado artesano egipcio, debido a su habilidad, hubiera empleado menos tiempo en la fabricación de estos vasitos de 11 centímetros, aun así, no queremos ni pensar cuánto tiempo hubieran empleado los antiguos egipcios para fabricar vasos de piedra como los que vemos en los museos cuya altura puede alcanzar los 40 o 50 centímetros. Y todo con herramientas de cobre. El mismo material que algunos decían se destruía casi al contacto con estas rocas tan duras. Pero a medida que avanzaban los trabajos de Stocks paulatinamente se iban desvelando muchos de los problemas que desde antaño se habían relacionado con este estudio práctico. Su desarrollo estaba basado, como ha sucedido en otros aspectos de la arqueología experimental relacionados con la tecnología de los antiguos egipcios, en la propia documentación de la época faraónica. En este caso, como sucede en muchas otras ocasiones, no se conservan textos que nos hablen del trabajo de la piedra. Pero sí contamos con numerosas representaciones de los talleres de los artesanos en tumbas del Imperio Antiguo. Quizá una de las más conocidas es la de Mereruka. La tumba de este alto funcionario del faraón Teti (2330 a. de C.), de quien ya hemos tenido oportunidad de conocer algunos detalles de su vida en este mismo Capítulo Tres, conserva unos magníficos relieves que reproducen el trabajo del vaciado de vasos de piedra en un antiguo taller supervisado por Mereruka. En la sala A III de esta tumba, la segunda en el recorrido normal de la visita, sobre la pared este podemos ver varios talleres de antiguos artesanos.

En uno de ellos dos hombres trabajan sentados ante sendos vasos de piedra. En sus manos portan un «jemet», la herramienta empleada por los antiguos operarios para vaciar estos vasos. Hasta nosotros no ha llegado ninguno de ellos, pero todo parece ser que se trataba de un tubo de madera con una punta bifurcada u otro tubo de cobre en su extremo inferior. La herramienta se manejaba con un mango también de madera junto al cual había un par de bolsitas de tela que seguramente hacían de lastre al estar llenas de arena. En otros lugares, como la calzada de la pirámide de Unas también en Saqqara podemos encontrar más representaciones de artesanos en sus talleres trabajando con el «jemet», un ideograma que era empleado en la escritura jeroglífica para expresar la idea de habilidad o el concepto de artesano. Otras representaciones las podemos ver en las tumbas de Ukhhotep y en la de Pepionkh, ambos de la XII dinastía, en la de Rekhmire, en la de Nebamón y en la de Puyemre, estas tres del Imperio Nuevo o en la de Aba de la Época Saíta. Junto a este problema nos encontramos también el de cómo sujetar el vaso. Parece algo sencillo pero hasta que uno no se pone a intentar perfo-

rar un bloque de piedra con una herramienta, no se da cuenta de que el bloque se pone a girar como un loco en la misma dirección en que lo hace la herramienta. Si nos fijamos en los relieves que he mencionado de talleres, en todos, los obreros aparecen sentados ante el vaso, de lo que se deduce que éste debía de estar fijado al suelo de alguna manera. Cuando le transmití a Stocks la pregunta, si bien no estaba muy seguro de cuál podía ser la respuesta a este enigma, me planteó dos posibilidades. Es posible que los vasos de piedra fueran colocados en agujeros realizados para este fin en trincheras de adobe, o bien que se fijaran sobre una superficie mientras se perforaban. Para ambas posibilidades había cierto respaldo arqueológico a partir de unos hallazgos en antiguos talleres. Para el primer caso el arqueólogo James Quibell encontró unos agujeros en Hieracómpolis cuya finalidad bien podía haber sido ésta. Para la segunda posibilidad sucedía lo mismo pero en esta ocasión con un hallazgo cerca de las tumbas de Meir. Más difícil solución tiene el enigma de los vasos panzudos, los que tienen cuello estrecho y panza muy abultada, perfectamente vaciados en su interior y por cuyo cuello es imposible introducir cualquier tipo de herramienta conocida. Cuando le lancé esta pregunta Stocks también tenía una respuesta para estos vasos. Es cierto que hay algunos que plantean problemas de ejecución muy serios, algo que no es nuevo y que desde hace décadas ha causado irritación entre los egiptólogos.

Stocks ha planteado la posibilidad de que usaran una herramienta que él denomina «taladrador giratorio» y que tenía dos funciones. Por un lado, realizaba una serie de agujeros para vaciar la porción central del vaso, es decir un descenso en vertical. Una vez creado el espacio interior necesario, la misma herramienta era capaz de vaciar la zona de los hombros de la vasija. Para ello lógicamente hay que tener mucha habilidad y, sobre todo, paciencia. Sin embargo, no hay que olvidar una cosa no menos insólita. Se ha exagerado bastante sobre estos vasos panzudos y lo más curioso de todo es que muchos de ellos están fabricados de dos piezas que luego han sido unidas. Normal que en algunos de ellos no pueda entrar ni el brazo de un niño. Negar el trabajo de Stocks es negar la evidencia. Como dice el dicho popular, no hay más ciego que el que no quiere ver. De nada sirve especular con teorías, hipótesis y trabajos de gabinete si luego no se hace lo más mínimo por demostrar que efectivamente trabajar con herramientas de cobre es o no posible. No conozco un solo estudio publicado de ninguna institución que demuestre la imposibilidad del empleo de herramientas de cobre para el trabajo de estas piedras. Lógicamente si se le pregunta a un cantero cómo conseguir una herramienta que trepane el granito penetrando en la roca a razón de 2,5 milímetros por vuelta, todos reconocerán y firmarán que hoy eso es imposible. No obstante si no se tergiversan los datos y se presentan tal y como son, sí nos podemos acercar a una respuesta viable. Lo que no plantea ninguna clase de problemas es el trabajo de los bloques de caliza, es decir, la mayor parte de la piedra empleada en la construcción de la Gran Pirámide. Incluso en época predinástica, cuando ni siquiera existía el cobre en Egipto, esta piedra blanda era perforada y trabajada con herramientas hechas con simples cañas cogidas de los marjales del Nilo. Más problemas plantean los grandes bloques de granito que podemos ver en la Cámara del Rey, así como el sarcófago que allí encontramos. En este sentido Flinders Petrie también era muy claro. El granito y las piedras duras también eran serradas y cortadas con trépanos tubulares. Las sierras eran cuchillas de cobre que tenían puntas cortantes. El material cortante para trabajar las piedras blandas era arena y para las duras, esmeril. Incluso en época primitiva se emplearon bloques de esmeril para machacar y conseguir abalorios. También se extraía del esmeril vasos de piedra como el que se conserva en el University College de Londres. No cabe la menor duda, por lo tanto, de que el esmeril era conocido y usado.

El esmeril es una variedad del corindón, un mineral de dureza 9. En la actualidad es muy utilizado en forma de polvo para fabricar papel de lija, limas de uñas o incluso para el pulido de otras piedras. El empleo de sierras de este tipo está perfectamente constatado no solamente en el sarcófago de Keops sino en otros lugares de su complejo piramidal. Es el caso de las losas de basalto que hoy forman los restos del pavimento del Templo Funerario, levantado en la cara este de la pirámide. La medición, análisis microscópico e investigación de las marcas dejadas en los enormes cantos de estos bloques de basalto ha demostrado que ya en la IV dinastía se empleaba lo que técnicamente se denomina una sierra de balanceo, cuya aparición se creía del siglo V a. de C., es decir 2.000 años después de la Gran Pirámide. Esta sierra estaba formada por una enorme hoja de cobre dentada y endurecida con puntas cortantes de esmeril. La hoja colgaba de los brazos de una especie de caballete enorme levantado sobre el bloque de piedra que se quería cortar. A ambos lados de la sierra grupos de hombres la hacían balancear sobre el caballete haciendo que lentamente fuera serrando la roca. Mientras, junto a la piedra otro grupo de personas arrojaban agua y abrasivos para facilitar el trabajo del serrado. Este hallazgo no solamente demuestra que la tecnología en la Era de las Pirámides fue mucho más sofisticada de lo que habíamos pensado, sino que, además, la industria también estaba más desarrollada. Los argumentos arqueológicos que he propuesto en las últimas páginas cuadran y encajan perfectamente con el legado que hasta nosotros ha llegado de la cultura egipcia. Eso no lo puede negar nadie» (www.nachoares.com).

¿Cómo pudieron hacerlo? Es una nueva pregunta que se suma a las existentes sobre la increíble tecnología perdida de los antiguos egipcios.

ABLANDAR LA PIEDRA

Perforadoras con una capacidad de avance increíble, trépanos sorprendentes, trabajos que hoy día, pasados unos milenios, no podríamos soñar en igualar. ¿Qué tecnología, inimitable en la actualidad, empleaban aquellos primitivos egipcios?

Ante nosotros se comienzan a abrir opciones que explican la construcción de la Gran Pirámide y la perfección en el corte y encaje de sus más de 2.500.000 de bloques de piedra que la forman. Así, sabemos por los hallazgos alrededor de las Pirámides, que no fueron construidas por esclavos sino por obreros que durante la época baja en la agricultura, trabajaron en la construcción del monumento. Al año debieron de colocar una cifra superior a los 100.000 bloques de piedra, transportados por el Nilo desde la cantera, que llegaban perfectamente cortados y que tras ser porteados por la calzada hasta la pirámide, se distribuían, izaban y encajaban. 2.000.000 cúbicos de piedra, a razón de un bloque por minuto; un trabajo ímprobo a lo largo de (teóricamente) 20 años... ¿¡Cómo!?

Es Herodoto quien nos habla del tiempo que se tardó en construir la Gran Pirámide y de que utilizaron «máquinas» para la subida de los bloques de piedra y hierro (!), pero la Historia y la Ciencia oficial no concede crédito a ese último punto entre otras cosas porque no se han encontrado restos de las máquinas y porque la edad de las pirámides hace inviable pensar en el uso del hierro cuando el metal utilizado era el cobre.

En la búsqueda de respuestas a este enigma nos encontramos con la figura de Joseph Davidovits, profesor de la Universidad de Toronto y director del Instituto de Ciencias Arqueológicas Aplicadas de la Universidad de Barry (Florida), así como fundador del Instituto Geopolimérico de París. Su obra «La pirámides: un enigma solucionado» (1988) plantea una respuesta atractiva e inquietante. A lo largo de ese trabajo, en colaboración con la profesora Margie Morris de la Universidad de Minnesota, revela un dato sorprendente: la presencia de uñas, cabellos y fibras textiles así como de burbujas de aire, en la composición de la piedra caliza de la Gran Pirámide. ¿Cómo explicar la presencia de cabellos de 21 centímetros en la composición de una piedra de hace 40 millones de años?

Pero sigamos sorprendiéndonos y vayamos a la isla de Sehel (Egipto, proximidades de Assuán) para descubrir la Estela de Famine. Descubierta en 1889 por Charles Wilbour y descifrada en 1935 por Barquet.

La Estela de Famine o Estela del Hambre está compuesta por 2600 jeroglíficos divididos en 32 columnas. Según los expertos, debe de ser una copia realizada en tiempos de la Dinastía Ptolomea (hacia el 300 a.C.), de un documento más antiguo ya que se mencionan personajes de la III Dinastía. En la Estela de Famine se tocan aspectos como el hambre, la visita a la biblioteca de Hermópolis, las revelaciones de Imhotep, un decreto real y el sueño del faraón Zoser. Pero hemos de detenernos en un dato importante: la información contenida entre las columnas 6 y 22, donde se narran los métodos de construcción, entre la 11 y la 18, donde Imhotep da los nombres de una serie de elementos pétreos de Elefantina (región de Egipto) y entre la 18 y la 20, donde se narra cómo el faraón Zoser soñó que el dios Khnum le daba las instrucciones y elementos para construir bloques de piedra artificial... ¡Bloques de piedra artificial para sus templos y monumentos! ¡Menudo concepto avanzado para aquellos primitivos egipcios de la III Dinastía!

Todo ello se sigue cargando de consistencia como teoría, cuando hablamos de la madera de Egipto que era blanda, inservible para realizar rodillos de transporte ya que no soportaría el peso y reventaría con su uso continuo y la madera traída del Líbano (cedro) no era suficiente para trasladar aquellos más de 2.500.000 de bloques; Sin embargo, sí serviría para otro propósito: moldes de bloques de piedra artificial. Moldes multiusos.

Sabemos por la Piedra de Palermo que el padre de Keops (Snefrú) mandó traer madera del Líbano. Snefrú, de la IV Dinastía, fue un gran impulsor de las construcciones en el Antiguo Egipto, con especial predilección por las construcciones piramidales como las de Dashur y en Meidum. Podría haber un error mínimo en la traducción de los textos de Herodoto pero suficientemente considerable para malinterpretar un aspecto importante de la construcción de la Gran Pirámide (entre otras). El texto dice así tal y como se acepta su traducción: «La pirámide fue edificándose de modo que en ella quedasen unas gradas o apoyos que algunos llaman escalas y otros altares. Hecha así desde el principio la parte inferior, iban levantándose y subiendo las piedras con cierta máquina formada de maderos cortos que, alzándolas desde el suelo, las ponía en el primer orden de gradas, desde el que otra máquina que tenían prevenida las subían al segundo orden, donde las cargaban sobre otra máquina semejante, pues parece que tantos eran los órdenes de gradas tantas eran también en número las máquinas, o quizás no siendo más que una fácilmente transportable, la irían mudando de grada; qué bueno es dar de todo diversas explicaciones…»

Pero tomemos la palabra «máquina» y veamos su significado: en griego es «mechane» o cosa/artilugio inventado por el hombre con un propósito de ayuda. Si ese concepto lo sustituimos por molde el texto cambia y cobra un inquietante significado…

No era un concepto nuevo; en 1979, en el Segundo Congreso de Egiptología de Grenoble (Francia), el doctor Klemm, (petrógrafo), realizó un estudio sobre veinte muestras de piedra de la Gran Pirámide. El resultado fue sorprendente: no se parecían unas a otras, las consistencias eran diferentes, eran más densas por la zona superior que por la inferior y tenían más humedad que una roca normal. ¿Qué significaba ello? Que la piedra tenía una composición artificial, o lo que es lo mismo: que eran de manufactura humana.

Pero hay más… En 1968 el premio Nobel de Física, el doctor Luis Álvarez, quiso realizar un experimento en la pirámide de Kefrén para determinar medidas y buscar cámaras ocultas en su interior. La ambiciosa investigación correría a cargo de organismos de Estados Unidos y Egipto y para realizarla se basarían en los rayos cósmicos y en la cantidad resultante de ellos al atravesar el monumento, cuyas lecturas determinarían un «plano» de la pirámide de Kefrén. Los resultados fueron sorprendentes: en esas lecturas aparecían cámaras ocultas que cambiaban de ubicación de un día para otro ¡era imposible! El problema en las lecturas era originado por la composición de la piedra de la pirámide. La única explicación posible, era como si estuvieran realizadas artificialmente y la humedad de su antaño composición interfiera en todas las lecturas.

Así pues, por los datos fríos y fiables que disponemos, los bloques de piedra de las pirámides parecen estar realizadas de forma artificial. Ello sí explicaría la construcción de la Gran Pirámide, la gran capacidad de corte de los serruchos egipcios o la capacidad de penetración de sus taladros. Lo hacían sobre piedra de menor dureza que la que en realidad se suponía, bien por ser artificial o bien por conocer una técnica que ablandaba su dureza y permitía el paso de sus instrumentos de corte y taladro cual cuchillo en una tarrina de mantequilla.

Un ejemplo más: en la tumba de Rekhmire, en Gurna, Luxor, encontramos un fresco donde se ve que unos trabajadores egipcios llevan una serie de sacos de producto que arrojan a unos moldes, para posteriormente obtener una especie de bloques de piedra, de piedra artificial.

Es más fácil transportar un saco de compuesto que un bloque de piedra. Y así, la teoría de los ablandadores de piedra adquiriría el peso suficiente como para que nuestros historiadores lo tengan en cuenta y nuestra Ciencia lo investigue.

En otras culturas, tan lejanas como la andina o las mesoamericanas topamos con el mismo dilema. Así nos trasladamos a la antigua capital Tahuantinsuyu nombre en quechua del imperio inca y a un protagonista: Faustino Espinoza, de 89 años de edad. Faustino dice que sabe cómo los antiguos lograban transportar y ensamblar milimétricamente enormes trozos de piedra de hasta 200 toneladas, según estas piedras eran talladas con el ayaconchi, es un compuesto químico que los antiguos preparaban y permitía ablandar las piedras y moldearlas a voluntad.

Sin embargo ese compuesto no lo sabe preparar nadie, dice Faustino, porque los jóvenes prefieren los conocimientos científicos actuales a la sabiduría del pasado. Cuando llegaron los españoles prohibieron hablar en quechua y destruyeron todas las estatuas por eso el conocimiento se perdió.

En los tiempos de Garcilaso de la Vega, llamado «el inca» (1539-1616), que las piedras de fortalezas como Sacsayhuamán no parecen haber sido cortadas en absoluto y parecían más trabajo de demonios que de seres humanos.

Aún hoy al pasar detrás del palacio episcopal (situado estratégicamente) encontrará un muro inca con una piedra de doce ángulos que casa perfectamente con el resto de la estructura, se pueden ver piedras de hasta 100 toneladas ensambladas de una forma que ningún cuchillo lograría introducirse entre sus uniones.

Una parte de los muros de Sacsayhuamán.

Fue en 1967 cuando un sacerdote de Lima, el padre Jorge Lira, tuvo resonancia mundial al anunciar que había conseguido la fórmula para crear el líquido que ablandaba las piedras a partir de una planta que nunca desveló. Sin embargo todo se calmó y ahí quedó.

Antes ya había pasado lo mismo, el explorador británico Percy Harrison Fawcett, desapareció en el Matogrosso en 1925, dejando un montón de papeles en los que contaba sus descubrimientos. Allí estaba escrito que en las selvas que separan Perú y Bolivia existía un pájaro, una especie de martín pescador, que moldeaba sus nidos en la roca viva, tallando agujeros con una perfección que los taladros actuales envidiarían. Estos pájaros juntaban en el pico unas hojas de una planta desconocida que permitía ablandar la roca sin dificultad.

En los cuadernos también se contaba cómo un inglés que atravesó la región de Chuncho junto al rio Pyrene, se vio forzado a atravesar a pie una zona boscosa; cuando llegó a su destino se dio cuenta que sus espuelas se habían desgastado tanto que parecían finísimas tiras de metal, esto sucedió según le dijeron en el poblado por una planta de color marrón rojizo que disuelve metales y otros materiales duros. El explorador intentó volver sobre sus pasos para localizar esta planta pero no pudo encontrarla.

Otra historia ocurrió en el Cerro de Pasco, a 4200 metros de altura en los Andes peruanos. Unos huaqueros descubrieron una tumba que parecía intacta, al abrirla vieron una tinaja con un líquido desconocido. Al no saber qué podía ser decidieron dárselo por la fuerza a uno de los obreros locales pero este no estaba dispuesto y se resistió, durante la lucha la tinaja calló formando un charco sobre una roca que no tardó en derretirse.

Ante estas historias el profesor de Geografía e Historia alemán Helmut Zettl aportó en 1988 una vía de solución, publicó en «Ancient Skies», con título «On inca building techniques» (vol. 15, nº 2 mayo-junio de 1988), que la clave la tenía un pájaro llamado Lit Lik.

Otro de los fenómenos que tienen que ver con este tema son las piedras esféricas que se encuentran diseminadas por todo el mundo y que tienen su máxima expresión en Costa Rica. Se trata en algunas de rocas muy grandes que se encuentran en el interior de la selva en lugares inhóspitos cuya existencia no ha encontrado aún ninguna explicación. Su forma parece haber sido moldeada, quizás con la técnica de ablandar las piedras. Esto al menos lo confirma Richard Ray, un aventurero norteamericano que recibió la información de unos indios de este país.

Los griegos, poseían un fuego líquido, que podía ablandar las piedras y seguía ardiendo bajo el agua. Según la tradición este fuego se utilizó para la construcción de Ampurias en el Golfo de Rosas en España. Esta terrible arma pasó de griegos a árabes y se perdió en la historia.

Joseph Davidovits consiguió con sus investigaciones una especie de cemento, difícil de distinguir de una roca natural y muy semejante a la roca de las pirámides.

LA PRECISIÓN EN LA GRAN PIRÁMIDE

Si no fuera suficiente todo lo narrado, cuando contemplamos la Gran Pirámide, sumamos a lo anterior, la extraordinaria belleza que debió de tener con el recubrimiento calcáreo que dotaba a la construcción de una monumentalidad inigualable. Hoy, apenas queda una muestra de aquellas placas de tres metros cuadrados cada una, pero en su día fueron más de 27000.

Se fueron colocando en íntimo contacto utilizando yeso de fraguado rápido, lo que hacía que cada placa fuera colocada al primer intento y sin rectificar la posición; así se logró que la apertura media de la junta fuera de unas 5 décimas de milímetro. ¿Cómo fue posible?

Pero la tarea se complica: colocaron más de 200 hiladas hasta el piramidón, teniendo un control de la angularidad de una media de un solo segundo de error. Hoy día logramos instalar placas similares utilizando campanas de succión y levantando pesos de hasta 2 toneladas, claro que aquellos egipcios lo hacían con 16 toneladas...

No se explica la exactitud en la colocación de las placas del revestimiento sin afirmar que debieron de poseer algún tipo de elemento óptico de precisión. Además, su superficie estaba perfectamente pulida; uno de los bloques tiene 20 metros cuadrados y el trabajo de pulido realizado en él es el equivalente al logrado con la lente del telescopio espacial de Monte Palomar, pero con una diferencia de milenios.

El grado de precisión en la Gran Pirámide está muy por debajo de los estándares actuales en la construcción moderna y la Ciencia sigue tratando de explicarse ¿cómo es posible?

En el templo solar de Niuserre, de la V Dinastía, aparecen el rey y varias sacerdotisas determinando la orientación del templo con estacas y cuerdas; la misma representación la tenemos en el templo de Edfú. Sin embargo la precisión mostrada va más allá de ese rudimentario planteamiento.

Lo mismo ocurre con la orientación de las pirámides, la de Keops y Kefrén presentan un error de 5´31», muy por debajo de los 10´que entra dentro del 0´3% del error estimable. Nuevamente los constructores de la Gran Pirámide se superaron y nos dejaron otra muestra de su conocimiento. Ambas pirámides presentan el mismo error de orientación, ¿error o trataban de indicar algo? El margen de error entre la orientación de ambos monumentos es de 0. Increíble pero cierto.

LA ORIENTACIÓN DE LA GRAN PIRÁMIDE

La Gran Pirámide tiene un mérito añadido: su base y ángulos, así como sus longitudes, muestran valores de gran nivel. 90° perfectos en dos de sus ángulos y error de 3 minutos y medio en los otros dos, error voluntario, ya que si se traza una perpendicular a las caras norte y sur, se obtiene un cuadrado perfecto. Teniendo en cuenta que cada cara tiene más de 230 metros y el error es de 3 milímetros, es decir, un error relativo de 2 centésimas de milímetros. ¿Cómo fueron capaces de lograr tal precisión?

En principio, lo esperable de aquellos constructores de la Edad de Cobre era que en la edificación de un monumento de características tan extraordinarias incurrieran en grandes errores, sin embargo, lograron una exactitud y precisión superior al que se obtiene con nuestras modernas técnicas de construcción… ¿Casualidad?

Los constructores egipcios empleaban la goniometría (ciencia y técnica de la medición de ángulos) logrando una precisión de un segundo de arco. El ángulo noroeste de la Gran Pirámide mide 89° 59´58" y la exactitud de su orientación es del orden de 1"; ese es el grado de error que hoy logramos con los modernos teodolitos.

Petrie realizó unas mediciones que mostraban a las pirámides de Keops y Kefrén con una desviación hacia el Oeste; además, en cuanto a Keops señalaba lo siguiente:

Núcleo: 5´16"

Pasajes: 5´49"

Revestimiento Este: 5´30"

Promedio: 5´31"

Y sobre Kefrén:

Pasajes: 5´37"

Revestimiento: 5´26"

Promedio: 5´31"

La concordancia del promedio entre ambas pirámides es absoluta, por lo que el instrumento de medición utilizado debía de ser muy preciso e inferior a un segundo.

«*A día de hoy, lo perfecto de su construcción no deja de causarnos asombro e incredulidad. Su altura originaria se ha estimado en unos 146,7 metros; la erosión debida a los agentes atmosféricos, a lo largo de los siglos, la ha reducido a su altura actual, de ciento treinta y siete metros. La planta ocupa unos cincuenta y tres mil metros cuadrados, y las medidas de los lados, tomadas en la base, se han establecido como sigue (según I. E. S. Edwards en The Pyramids of Egypt): lado este, 230,4 metros; lado oeste, 230,35 metros; lado norte, 230,25 metros; lado sur, 230,45 metros. Es decir que, si bien ninguno de los lados es de longitud absolutamente idéntica, la diferencia entre el más corto y el más largo es de sólo veinte centímetros.*

Las cuatro caras triangulares presentan una inclinación de cincuenta y un grados cincuenta y dos minutos en relación con la horizontal. En la época de su construcción, toda la estructura estaba perfectamente orientada con respecto al sentido norte-sur geográfico. Llegados a este punto hemos de mencionar otro de los misterios de la Gran Pirámide, y es que los muchos arqueólogos y exploradores que han tratado de calcular su altura citan diferentes valores de la misma. Una fuente da 147,5 metros, mientras otra asegura que son 152,1 metros.

Lo mismo ocurre con el lado, que unos establecen en 230,4 metros y otros en 211,2 mientras dan el ángulo de las caras en cincuenta y un grados diecinueve minutos y catorce segundos. En cuanto a la orientación actual con respecto al sentido norte—sur, dan los siguientes errores calculados: lado norte, 2'28» al sudoeste; lado sur, 1'57» al sudoeste; lado este, 5'30» al noroeste; lado oeste, 2'30» al noroeste. La exactitud de la orientación implicaría que las cuatro esquinas fuesen ángulos perfectamente rectos, mientras que sus medidas reales son: esquina noroeste, 89°59'58»; esquina nordeste, 90°3'2»; esquina sudoeste 90°0'33»; esquina sudeste 89°56'27». Queda por explicar el misterio de por qué está así orientada la Gran Pirámide, y la razón del error. Según la teoría más reciente, dicho error no fue cometido por los constructores sino que es un resultado de la deriva continental.

Las pirámides están magníficamente orientadas, pero su orientación constituye un hecho casi imposible.

Otro misterio es la horizontalidad del plano de su base, el grado de error es mínimo sólo equiparable al uso de instrumentos ópticos de nuestro tiempo. Claro que las pirámides llevan miles de años construidas y el conocimiento atribuido a aquellos egipcios era ínfimo. Tal vez ese desconocimiento atribuido a aquellos egipcios sea el mayor error de la Ciencia y la Historia moderna.»

LAS PUERTAS DE GANTENBRIK Y EL MISTERIO DE LAS PINTURAS

En 1992, el ingeniero alemán Rudolf Gantenbrink, exploró los canales de la Cámara de la Reina en la Gran Pirámide, con un robot rastreador diseñado por él mismo, llamado Upuaut II. Descubrió que uno de los ejes fue bloqueado por lo que podía ser una puerta de piedra caliza, provista de lo que parecían dos asas de cobre erosionadas, siendo incapaz de avanzar debido a la losa que tapaba la continuación del pasaje.

En 2002 la National Geographic Society creó otro robot, iRobot o el Pyramid Rover. El equipo de iRobot dio con una solución sencilla al problema de Gantenbrink. Se volvieron los robots de 90 grados y la envió hasta el eje de sujeción de las paredes en lugar del techo y el suelo. De esta manera, era capaz de montar sobre la parte superior de los obstáculos.

El iRobot avanzó y reveló otra puerta bloqueada similar a la Puerta de Gantenbrink.

Sin duda alguna, este pequeño explorador es uno de los robots más sofisticados construidos por la empresa iRobot de Boston (Estados Unidos). La construcción del mismo les llevó un año de trabajo y un desembolso de 250.000 dólares. Las características de este intrépido robot, llamado «explorador de pirámides» (Pyramide Rover), son algo peculiares: mide 12 centímetros de ancho, tiene una altura que varía entre los 11 y 28 cm, 30 centímetros de largo, y está provisto de cuatro conjuntos de bandas de rodadura, dos arriba y dos abajo (que se apoyan en la parte inferior y superior del túnel para darle tracción), un taladro, una mini—cámara de fibra óptica, y un potente y pequeño foco de luz. Esta proeza de la tecnología del siglo XXI, estaría unido al ordenador central (en una improvisada sala de control en la cámara de la Reina) por medio de un cable de control de fibra óptica, que llevaría señales de vídeo y también controlaría todos los aspectos y movimientos del robot, incluyendo su alimentación eléctrica.

Según Rick Allen, de la National Geographic Society, «este robot cumple todos los requisitos para subir por los pequeños huecos». Rick Allen agregó que,«tiene que ser toda una hazaña de la ingeniería subir por un hueco de 40 grados de pendiente y 61 metros de largo...También tiene que llevar una gran cantidad de equipos científicos en el vehículo, lo más ligeros posible y con un diseño que le permita caber en el hueco sin que se resbale hacia abajo».

«No sé qué esperar», dijo el egiptólogo Mark Lehner, director del proyecto cartográfico de la meseta de Gizeh. «La gente tiene ideas diversas, pero no sé qué van a encontrar» terminó diciendo Lehner, uno de los líderes de la expedición, en una entrevista telefónica a Reuters.

Pese a que para saber lo que hay tras esa puerta, los investigadores pudieran utilizar radares y ultrasonidos, estos, en el mejor de los casos, podrían llegar justo debajo de la superficie de la pirámide. Pero este equipo de científicos esperaba profundizar aún más en el misterio que envuelve a la puerta de Gantenbrink. Para ello, el principal objetivo del robot sería insertar una mini-cámara de fibra óptica a través de un agujero que el propio robot taladraría en la losa de piedra, para así descubrir qué hay o no hay al otro lado.

Pese a que no pudieron conseguir desvelar por completo todo el enigma, lograron averiguar qué es lo que se escondía tras la puerta de Gantenbrink (que es lo que se proponían). «Disfruté de este momento de descubrimiento. No estamos decepcionados... concluimos nuestra misión con éxito», dijo Tim Kelly, presidente de la división de televisión y cine de National Geographic, a la agencia The Associated Press.

También el director de la investigación, Zahi Hawass, hizo declaraciones en las que no se hacía referencia a un fracaso. «Lo que hemos visto esta noche es totalmente insólito dentro del mundo de la egiptología», dijo Hawass. «No hay nada comparable, ya que ninguna otra pirámide contiene estos pasadizos, con o sin puertas. La presencia de una segunda puerta no hace más que profundizar la intriga que rodea a la Gran Pirámide. La segunda puerta demuestra —explicó Hawass— que tanto el pasadizo como la pequeña cámara fueron construidos con muchísimo cuidado y una extraordinaria precisión. Lo cual significa que tienen que tener un por qué, un significado que nosotros todavía ignoramos. Con este descubrimiento se demuestra que los egipcios construyeron las pirámides y que aquellos que niegan que los egipcios fueron los constructores de las pirámides tendrán que tener la boca cerrada a partir de ahora».

Hay muchas teorías acerca del propósito de los ejes y las puertas; por ahora las puertas parecen ser particiones.

Un robot explorador llamado Djedi, enviado a través de la Gran Pirámide comenzó a desvelar algunos de los secretos del «mausoleo faraónico» de la IV Dinastía, ya que transmitió las primeras imágenes de la parte de atrás de una de sus misteriosas puertas. Las imágenes mostraron los jeroglíficos escritos en pintura roja que no habían sido vistos por ojos humanos desde la construcción de la pirámide. Las imágenes también dieron a conocer nuevos detalles sobre dos pasadores de cobre desconcertantes, incrustados en una de las puertas de los llamados secretos o puertas de Gantenbrink. La parte posterior formaba pines en sí mismos. ¿Por qué? ¿Cuál fue el propósito de estos pines? Los lazos parecen demasiado pequeños para servir a un propósito mecánico. La nueva información descarta la hipótesis de que los pasadores de cobre eran las manijas, y podría apuntar a una finalidad ornamental. Además, la parte posterior de la puerta está pulida por lo que debe de haber sido importante. No se ve como si fuera una pieza en bruto de la piedra utilizada para detener los escombros de entrar en el eje. Dos ejes, se extienden desde la parte superior, o «Cámara del Rey» y salen al aire libre. Sin embargo, los dos inferiores, uno en el lado sur y otro en el lado norte de la llamada «Cámara de la Reina» desaparecen dentro de las estructuras, profundizando en el misterio de la pirámide.

Sobre los jeroglíficos misteriosos escritos con pintura roja en el suelo de una cámara oculta en la Gran Pirámide, se cree, gracias a un análisis matemático, que son sólo números. En un trabajo publicado por «Annales du Service des Antigüedades de l'Egypte» (ASAE), las imágenes revelan características que no han sido vistas por ojos humanos desde la construcción del monumento. Los investigadores estaban intrigados, sobre todo, por tres figuras de color ocre rojo pintadas en el suelo de una cámara oculta al final de un túnel, en el interior de la pirámide. Luca Miatello, un investigador independiente que se especializa en las antiguas matemáticas egipcias, cree tener algunas respuestas. Las marcas son hieráticos signos numéricos. Se leen de derecha a izquierda, es decir, 100, 20, 1. Los constructores solo registraron la longitud total del eje: 121 codos. Las dos figuras principales son similares al número hierático 21. El codo real, la unidad de medida del antiguo Egipto utilizada en la construcción de la pirámide, fue de entre 52,3 y 52,5 cm (20,6 a 20,64 pulgadas) de longitud, y se subdivide en siete palmas de cuatro dígitos (cuatro dedos) cada uno, por lo que es una medida de 28 partes.

El investigador Josep Guijarro en *«Los 32 rumbos de la Rosa de los Vientos» publicaba a este respecto: «Desvelan el significado de los jeroglíficos de la puerta Gantenbrink de la Gran Pirámide. Los jeroglíficos escritos en pintura roja en el suelo de una cámara oculta en la Gran Pirámide de Egipto son los signos numéricos».*

LOS JEROGLÍFICOS DE LA CÁMARA OCULTA

El 25 de mayo de 2011, la revista New Scientist avanzaba algunas conclusiones acerca de la exploración robótica de los canales de ventilación de la Gran Pirámide de Giza en Egipto. El Djedi, un robot construido por la Universidad de Leeds, en el Reino Unido, exploró los túneles. Dos de ellos parten de la «Cámara del Rey» y salen al aire libre (llamados canales de ventilación) pero hay otros dos inferiores, uno en el lado sur y otro en el lado norte de la llamada «Cámara de la Reina» que desaparecen dentro de las estructuras pudiendo conducir a una cámara secreta en la pirámide.

El proyecto, dirigido por Zahi Hawass, a la sazón ministro egipcio para Asuntos de Antigüedades, antes de la revolución de la «primavera árabe», se inició con la exploración del canal sur de la Cámara de la Reina. El Djedi era capaz de subir por el empinado túnel y proporcionar imágenes de lo que pudiera haber tras la denominada Puerta de Gantenbrink gracias a una cámara miniaturizada que se introduciría por un pequeño agujero al final del túnel.

Y saltó la sorpresa. El Djedi consiguió imágenes de jeroglíficos escritos con pintura roja, al lado de las líneas cortadas en las paredes del túnel por los canteros.

Ahora se ha sabido que los misteriosos jeroglíficos son sólo números, de acuerdo con un análisis matemático publicado en Annales du Service des Antigüedades de l'Egypte (ASAE) que se ha dado a conocer a través de Discovery News.

Los investigadores estaban intrigados sobre todo por tres figuras de color rojo ocre pintadas en el suelo de una cámara oculta en el final de un túnel en el interior de la pirámide.

Luca Miatello, un investigador independiente especializado en las antiguas matemáticas egipcias, cree que tiene algunas respuestas.

«Las marcas son signos hieráticos numéricos. Se leen de derecha a izquierda, es decir, 100, 20, 1. Los constructores sólo registraron la longitud total del eje:.. 121 codos».

El codo real, la unidad del antiguo Egipto de medida utilizada en la construcción de la pirámide, fue de entre 52,3 y 52,5 cm de longitud, y se subdivide en siete palmas de cuatro dígitos (cuatro dedos) cada uno, por lo que es una medida de vigésimo octava parte. Según Miatello, quien ha escrito acerca de los patrones numéricos de la pirámide en la revista Ankh, y también más recientemente en el Diario PalArch de Arqueología de Egipto / Egiptología, múltiplos de 7, 9 y 11 codos se producen con frecuencia en el diseño de la Gran Pirámide.

Construida para el faraón Keops, la Gran Pirámide es la mayor de las tres pirámides de Giza y es objeto de especulaciones sobre la existencia de pasadizos y cámaras ocultas desde hace décadas y sigue siendo foco de misterios».

Sobre la puerta de Gantenbrik y toda la expectación despertada ante la retransmisión «en directo» de su exploración hubo muchas declaraciones. En una entrevista concedida al Daily Mail británico, el doctor Mark Lehner exclamó:

«¿Qué es lo que creo que es? Creo que podría ser un serdab. Un serdab es una habitación sellada para un Ka-estatua, una estatua del rey muerto, que incorporó su Ka o espíritu de vida. La pirámide más antigua del centenar de pirámides más importantes de Egipto es la pirámide escalonada de Zoser en Saqqara, y que tiene un serdab... Debido a que su caja de piedra se inclina, él (la estatua de Zoser) está mirando hacia el cielo. Es casi como si estuviera encerrado en una cápsula de piedra, a punto de ser lanzado hacia Orión».

Y el Dr. Hawass dijo al mismo diario que: *«Puede haber un papiro del libro sagrado de Keops, que nunca ha sido encontrado. Sabemos que existió. El sacerdote egipcio que escribió por primera vez la lista de los faraones de Egipto. Y una entrada es: Keops también escribió el Libro Sagrado. Como Khufu era el hombre que construyó la pirámide más grande, su libro sagrado cabe esperar razonablemente que se encuentre allí».*

Lo que tampoco está en duda es que la visión de una cavidad aparentemente vacía detrás de la losa de piedra caliza, no era lo esperado en una retransmisión televisiva seguida en directo con emoción, pero la revelación superó las expectativas de muchos egiptólogos, porque un vacío intencional se conoce generalmente con el término más atractivo «cámara» y el robot Rover había descubierto una cámara hasta ahora desconocida en la Gran Pirámide. Si la losa es de nuevo la otra «puerta» sigue siendo una conjetura, pero estaba claro que la losa era, de hecho, una puerta y se merece el nombre, la Puerta de Gantenbrink.

Unos días más tarde «Pyramid Rover» fue enviado de vuelta hasta el eje norte. El equipo de Hawass descubrió la doble Puerta de Gantenbrink. Hasta el momento no se ha descubierto el serdab, ni ningún libro de papiro; tampoco se ha averiguado el secreto de Keops. ¿Qué hay en las cámaras? ¿Hay algo detrás de las losas?

El Dr. Hawass escribió sobre las puertas en un artículo publicado en el sitio web de «The Guardian» Egipto: *«Uno de los principales objetivos del documental era mostrar al público la evidencia de las personas que construyeron las pirámides. Yo iba a hablar sobre las tumbas, el graffiti que da nombre a las cuadrillas de trabajo que construyeron las pirámides, e incluso ir al interior de la pirámide escalonada de Zoser, por primera vez. La subestructura de la pirámide se compone de túneles, pasadizos y habitaciones con una longitud total de cerca de tres millas y media. Creo que el interior nunca se mostró en una película antes, y que ningún egiptólogo con vida ha entrado en él».*

Y prosigue: *«Un día antes del show, nos enteramos por Altrosonic que la puerta en el eje sur de la Gran Pirámide es de unos seis centímetros de espesor, lo que implicaba que había algo detrás de esa puerta. Decidimos hacer un agujero del diámetro de tres milímetros en la puerta para que pudiéramos enviar una cámara detrás de ella. En el último minuto de la serie, la cámara fue enviada, y yo vi la segunda puerta de 21 cm. detrás de la primera puerta. No es similar a la primera en que parece como si se hubiese cribado o cubriendo algo. También había grietas en toda la superficie».*

¿Qué hay tras esas puertas? ¿Hay más «puertas» en la Gran Pirámide? La respuesta sigue siendo un misterio.

LA NECRÓPOLIS JUNTO A LA GRAN PIRÁMIDE

Fue el arqueólogo Lepsius en 1848 quien descubre todo un conjunto funerario en torno a la Gran Pirámide, en concreto en sus vertientes Este y Oeste, que estaba formada por cientos de mastabas en disposición ortogonal y en filas paralelas. En este complejo funerario se distinguen principalmente funcionarios y altos cargos o dignatarios del faraón Keops (Khufú).

Entre las más destacadas encontramos:

Mastaba de Qar (VI dinastía):

—Regente de la pirámide de Pepi I.
—Supervisor de la ciudad de la pirámide de Khufú y Menkaure.
—Supervisor de los sacerdotes de la pirámide de Khafre.

Mastaba de la reina Meresankh III (IV dinastía):
—Hija del rey-Esposa real de Khafe (su hermanastro).
—Hija de Kawab y Hetepheres II, ambos hijos de Khufú.

Mastaba de Khufukhaf (IV dinastía):
—Canciller, hijo del rey Khufú y Henutsen.

Mastaba de Iymery (V dinastía):
—Profeta de Khufú.
—Superintendente de la Gran Casa-Hijo de Shepseskajankh.

La necrópolis de Giza, que comenzó a utilizarse en la II Dinastía, según la cerámica hallada que data del reinado de Nynecher, es considerada en la actualidad, como una de las mayores del Antiguo Egipto. Se encuentran en ella, lechos funerarios de la referida II Dinastía pero resplandeció durante la IV Dinastía, cuando emergieron junto a las pirámides de Keops, Kefrén y Micerinos y junto a otras menores, o subsidiarias, otros templos funerarios así como embarcaderos rituales y calzadas procesionales.

Fue en el año 1979 cuando se declaró Patrimonio de la Humanidad (UNESCO), el conjunto de Menfis y sus necrópolis, y los campos de pirámides (Guiza, Abusir, Saqqara y Dahshur).

La extensión ocupada por la necrópolis es de 160 km^2 a ambos lados de un uadi: a un lado se encuentran las pirámides, con un amplio campo ocupado por mastabas de nobles al lado. En una meseta están los templos funerarios y la esfinge. Al otro lado del uadi, sobre unas colinas, hay más tumbas particulares.

COMPLEJO FUNERARIO DE JUFU O KEOPS

Se ubica al norte y está formado por la Gran Pirámide, las tres pirámides de las reinas, una pirámide satélite, dos templos funerarios, el Templo del Valle y otro junto a la pirámide, una calzada que une ambos y múltiples mastabas organizadas en tres cementerios.

El cementerio occidental es el de mayor extensión de la necrópolis, contiene un gran número mastabas de la IV a la VI Dinastía. Se divide en tres partes:

El cementerio llamado «en escalera», está junto a la pirámide y lo componen casi exclusivamente las tumbas de los sacerdotes que se ocupaban de los cultos funerarios.

El «pueblo de mastabas», en donde se encuentra la mejor construida, la del chaty de Jufu Hemiunu (G4000), y la mayor de todas, la G2000.

Para finalizar hay un núcleo de pequeñas mastabas en el extremo oeste.

EL CEMENTERIO SUR

Está en el sur de la Gran Pirámide de Keops, lo dominan nueve grandes mastabas algunas de las cuales han sido atribuidas a personajes del reinado de Menkaura. Entre sus tumbas se encuentran algunas que datan de la V y la VI Dinastía. Al sureste del cementerio está la impresionante mastaba del chaty de la quinta dinastía, Seshemnefer IV. Destaca el acceso que es a través de una rampa flanqueada por dos obeliscos, y la entrada tiene dos columnas»

CEMENTERIO ORIENTAL

Un lugar especial dentro de la necrópolis de Giza pues estaba reservada a las tumbas de miembros de la familia real junto a las pirámides de las reinas. La mastaba de Anjaf y su esposa Hetepheres (G7510) es la mayor, y domina el extremo oriental de la necrópolis. Entre las mastabas se encuentran las de los hijos de Jufu, Kauab (G7120 y G7110), Dyedefhor (G7220 y G7210) y Jufujaf (G7140 y G7130), entre otros. En la mastaba G7340 se encontró un sarcófago de piedra caliza decorado con motivos de fachada de palacio. En la excavación de esta zona se halló el busto de Anjaf realizado en piedra caliza pintada, hoy considerada como una obra maestra de la estatuaria del Antiguo Imperio.

COMPLEJO FUNERARIO DE JAFRA

Está mejor conservado que el complejo funerario de Keops, en él encontramos el templo de granito rosa de Asuán y está conectado con el Templo del Valle por un largo camino pavimentado de 495 metros. Al sur de la pirámide se encuentra la pirámide satélite, encontramos cinco fosos con barcas solares y más de un centenar de grandes habitaciones, estas habitaciones son consideradas almacenes o talleres al servicio de los artesanos.

La Gran Esfinge o Esfinge de Giza (Guiza o Gizeh) se considera dentro del complejo funerario, en este caso perteneciente a Kefrén o Jafá.

COMPLEJO FUNERARIO DE MENKAURA

Está formado por un grupo de componentes en complejo piramidal. Lo forman la pirámide del faraón Micerinos (Menkaura), el templo para el culto del difunto rey situado en la cara este de la pirámide y conectado a un Templo del Valle por una calzada de 600 m. Se puede comprobar la alineación perfecta de este camino alineado con el eje de la pirámide. A su alrededor se encuentran tumbas de príncipes o reinas.

Al sudeste del complejo de pirámides de las reinas encontramos la necrópolis de los sacerdotes destinados al culto del rey, curiosamente en las inmediaciones de la cantera que se utilizó para la construcción de los monumentos.

COMPLEJO FUNERARIO DE JENTKAUS

Al norte de la calzada de Menkaura encontramos otra necrópolis que tiene como tumba dominante a la reina Jentkaus I, a esta se la llama como la «Cuarta Pirámide de Giza». Está formada por un pequeño templo funerario al este de la tumba, se accede a ella por una calzada que la une al desembarcadero situado junto al Templo del Valle de Menkaura. Al no existir restos de un Templo del Valle propio indica que la reina tuvo que compartir el de Menkaura.

En las proximidades de la calzada se ubicó la ciudad de los sacerdotes, en ella se han encontrado restos de cerámica que indican que la reina recibió culto durante las V y VI Dinastía. Jentkaus mantendría hilos familiares con los últimos faraones de la IV dinastía y serviría de puente con la V Dinastía al contraer matrimonio con Userkaf y legitimando así su posición como Gran Esposa Real.

LA CALZADA Y EL TEMPLO DEL VALLE

La calzada que según Herodoto se construye por orden de Keops, empleando en ello 10 años, estaba formada por un corredor practicado directamente sobre la roca o sobre un terraplén de mampostería allá donde el lecho de roca era bajo.

La calzada medía 810 metros de largo, cambiando de dirección de forma abrupta 32° E. hacia el noroeste. En la actualidad, por desgracia, no queda nada del corredor original, pero hay vestigios que nos lo recuerdan: parte del terraplén en una pequeña cantera, a la que servía de puente, y de nuevo en el lugar donde cruzaba el borde de la meseta. En medio de la calzada se abrió un túnel para que todos aquellos que desearan cruzarlo, lo hicieran sin tener que dar un rodeo en torno a la pirámide o alrededor del Templo del Valle, ubicado en el extremo inferior.

Herodoto nos dice de la calzada que fue construida en piedra pulida sobre la que se cincelaron figuras de animales. Los muros del templo mortuorio estaban decorados con relieves, así que parece que la información facilitada por Herodoto es correcta.

LOS BARCOS DEL «MÁS ALLÁ»

Fuera de lo que es la muralla este de la pirámide, al norte y al sur del complejo funerario, podemos encontrar dos lugares sorprendentes, dos lugares que tienen forma de barco y que están tallados, esculpidos, en la roca. Existe un tercer foso en el lado norte de la calzada, cerca del templo. En su interior, tras las excavaciones de Reisner, no se halló nada, solo en el tercero de ellos algunos restos de madera con una capa de oro y trozos de cuerdas.

Un cuarto foso fue descubierto en 1954, por Kamal el-Mallakh, al lado sur de la pirámide, cerca de la muralla. El foso tiene unas sorprendentes dimensiones; como sus antecesores, mide 31,4 metros de largo y 5,3 metros de profundidad, diferenciándose del resto en que es rectangular.

Es curioso observar este recinto: a unos dos metros (1,80 metros) desde la parte superior, los muros perpendiculares se escalonan hacia dentro. En la superficie del escalón, que mide más o menos 91 centímetros de ancho, descansaban los extremos de 41 bloques de piedra caliza que servían de techo dispuestos uno al lado del otro (algunos de ellos pesaban más de 15 toneladas). Aquí encontramos algo curioso y es que en la pared sur del foso los bloques tienen inscripciones dibujísticas de los albañiles, que incluían el nombre de una de las cuadrillas: «Dyedefra es el soberano» (el hijo y sucesor de Keops). En el interior del foso habría una barca desmontada, realizada en madera de Cedro, del Líbano, posiblemente con el fondo plano y compuesto por 1224 piezas dispuestas en trece capas. Los postes de proa y popa tenían terminaciones papiriformes. El trabajo de ensamblaje de estas piezas lo realizó el restaurador Hag Ahmed Yusuf, tarea que le llevó catorce años y dio como resultado una barca en condiciones casi perfectas de 43,59 metros de eslora (12,19 metros más larga que la parte superior del foso) y 4,6 metros de manga. En opinión de Hag Ahmed Yusuf, la barca fue usada una única vez, cuando transportó el cuerpo del faraón en su funeral.

Es curioso observar cómo las piezas o maderos principales tienen marcas especiales para que los antiguos constructores pudieran ponerlos en el orden correcto cuando ensamblaran la barca. Usaban en la tarea de ensamblaje cuerdas de esparto o ganchos de madera de sicomoro, además, la barca tiene un recinto o pequeño baldaquino en la cubierta y una superestructura en la popa. Destacan también las columnas palmiformes que sostienen el techo de la superestructura; todas las demás columnas tienen capiteles con forma de brotes de loto. A la barca la acompañaban seis pares de remos, cuyas longitudes varían de unos 7,6 a unos 6,7 metros, dos de ellos localizados en la popa para dirigirla.

Con posterioridad se encontró un quinto foso con una barca, así solo dos de los hallados contenían una embarcación en el recinto.

PIRÁMIDES ANEXAS

La pirámide satélite es la que podemos encontrar en la esquina sureste. Está formada por una serie de habitaciones en forma de «T». En ella solo quedan tres hiladas de piedras o bloques pétreos en caliza ubicados en un lado de la cámara funeraria de la pirámide.

Junto a la pirámide de Keops, en su cara este, encontramos los «pasajes de prueba». Se pretendía que fueran una serie de pasajes o pasillos subterráneos de la pirámide satélite, pero se abandonaron por la ampliación del templo alto. Así la pirámide fue trasladada y construida en la esquina sureste, una construcción que parece que se realizó con prisas, con poco cuidado tal y como indica la disposición de los canales internos de la misma, que son exactamente iguales (salvo en las proporciones) a la Gran Pirámide y, o bien, se realizó con prisas y no se complicaron en diseñar un nuevo entramado interno para la pirámide, o bien se trataba de imitar, por algún motivo desconocido, la mayor de las pirámides... Su subestructura tiene disposición de «T».

Un descubrimiento hemos de destacar con respecto a esa pirámide satélite: en su cara sur se encontró un gran bloque de piedra caliza con tres lados inclinados, aquel bloque era la base del piramidón que se encontró posteriormente en el lado norte.

LAS PIRÁMIDES DE LAS REINAS

En el ángulo recto hacia el extremo superior de la calzada, en el lado sur, podemos encontrar una serie de pirámides de uso exclusivo para las reinas. En ellas encontramos una pequeña capilla en ruinas contigua a su cara este. Junto a la primera pirámide hay un pequeño foso para una barca.

De la capilla, poco queda en la segunda pirámide; está construida sobre el centro de la cara este, se decoró con esculturas en bajorrelieve de calidad igual a los relieves del templo mortuorio del rey. Esta segunda pirámide contenía un foso para una barca —igual que la primera— que no fue descubierta hasta 1952.

Encontramos aún una tercera pirámide, se cree que fue construida en época más tardía por la reina Henutsen de la XXI Dinastía y que había sido identificada con la diosa Isis y recibido el nombre de «Isis, Señora de la Pirámide». Esta pirámide se amplió con la pequeña capilla anexa a la pirámide.

9. LA PIEDRA ROSETTA: LA PIEDRA DEL CONOCIMIENTO

Se encontró en la ciudad egipcia de Rachid, llamada Rosetta por los franceses, en un caluroso mes de Agosto de 1799, a pocos kilómetros de Alejandría, durante una expedición de las tropas de Napoleón Bonaparte al país de las arenas eternas. Era la patrulla del teniente Bouchard la que trabajaba en levantar y fortalecer las defensas de una plaza cuando chocaron con una piedra negra de apenas un metro de altura y setecientos kilos, ornada por unas extrañas inscripciones que destacaban sobre su oscuro fondo.

En ella los expertos descubren un texto en tres idiomas, jeroglífico, griego y demótico. El lingüista Jean François Champollion fue el artífice de la interpretación y traducción de aquel texto que abriría la puerta al conocimiento del país de las Pirámides.

Curiosamente a Champolion le llamaban de pequeño «el egipcio».

En el año 1802 se traslada la «Piedra Rosetta» al Museo Británico donde comienza a ser estudiada, mientras Champolion permanece en Egipto. En 1814 publica «Egipto bajo los faraones» y continúa con su labor de aprendizaje y conocimiento de la cultura y escritura egipcia.

Pero Champolion era un gran investigador, creía que la escritura jeroglífica encerraba mucho más, una mezcla de concepto... El 14 de Septiembre de 1822 sufre un coma por agotamiento tras dar con la pista, con la clave maestra, gracias a unos cartuchos dedicados a Ptolomeo y a Cleopatra. Tuvo el reconocimiento y la fama merecida por tan importante hallazgo concediéndosele varias becas, cátedras y subvenciones. Mientras, seguía descifrando apasionadamente jeroglíficos, en una loca carrera que verificaba sus estudios sobre la escritura de los misteriosos egipcios.

Entre 1828 y 1830 descifró y catalogó 824 jeroglíficos. En 1832 muere en Quercy, como consecuencia de un infarto.

La «Piedra Rosetta» se encuentra en la actualidad en el Museo Británico; puede sorprender verla, quizás es más pequeña de lo que habíamos imaginado, ese metro y veinte centímetros tras gruesos cristales le dan una dimensión menor de la que históricamente posee. Pero su peso en la Historia, junto a la figura del inimitable Jean François Champolion, es enorme; quizás la última frase del astuto francés sirva como epílogo a este estudio: «Soy todo para Egipto y él es todo para mí».

Y es que el país de las Pirámides despierta una atracción sobre el hombre que va más allá de la leyenda…

10. EL ALIMENTO DE LOS DIOSES: PAN EN EGIPTO

¿Qué base alimenticia era la principal en aquel Egipto faraónico? ¿Cómo se nutrían todos aquellos trabajadores de la meseta de Giza? ¿Cuál era su sustento? Construir la Gran Pirámide no solo era un ejemplo de arquitectura sino también de logística... ¿cómo alimentar a los trabajadores en la construcción del monumento?

Las excelentes condiciones que el río Nilo ofrecía para el cultivo de cereales, obedecía a sus constantes crecidas. Se han encontrado datos por los que se sabe que en la IV Dinastía, en el año 2700 a. de C., se elaboraba pan y un tipo de galletas.

El alimento de los egipcios pobres se componía principalmente de pan y cebolla —de ahí el famoso dicho— «contigo, pan y cebolla».

La evolución en la panificación se produjo de forma importante durante esta civilización, ya que fueron los egipcios los que descubrieron la fermentación y con ella el verdadero pan, el pan fermentado. El pan sin fermentar, sin levadura, se denomina pan ácimo. El código de Hammurabi (2000 A. de C.) habla ya de «cerveza comible» y «pan bebible», refiriéndose al pan y a la cerveza de cebada, ambos elaborados con la mezcla de cebada y levadura. Sin embargo, los egipcios se dedicaron en mayor medida al cultivo de trigo ya que la cebada fermentaba mal.

Se puede decir que el pueblo egipcio consolidó las técnicas de panificación y creó los primeros hornos para cocer el pan. En el año 4000 a. de C. fue desenterrado un horno en las excavaciones próximas a Babilonia.

Según un historiador francés, los egipcios «inventaron» la costumbre gastronómica de colocar un pequeño pan de trigo en el lugar de cada comensal.

11. EL LIBRO DE LOS MUERTOS EGIPCIO

«Es llamado "Libro Oculto de la Morada", también conocido como «El Libro de la salida a la luz del día», sin embargo la más empleada es El Libro de los Muertos. Es un libro que se oculta a sí mismo, según es dicho en sus últimos párrafos.» No dejes que le vea ningún hombre. El hecho de divulgarlo, constituye una tremenda abominación. Ocúltale, para que nadie sepa que existe»

Este libro misterioso se compone de una sucesión de figuras acompañadas casi siempre de su correspondiente texto. Su lenguaje es jeroglífico hierático.

Es sin lugar a dudas un documento iniciático, encontrado en el interior del sarcófago de las momias de los altos dignatarios del antiguo Egipto. Rollo misterioso que se colocaba bajo la cabeza del difunto y que narraba bajo una forma simbólica, el viaje de ultratumba del alma, según los sacerdotes de Ammón-Ra.

Según la tradición egipcia el autor e inspirador de esos cantos mágicos fue Thot, conocido como Hermes Trismegisto el Tres veces Grande.

Dijo Platón que este Dios dio a los hombres el conocimiento de los números y la clave de su interpretación, de la geometría, de la música, de la astronomía y de la poesía sacra.

Se convierte este ser, deidificado en los misterios egipcios, en protector y guía de los muertos. Tanto en Egipto como en Grecia y hasta épocas posteriores, era costumbre de los moribundos invocar al Dios y confiarse a él en el trance de la muerte, ya que era el Conductor de las Almas en el Más Allá.

En el periodo postrero de la civilización greco-egipcia, a Toth Hermes se le veneraba como el Dios que crea la palabra, como el primer iniciador de la humanidad, consagrándole la ciudad sagrada de Hermópolis.

El libro nos lleva a un cortejo fúnebre: extendido en el lecho funerario, se transporta al muerto sobre la barca de Isis, junto a él Isis y Nephtis le protegen.

Vienen después los sacerdotes, portadores de emblemas, algunos llevan las ofrendas, otros las urnas y una copa. Se dirigen a la cerrada tumba que guardará los restos mortales del difunto.

El postulante se arrodilla ante Horus, hijo de Ra y dirige una ferviente plegaria para obtener las fuerzas que necesita para someterse con éxito a las pruebas a las que será sometido.

Thot se dirige a Osiris.

«¡Te saludo, Osiris, Toro de Amenti! ¡Oh rey de la eternidad! Yo soy Dios Grande que acompaña en su ruta la barca celeste., yo he combatido en tu nombre. ahora llego para dirigir a tu lado el combate, ¡oh Osiris!...

Soy Thot, aquel que hace triunfar a Osiris de sus enemigos. Soy en verdad, Djedi, hijo de Djedi;

Mi madre, Nut me concibió y me trajo al mundo en la ciudad de Djedu...

Entro y circulo indemne entre las deidades resplandecientes...

Ahora soy sacerdote en Djedu, propuesto para las libaciones.

Soy igualmente el gran maestro del mágico saber en el instante en que se debe atravesar la tierra de Heracleópolis

¡Oh, vosotros espíritus divinos, que hacéis penetrar las almas perfectas en la morada sacrosanta de Osiris! ¡Traed las ofrendas consagradas para hacer vivir mi alma!...

¡Oh vosotros espíritus divinos que abrís la senda y apartais los obstáculos, franquead a mi alma el sendero hacia la morada de Osiris...

Yo soy profeta... yo dirijo las ceremonias de Mendes, yo soy el gran jefe de la Obra que pone el arca sagrada sobre el soporte...

¡Te saludo, Osiris, señor del Amenti!

¡Deja que penetre en paz en tu reino!

¡Deja que los señores de la tierra santa me reciban con exclamaciones de júbilo!

¡Que pueda experimentar todas las metamorfosis posibles, por todas las sendas de las regiones del más allá obedeciendo el deseo de mi corazón!»...

Así da inicio la ceremonia funeraria.

El fin supremo que se propone conseguir el iniciado es alcanzar a Dios, identificarse con él. Ha de acomodar su marcha a la del Dios solar, avanza hacia el oeste, hacia el acceso a la región del submundo, donde penetrará cuando llegue para él el instante de la muerte, pero la muerte es solo una apariencia, un cambio de estado, el alma sobrevive y progresa.

Uno de los momentos más difíciles para el iniciado es enfrentarse a la travesía en el sub-mundo, donde se encuentran los mayores obstáculos para aquél que quiera unirse con la divinidad.

Terribles tentaciones asedian en el mundo soterrado, doce puertas y doce horas conducen al DUAT (antecámara de la luz primordial). El iniciado trabaja en el mundo soterrado para arrancarle la luz a las tinieblas, para que pueda llegar a la Morada del Padre: Osiris.

La Piedra Filosofal se vuelve roja, se vuelve blanca, se coagula, se disuelve, brilla, centellea y resplandece en el submundo. El adepto se ha enfrentado a los enemigos de la noche, los ha vencido, ...«vedle triunfante de sus enemigos vivos y muertos. Se identifica con el Dios de cabeza de gavilán. Horus ha repetido sus encantamientos cuatro veces y todos sus adversarios cayeron vencidos y degollados»

El nuevo iniciado conoce el poder del verbo luminoso, debe ahora purificar su corazón para que esté libre de mancha. En virtud de esta pureza de corazón y de esta vigilancia de sentimientos su conciencia está firme, su voluntad reina sobre sus facultades, bajo la tranquila mirada de Ra. Debe de resistir las tentaciones de Mestha, Hapi, Duamutf y Kebhsenuf, los cuatro Dioses de la Muerte y rendirles culto.

Tiene poderes sobre su propio ciclo y de esta facultad se siente orgulloso «Yo estoy en el ayer y conozco el mañana, dueño soy de renacer una segunda vez si quiero realizarlo».

Otra ceremonia simbólica se verifica en la Ciudad Sagrada de Heliópolis. «Morir es urgente. Resucitar de entre los muertos es indispensable. Ascender a los cielos es cardinal y necesario. Yo soy el toro sagrado, señor del cielo, amo de la luz que sale de la llama. Yo ordeno los ritmos del cielo y el curso de los años.

Yo poseo panes de las ofrendas de Heliópolis. Mis panes

están en el Cielo, delante de Ra. Sus dos barcas se las traen al Templo del Gran Dios de Heliópolis. Alegre recorre el Cielo en compañía de los espíritus. Come de lo que ellos comen.. Vive de lo que ellos viven.

Es invitado a sentarse en el interior del Templo en la ciudad Solar. Se aproxima el instante del juicio definitivo, el periodo de pruebas terminará. La ceremonia capital prosigue, es el momento de pesar su corazón. El lugar es llamado «Sala de Maat». Cuando se libera de los cuatro cuerpos de pecado entra en la sala de la doble Maat, entra en el seno bendito de la Diosa Madre del Mundo».

Su nombre es JUSTICIA Y VERDAD. La hoja superior de la puerta lleva una inscripción que dice: «Señor de Maat sobre sus dos pies» y la hoja inferior se llama: «Señor de doblado vigor, domeñador del ganado». El aspirante después de haber hecho su ofrenda a los Dioses funerarios se dirige al Gran Sacerdote que dirige la ceremonia para recitar su confesión negativa ante los 42 Dioses que se encontraban en la sala de la doble Maat.

Esta confesión significa todas las perfecciones que el adepto debe adquirir para liberarse de los cuerpos de pecado. En seguida se dirige en forma sucesiva a cada uno de los 42 Dioses asesores del Gran Sacerdote, les venera y ofrece su verdad y su pureza.

Es examinado por Sacerdotes y cuando quedan todas las preguntas contestadas, las puertas se abren, surge entonces el guardián de la puerta, después Maat y luego Thot, llega el momento culminante, es indispensable pesar el corazón del adepto. En un platillo de la balanza se ve la representación del corazón y en el otro una imagen de Maat.

Anubis observa y con alegría ve que la balanza está en equilibrio. Thot, señor de las divinas palabras, escriba de los dioses, registra el fallo y añade: «Que el corazón sea devuelto al sitio que ocupa en el pecho del adepto»

El difunto que se presenta ante los 42 jueces es aquel que muere para vivir, que muere para el mundo para vivir para Dios. El adepto se ha transformado en un nuevo ser, prosigue su ascensión y siente nacer en sí nuevas aptitudes.

«Una luz suave inunda su alma. Es ya un nuevo Sacerdote, servidor de Osiris...»

12. DE DIOSES Y HOMBRES

«Los nativos otorgan un valor exiguo al tiempo de su vida. Conceden sin embargo la máxima importancia al tiempo de después de su muerte, durante la cual, y en virtud del recuerdo de su virtud, se permanece en la memoria de los demás».

Este texto de Hecateo de Abdera, del que habla Diodoro Sículo en su Biblioteca de Historia (I, 51), sirve para revelarnos el arquetipo que siempre ha arrastrado el sentido de la vida de los antiguos egipcios, al menos para el público no iniciado. Sin embargo, aunque erróneo, es un sentimiento que ya se percibe desde antiguo.

Tratar el Valle del Nilo supone estudiar una tierra que a menudo se nos antoja muy poblada. Según algunos autores, muy por el contrario, en los primeros tiempos, Egipto estaba poblado por 100.000 o 200.000 habitantes que ascendieron progresivamente. En Las dos primeras Dinastías el país tenía ya 2.000.000 de habitantes y llegó a alcanzar, a finales del Reino Nuevo, de 2.900.000 a 4.500.000. Finalmente, el período grecorromano es el momento de mayor número de residentes, entonces Egipto tenía una población de 7.000.000 a 7.500.000. Ellos vivieron en una estrecha franja fértil, de aproximadamente 24.808 Km2 que lindaba con los desiertos líbico y arábigo, donde se situaron las necrópolis.

Nuestro primer contacto con la cultura egipcia nos transmite la idea de un pueblo eminentemente religioso, turbado por la muerte y por la supervivencia en el Más Allá. Pero los egipcios no estaban tan obsesionados por el fin de su existencia, sino que muy por el contrario amaban la vida, su tierra y su país hasta tal punto, que traspolaron ésta al mundo de los muertos, donde reprodujeron su país. Así en el Más Allá existía un campo a imagen del egipcio, un río réplica del Nilo, e incluso en sus enterramientos, hicieron acopio de los bienes materiales más preciados, tanto los que habían tenido en la tierra como aquellos elaborados expresamente para su tumba. Acumulaban todo aquello que querían seguir disfrutando una vez muertos. Además, por si todo esto fuera poco, al morir, el cadáver debía someterse a unos ritos funerarios y unos rituales de ofrendas para que el difunto subsistiera a través de los siglos. Según la creencia egipcia, los restos del individuo al fallecer necesitaban ser alimentados para que su alma fuera inmortal y por ejemplo, pudiera retornar, si así lo deseaba, al cuerpo o a las estatuas que reproducían su efigie para admirar, por algún tiempo, la tierra que tanto había amado. Sin embargo esta no era la única posibilidad de vida del fallecido, sino que según su deseo, podía residir en el cielo, acompañando al dios sol Ra en su barca o disfrutar del Mundo Subterráneo, donde se alojaba Osiris. Precisamente gracias a estas costumbres, surgieron en Egipto los Sacerdotes Funerarios.

Otra rama del clero egipcio era aquella que se dedicaba a servir a un dios determinado. Los sacerdotes podían oficiar en varios cleros a la vez y aunque cada uno de ellos requería básicamente los mismos ritos, algunos tenían rituales específicos y costumbres variadas que incumbían por ejemplo lo que se podía comer y lo que estaba prohibido, dependiendo de la teología de cada dios local.

Antes de centrarnos en el clero, debemos preguntarnos ¿cómo surgen los cultos divinos en Egipto? Para todo ello hemos de retornar a los períodos más oscuros de la civilización, a los momentos anteriores a la Dinastía I, a los poblados con jefes tribales. Cualquiera que haya visitado el Valle del Nilo habrá observado que llama la atención el contraste entre su río, su sol y su desierto. De ello eran conscientes los egipcios, grandes observadores de la naturaleza y por esta causa divinizaron éstos y otros elementos igualmente asombrosos. Análogamente se fijaron en el mundo animal y tomaron como divina cierta parte de la fauna de su país, incluyendo algunos insectos, que a su juicio poseían poderes sobrenaturales. Así observaron por ejemplo que el chacal deambulaba por los cementerios y que escarbando en la tierra dejaba al descubierto los cuerpos perfectamente conservados por la acción deshidratante y preservadora de la arena. Este fenómeno fue interpretado como que el animal carroñero acudía a las necrópolis para conducir al difunto al mundo del Más Allá y designaron al chacal deidad protectora de los muertos. En otro ámbito, observaron al sol, poderoso y reluciente en las alturas y entendieron que se trataba de un poderosísimo dios, capaz de facilitar la vida en la tierra y le designaron Ra. Pero el sol tenía varios aspectos dependiendo del momento en que se encontrase el astro. Así interpretaron que al nacer se llamaba Jepri y que tenía el aspecto de un escarabajo pelotero. ¿Por qué este insecto? de nuevo se debe a la observación de la naturaleza. El escarabajo pelotero deposita sus huevos en el interior de un pelota de estiércol que arrastra incansablemente. Por la acción del calor, pasado un tiempo, del interior de esta bola surgen, de forma aparentemente espontánea, nuevos escarabajos. Todos estos hechos naturales se explicaron en el ámbito religioso como el nacimiento del sol en el horizonte. Así podríamos extendernos hasta la saciedad en detalles similares para otras entidades divinas del panteón.

Un mismo animal fue designado de forma distinta en los poblados. Por ejemplo, el chacal fue Anubis, pero también fue Upuaut o Jentamementiu. El halcón era Horus, pero también era Sokar, etcétera. Finalmente otros representaron aspectos distintos de un mismo dios.

En los comienzos, Egipto estaba dividido en pequeños pueblos, en los que se adoraba a dioses de ámbito muy reducido. Entonces el jefe tribal debía y podía oficiar para su dios. Con la conquista de un poblado, el vencedor no sólo tomaba bajo su tutela los bienes, terrenos y personas, sino que también unía los dioses de los vencidos a sus propias deidades. Conforme estos pueblos fueron anexionándose, llegaron a formar un reino en el norte (el Delta) y otro en el sur, produciéndose la absorción de costumbres, ritos y dioses. Finalmente ambas áreas geográficas se unieron bajo el mandato de un solo monarca y por entonces el número de divinidades era tal que la intervención directa del primitivo jefe tribal, ahora convertido en monarca, se hizo imposible. Por ello el rey tuvo que delegar en los Sumos Sacerdotes, formándose verdaderas escuelas sacerdotales que en su nombre llevaban a cabo las labores para con el dios. Solamente en fiestas puntuales y muy importantes, el monarca acudía para cumplir con estos deberes.

Las primeras divinidades fueron representadas sobre estandartes, posiblemente como símbolo del poblado que encabezaban, en pequeñas estatuas, cerámica, sellos o peines de marfil, entre otros. Los dioses comenzaron a adquirir cualidades humanas y tomaron para sí forma antropomorfa. Con las uniones de los poblados las divinidades se agruparon, formando una estructura similar a la humana, es decir, siguiendo el modelo familiar de padre, madre e hijo/a.

Anubis.

Para el culto a los dioses y los difuntos, los egipcios crearon toda una serie de escuelas religiosas donde oficiaban los sacerdotes. Generalmente estas escuelas estaban estructuradas jerárquicamente y en el caso de los grandes dioses del panteón tenían un Alto Clero, de número variable (de 1 a 4) que desempeñaba funciones directivas, y un numeroso Bajo Clero que se encargaba de las labores prácticas. Dentro de todos ellos existían personajes que desempeñaban ocupaciones específicas a veces muy especializadas.

En esta cultura no existió un único cuerpo sacerdotal sino que cada dios local o estatal poseía el suyo propio compuesto por hombres y mujeres adscritos al culto de tal o cual dios. A ellos, vamos a designarlos a lo largo de este libro con las palabras «Profeta» y «Servidor». En el primer caso se trata del término que emplearon los griegos al hablar de las personas que estaban al servicio del dios, sin que eso implique que tuvieran el don de la profecía; en el segundo, es la traducción de dichos cargos, según la lengua jeroglífica. En el valle del Nilo las escuelas sacerdotales que tuvieron más influencia fueron las de Ra en Heliópolis, Ptah en Menfis y Amón en Tebas.

En el antiguo Egipto, nunca existió un clero ni una iglesia, mezquita o sinagoga tal y como la concebimos actualmente, en los cultos católico, musulmán o judío. Como politeístas que eran, carecían también de un único libro sagrado, como la Biblia, el Corán o la Tora. Las escuelas teológicas eran las encargadas de elaborar un compendio religioso que explicara la creación del mundo, de acuerdo con la teología de su dios, las costumbres religiosas, los ritos, etcétera. Por ello, a veces, estas teorías difieren las unas de las otras, aunque básicamente todas explicaban de un modo u otro el hecho de la creación, colocando a la cabeza a su dios local.

La idea de hacer apostolado entre el pueblo era algo que se apartaba también de las concepciones egipcias, de hecho, no tenía ningún sentido. Los templos eran lugares de acceso restringido donde sólo deambulaba la clase sacerdotal y los servicios que allí se llevaban a cabo se circunscribían únicamente a la divinidad, sin una participación activa del pueblo. Es decir, en sus dependencias se realizaban ritos sagrados y misteriosos de carácter exclusivo, que tenían como único fin complacer al dios o diosa, para que éstos se sintieran agradados y, en consecuencia, otorgaran a Egipto la protección, la tranquilidad, la paz y la estabilidad que necesitaba y deseaba. Por ello los actos litúrgicos más importantes se realizaban en el interior del santuario, mientras que las zonas exteriores eran solamente de acceso semi-restringido. Únicamente la burguesía podía acceder a las áreas más externas en las grandes fiestas y procesiones, por este motivo se le denominó «Patio de los Festivales».

A causa de este sentir religioso, las salas y corredores se iban haciendo más angostos y oscuros a medida que se internaban hacia el lugar más sagrado del recinto, llamado tradicionalmente el naos. Podríamos decir que éste era el dormitorio de la divinidad, el objeto por el cual se había construido el santuario y precisamente por ello, estaba vedado a la mayor parte de los sacerdotes y, por supuesto, al pueblo. Sólo tenían acceso ciertos sacerdotes autorizados que acudían a servir a su dios diariamente, por ejemplo, para cumplimentar el rito de despertarle, vestirle, perfumarle, adornarle y alimentarle como prescribía la regla.

Como ya hemos expuesto, el clero estaba estructurado en pirámide y en la cúspide de ésta se encontraba siempre el rey, jefe de todos los cleros que se desarrollaron en el Valle del Nilo. En teoría, él era el único facultado para oficiar ante todos los dioses y en todos los templos de Egipto, pero como el soberano no tenía el don de la ubicuidad, ocurría que no podía realizar los actos litúrgicos en todos los santuarios locales que se repartían por la geografía egipcia a la vez, delegando de esta forma en sus sacerdotes.

Al igual que el rey, la reina desempeñaba un importante papel religioso. Como su esposo, delegaba cuando no podía estar presente, en una Gran Sacerdotisa, que estaba asistida por todo un grupo de mujeres dedicadas a deleitar y servir al dios. Ellas desempeñaban básicamente labores tradicionalmente femeninas como la música y la danza, que en los rituales egipcios tenían una función primordial.

Por último, aclarar que la división histórica que aquí, como en otros ejemplares, vamos a emplear corresponde a la unión de dos sistemas de medición de procedencia dispar. Los «Reinos» (Antiguo, Medio y Nuevo) o los Períodos Intermedios, numerados por ordinales, son fruto de un acuerdo de los estudiosos del siglo que nos precede, para dividir la historia de algún modo. El término «Dinastía», es más antiguo. Corresponde a la forma de estructurar la sucesión de reyes de un sacerdote egipcio llamado Manetón, que escribió una historia de Egipto por orden de Ptolomeo II Filadelfo, que vivió en la tradicionalmente llamada «Dinastía Ptolemaica».

Desearía finalizar la introducción de este trabajo con las palabras con las que J. Assman finaliza su libro:

«...si hoy nos ocupamos del Antiguo Egipto, no es sólo por afición de arqueólogos, sino también por el interés de conocer nuestro propio pasado remoto, con el que nos sentimos vinculados por relaciones milenarias intensas, aunque con frecuencia ocultas. Y esta dimensión de nuestro interés por la vieja cultura de Egipto se la debemos al hecho de que ésta no sucumbió al terminar el Reino Nuevo».

LAS FUNCIONES SACERDOTALES

Horus favorece a quien está a su servicio en este lugar, porque ve el bien que se hace en él... que se guarde de entrar por esta puerta en estado impuro, porque el dios prefiere la pureza a millones de objetos preciosos. Lo que le sacia es Maat. No os presentéis en estado de pecado. No mintáis en su morada. No añadáis al peso y a la medida, antes disminuid en ellos. Vosotros que sois gente importante, no paséis sin invocarle, cuando estáis encargados de prestarle ofrendas o de alabarle dentro de su dominio.

Debido a la ya mencionada acumulación de títulos, es muy difícil hacer una división jerárquica de los diversos puestos que cubrían los sacerdotes del antiguo Egipto, ya que fue variable en función de la importancia y del tamaño del templo, amén de algunos cargos que aún hoy no podemos situar. Veamos algunos ejemplos: sabemos por el papiro Harris I, de época de Ramsés III, que, en este momento del Reino Nuevo, el templo de Amón en Karnak daba trabajo a una media de 81.322 personas, mientras que, por ejemplo, el templo de Anubis en el Fayum era llevado por tan solo 50 personas distribuidas entre 6 sacerdotes permanentes y cuatro grupos alternativos de 11 oficiales a tiempo parcial. Por otro lado, Kemp hizo el cálculo, en razón de la capacidad máxima de los almacenes de grano del Rameseum (Templo Funerario de Ramsés II, en Tebas Oeste) , de la cantidad de bocas que solamente este templo podía alimentar, llegando a la conclusión de que podían dar sustento a un número comprendido entre las 17.000 y las 20.000 personas, o lo que es lo mismo, a unas 3.400 familias. Como vemos las diferencias son significativas.

El clero constituía una jerarquía organizada en pirámide en cuyo vértice se encontraba el rey, seguido del «Sumo

Sacerdote», que, con nombres distintos según el santuario al que sirviera, ejercía la función de gobernar todo el templo y sus trabajadores, con atribuciones políticas y religiosas. El Sumo Sacerdote se asistía de un alto y un bajo clero que comenzaba su labor antes del amanecer, llegando incluso en ocasiones a actuar, en las puertas de los templos, a modo de jueces y mediante el oráculo, antes de que los problemas de los trabajadores llegaran a la justicia ordinaria sobre todo durante la Baja Época. Era deber de los sacerdotes, igualmente, juzgar las actuaciones contra los dioses o contra las encarnaciones animales de las divinidades en la tierra. Así el historiador de Helicarnaso, Herodoto, en su segundo libro de Historia nos menciona:

«Y si alguien mata a uno de esos animales voluntariamente, sufre pena de muerte; en cambio, si lo hace involuntariamente, paga la multa que fijen los sacerdotes».

Indudablemente, en este fragmento, Heródoto está exagerando, quizá para dejar más patente la piedad del egipcio. De cualquier modo, estas penas posiblemente podían hacerse efectivas, en casos puntuales y cuando el animal eliminado fuera la encarnación del dios de la provincia o del nomo (divisiones administrativas).

En los primeros períodos de la historia egipcia, el desarrollo del clero entregado a los dioses fue rápido, pero sin una influencia relevante fuera de las cuestiones religiosas y sin acumulación de grandes riquezas. Anotamos la presencia de algunos personajes de las Dinastías IV a VI que ostentaron solamente cargos sacerdotales relacionados con el culto de un dios, y a cuya cabeza se encontraba un individuo de alto rango, que ostentaba el título de «Jefe de los Secretos del Cielo». Como contraste, encontramos también personajes que combinan los cargos relacionados con el clero junto a títulos militares. Citemos algunos ejemplos: Nikaanj, un personaje de la Dinastía V, sirvió al gobierno y a la vez fue «Sumo Sacerdote» del Templo de Hathor en Tehneh. Este hombre, nombrado por Userkaf, se encargaba de recaudar los impuestos del templo, y su familia, compuesta por su mujer y sus 12 hijos, se ocupaba de servir en el santuario durante un período de un mes cada uno, sin distinción entre sexos. Ejemplos como estos vamos a encontrarlos a lo largo de toda la historia faraónica; cuando el clero aumenta su poder acaparaba cargos civiles. En lugares alejados del Valle del Nilo, es decir, en los Oasis, también tenemos ejemplos de este tipo.

Así pues, los servicios religiosos se complican y parece que se va creando una verdadera casta sacerdotal que crece en el Reino Medio, (aunque aún no acaparan posiciones de poder absoluto), y culmina en el Reino Nuevo. Momento en el que el dios Amón alcanza tal importancia que su clero se desarrolla con una rapidez sin precedentes. Básicamente nos vamos a centrar en este momento ya que es el más documentado, aunque hay que puntualizar que incluso la estratificación de este clero, varió a lo largo de la historia faraónica.

13. UN MISTERIO MILENARIO: LO QUE LA HISTORIA IGNORA

A principios de los años noventa, el Museo Egipcio de Munich inició un proyecto de investigación para averiguar si los antiguos egipcios habían consumido la flor de loto, debido a sus propiedades psicodélicas, esta teoría fue pensada debido a la gran variedad de flores lotus que decoraban muchos de los templos. La Dra. Svetla Balabanova, una toxicóloga de renombre del Instituto de Medicina Forense de Ulm (Alemania), examinó las nueve momias a petición del museo y encontró que, en lugar de la flor de loto, había una gran cantidad de nicotina y cocaína presente. Tales drogas procedentes de las plantas de tabaco y coca, respectivamente, plantas que sólo existían en las Américas y no se conocían antes de que Colón descubriera América.

Para estar segura, pidió que otros tres laboratorios repitieran las mismas pruebas, y todas concluyeron con los mismos resultados. Y aunque estas técnicas son actualmente utilizadas en los procesos penales en el mundo entero y son 100% precisas, el mundo científico, dirigido por la Universidad de Oxford, reaccionó con furia y negó los resultados, ya que esto implica la existencia de contacto entre Egipto y el Continente Americano antes de Colón, lo cual se considera como absolutamente imposible.

La nicotina ha sido descubierta en 1976 en restos momificados, cuando la momia del faraón Ramsés II fue llevada al Museo del Hombre en París. Pero esto fue «olvidado», ya que se considera desfavorable por los egiptólogos. El misterio de las momias de cocaína.

A principios de los años noventa, el Museo Egipcio de Munich inició un proyecto de investigación para averiguar si los antiguos egipcios habían consumido la flor de loto, debido a sus propiedades psicodélicas, esta teoría fue pensada debido a la gran variedad de flores lotus que decoraban muchos de los templos. La Dra. Svetla Balabanova, una toxicóloga de renombre del Instituto de Medicina Forense de Ulm (Alemania), examinó las nueve momias a petición del museo y encontró que, en lugar de la flor de loto, había una gran cantidad de nicotina y cocaína presente. Tales drogas son procedentes de las plantas de tabaco y coca, respectivamente, plantas que sólo existían en las Américas y no se conocían antes de que Colón descubriera América.

Para estar segura, pidió que otros tres laboratorios repitieran las mismas pruebas, y todas concluyeron con los mismos resultados. Y aunque estas técnicas son actualmente utilizadas en los procesos penales en el mundo entero y son 100% precisas, el mundo científico, dirigido por la Universidad de Oxford, reaccionó con furia y negó los resultados, ya que esto implica la existencia de contacto entre Egipto y el Continente Americano antes de Colón, lo cual se considera como absolutamente imposible.

La nicotina ha sido descubierta en 1976 en restos momificados, cuando la momia del faraón Ramsés II fue llevada al Museo del Hombre en París. Pero esto fue «olvidado», ya que se considera desfavorable por los egiptólogos.

EL DISCO DEL PRÍNCIPE SABU

Si visitamos el Museo Egiptológico de El Cairo nos sorprenderemos al ver un pequeño objeto de piedra en una solitaria vitrina... Es una pieza polémica, de esquisto, hallado en una tumba de la I Dinastía.

¿Qué tiene de extraño?

Lo descubrió Brian Walter Emery en el siglo XX. Emery es uno de los arqueólogos más importantes del pasado siglo. Se encontraba realizando algunas excavaciones en la zona de Saqqara en el año 1936, cuando descubrió la tumba del príncipe Sabu, hijo del faraón Adjuib, perteneciente a la I Dinastía, hacia el 3000 a.C. Entre el ajuar funerario encontró un objeto circular sorprendente, que describió así: «...

un recipiente con forma de tazón, de esquistos» y posteriormente escribía sobre el mismo: «... no se ha conseguido ninguna explicación satisfactoria sobre el curioso diseño de este objeto...»

El objeto en cuestión tiene al menos 5000 años y recuerda a las modernas piezas que se fabrican en nuestra industria. Tiene 61 centímetros de diámetro y 11 de altura en la zona central. Está fabricado en un tipo de roca muy frágil y su tallado es muy complejo y laborioso. Parece un plato grande o un volante de coche y tiene la característica de tener tres palas curvas que recuerdan a la hélice de un barco; en su centro se abre un orificio que pudiera ser para admitir un eje o mecanismo que lo hiciera girar.

La Egiptología moderna no acepta el uso de la rueda en épocas anteriores a la invasión Hicsia de las tierras de Egipto, en el 1640 a.C. Así pues, no puede tratarse de una rueda... Entonces, ¿qué es?

Su origen artificial y la cavidad del eje indican un uso industrial. El egiptólogo Cyril Aldred creía que era una reproducción de un objeto que los antiguos egipcios habían visto, sólo una reproducción dado que el material en el que estaba reproducido era muy frágil y no soportaría ninguna acción mecánica. La rueda se halló junto a otros objetos de cobre, normales en la época.

Recientes estudios parecen avalar que la pieza del príncipe Sabu tenía algún tipo de utilidad náutica que era parte de otro mecanismo más complejo. Su utilidad se desconoce pero la duda la ponen los diseños de piezas de la compañía aeronáutica Lokheed, cuando desarrolló una pieza para ser encajada dentro de un cárter, de forma hermética, y lleno de lubricante: el diseño era exactamente igual al disco del príncipe Sabu...

Jose María Deira, para «Andalucía Información» escribía sobre el Disco del Príncipe Sabu:

«En la primavera del año 1936, el eminente egiptólogo Brian Walter Emery realizaba unas excavaciones en la zona arqueológica de Saquara. Esta llanura desértica se encuentra al sur de la meseta de Gizeh, famosa por ser el lugar en donde se erigieron las tres famosas pirámides: Keops, Kefren y Micerinos, como las hemos conocido siempre, por sus nombre helenizados; hoy, más técnicos y precisos, éstos nombre se han sustituido por los nombres egipcios de la perso-

nas que las mandaron construir: Jufu (Faraón de la IV Dinastía), Jafra (hijo del anterior) y Menkaura (sobrino de Jafra)».

Emery trabajaba en la pirámide escalonada de Saquara que había servido de tumba al faraón Zoser, de la III Dinastía y por tanto mucho más antigua que todas las demás pirámides, a las que ha servido de modelo que los arquitectos siguieron siglos después.

Los egipcios utilizaron tres tipos de enterramientos, consecuentes con la categoría del personaje que lo iba a ocupar, aunque no siempre los monumentos funerarios albergaron cuerpos sin vida de célebres personajes, a veces, sirvieron exclusivamente como cenotafios, monumentos a la memoria. Estos enterramientos reciben el nombre de Pirámides, Mastabas e Hipogeos. Sabemos sobradamente lo que son las Pirámides; las Mastabas son troncos de pirámide, de base cuadrangular y de escasa altura; veinte metros tiene las más alta de las exploradas. Los Hipogeos son enterramientos excavados en las rocas.

La pirámide de Zoser, albergó a un poderoso faraón y está construida de forma que en un principio fue una mastaba, sobre la que se fueron agregando otras de la misma forma y tamaño más pequeño, lo que le dio el aspecto de escalonada, más parecida a las encontradas en Centro América.

En la exploración arqueológica que se realizaba en aquella pirámide, se descubrió la tumba de un personaje insignificante, llamado Sabu, dentro de la cual se halló un objeto tan extraño y fuera de lugar como enigmático, el cual causó sensación en el mundo arqueológico y cuya construcción, forma y utilidad nos está absolutamente vedada.

Este objeto es conocido como el Disco de Sabu y se trata de un extraño disco, con forma de volante, cóncavo, de sesenta y un centímetros de diámetro por diez de altura, tallado en esquisto y que aparece, como una especie de talismán, junto al sarcófago del príncipe.

Vamos a centrar antes al personaje allí enterrado, para hacer luego un breve ejercicio de reflexión sobre el objeto hallado.

El Príncipe Sabu está perfectamente documentado y existió unos tres mil años antes de Cristo. Era hijo del faraón Adjuib que perteneció a la Primera Dinastía, de lo que se ha venido en llamar «El Egipto Arcaico».

Muchas son las dudas que existen sobre la datación de los objetos encontrados en las excavaciones de Egipto, o de cualquier otro lugar, y muchas más las que irán surgiendo, conforme se avanza en los descubrimientos y a medida que los científicos y arqueólogos emplean procedimientos más modernos para la datación de los objetos, pues además del tradicional C 14, ya se usan Rayos X, sondas ultrasónicas, escaners, resonancias magnéticas y ecografías para escudriñar las entrañas de las múltiples cosas halladas. Conforme más se avanza en este campo, más se está en la creencia de que en Egipto sobrevivieron diferentes civilizaciones que, superpuestas, nos han dejado un jeroglífico cada vez más difícil de descifrar.

En este caso la incógnita es contundente: ¿cómo es posible la existencia de un objeto en forma de rueda, 3.000 años antes de Cristo cuando está demostrado y comprobado que la rueda la introducen en Egipto un pueblo llamado «Hicsos» aproximadamente entre 1.300 y 1.500 años después?

Y esta es una afirmación nada gratuita, pues está comprobado que los «Hititas», un pueblo guerrero procedente de Asia, que conocían el hierro con el que fabricaban sus armas, muy superiores a las de bronce que era el metal comúnmente usado, desplazaron a los «Hicsos» de la zona que ocupaban, entre la actual Siria, Líbano, Palestina y Jordania. Este pueblo de guerreros busca por el sur la hegemonía que acaban de perder en el Medio Oriente y gracias a la utilización de la caballería, y sobre todo a los carros de guerra, vencen fácilmente a los egipcios, los cuales se ven obligados a convivir con el pueblo invasor.

Es evidente que los carros se mueven gracias a las ruedas, las cuales resultaban hasta ese momento desconocidas para los egipcios.

No es fácil explicar qué hace una rueda junto a la cabecera de la tumba de Sabu, por lo que se empieza a especular, primero con la propia rueda, luego con su extraña forma. Tal como se ve en la fotografía, el disco presenta tres lóbulos curvados que le confiere un aspecto parecido al de una hélice. Luego, su orificio central, en donde se enclavaría un eje que le permitiría girar, que es el cometido principal de toda rueda. De manera indudable, se colige que este disco formaba parte de un mecanismo más complicado y que dentro del mismo, el disco tendría una función concreta. Pero ¿qué mecanismo de estas características era puesto en funcionamiento por los egipcios hace cinco mil años? Por otro lado, si el disco fuese de metal, se comprenderían los lóbulos curvados, fabricados mediante fundición o forja, pero al ser tallado en una roca como el esquisto, se elimina toda hipótesis que no sea la pura y artesanal talla, la cual debió efectuarse por alguien muy experto, pues esa roca, que pertenece a la familia de las «metamórficas», se forma por presión continuada de otras rocas, por lo que sus granos son alargados y pueden separarse muy fácilmente, circunstancia que confiere a este mineral una característica poco apta para la talla que es la exfoliación, o facilidad para convertirse en hojas.

Cuando algo no tiene explicación, siempre se trata de encontrar la más simple o la más rebuscada, casi nunca se opta por buscar explicaciones sensatas, acordes con el entorno, la época y cuantos detalles nos puedan servir para tratar de encontrar razón a lo irrazonable.

Así, la explicación más simple de cuantas se han ofrecido es, ni más ni menos, que el disco en cuestión es una especie de candelabro o palmatoria, en cuyo centro se encajaría un hachón o una vela y que la única razón de su existencia es la puramente ornamental. Puede ser. Simple y desmitificador, que no explica la existencia de las tres palas curvadas nada más que por la estética del objeto.

La otra es fruto de una casualidad y llegó cuando alguien, que trabajaba para la firma de construcciones aeroespaciales Lockheed —aquella del famoso escándalo de décadas pasadas sobre sobornos a congresistas para que votaran por sus aviones—, al observar el disco, advirtió que en el interior del cárter de los motores de aviación, se colocaba un rotor casi igual al disco de Sabu.

Obviamente no fabricado en esquisto, sino en acero u otro metal apropiado a la función que hubiera de realizar. Pero esta idea presentaba una nueva incógnita: ¿qué ingenio hidráulico existía en el Egipto Arcaico hace cinco mil años?

No parece que esté ahí la explicación, pero es posible que la utilidad del objeto hubiera sido esa, si bien no en el tiempo en que se adoptó por el Príncipe Sabu, sino mucho antes, quizás en otra civilización más avanzada y que llegara a las manos de príncipe de una manera similar a como lo hizo a las de Emery.

Eso se explicaría por la superposición a la que antes me he referido y que habría colocado un objeto en una Era que no le correspondía.

Por último, una teoría muy socorrida, defendida con sumo ardor por los «ufólogos», disparatada o no, es algo que no se sabe, pues cada vez con más convicción, se apuesta por la presencia de seres extraterrestres en las civilizaciones primitivas. Se trata de explicar la existencia del disco con la presencia «ovni», uno de cuyos artefactos voladores pudo sufrir un terrible accidente y del que solamente se pudiese recuperar una pieza como el Disco de Sabu. En el afán de deificar todo lo desconocido, aquella pieza pudo ser copiada y convertida en objeto de culto, talismán, o simplemente en la materialización de una fuerza superior e incomprendida. Lo que en principio sería una pieza de metal, afectada por la corrosión, pudo ser replicada en piedra, al objeto de perpetuar su presencia y con ella las virtudes que se le hubieran atribuido. En el Museo Egipcio de El Cairo, junto a la Sala de las Momias, hay una pequeña vitrina en la que se expone el extraño disco de piedra, cuya inexplicable existencia sorprende a los visitantes, aunque personas que lo han visto en su expositor de la vitrina, pasaron ante él sin mostrar el más mínimo interés ni extrañeza.

Pero no es este el único objeto que resulta imposible de situar en los momentos históricos del contexto con el que forman un todo. Unos buceadores griegos, buscadores de esponja marinas, encontraron a principios del siglo XX los restos de un naufragio en las costas de la isla de Antikitera, al sur de la península del Peloponeso. El pecio era del siglo anterior al nacimiento de Cristo y a bordo llevaba la extraña maquinaria que se observa en la foto. Recientemente, astrónomos y científicos han determinado que se trata del «ordenador más antiguo del Mundo» y contiene información del Mediterráneo, desde Alejandría hasta la Península Ibérica.

Las piedras esféricas de Costa Rica, la esfera metálica de Sudáfrica y otros muchos objetos, engrosan la lista de lo que se ha dado en llamar «OOPAR»: Out Of Place Artefact, que traduciríamos como «Objeto fuera de lugar» y que aparecen en multitud de excavaciones, creando la confusión de los arqueólogos y científicos.

A veces su presencia carece de explicación, pero a veces resulta que el presunto descubridor no lo es y la cosa en cuestión ya fue descubierta con anterioridad. Falta del rigor que se emplea en las excavaciones actuales, la zona fue contaminada tiempo atrás por alguien que fue poco cuidadoso con el entorno, o simplemente carecía de conocimientos para determinar la importancia de su hallazgo, hasta el extremo de que éste pasase desapercibido hasta ser redescubierto.

En relación con el disco de Sabu, tras mucho cavilar sin hallar explicación plausible, se me ocurre pensar: ¿nadie ha sentido la curiosidad de hacer una réplica exacta, sumergirla en un líquido y hacerla girar? ¿Qué pasaría? A lo mejor, a tenor del resultado, hemos comprendido su significado.

En nuestra civilización no usamos ningún artefacto como este, aparte del mencionado de los aviones, cuya existencia no está debidamente contrastada y que se basa en la exclusiva manifestación de un técnico de la compañía, al observar el disco.

Quizás con una demostración empírica se aclararían muchas cosas, o quizás nos quedaríamos igual de perplejos.

LAS LÁMPARAS DE DENDERA

Son grabados realizados sobre piedra, relieves esculpidos en el templo de Hathor en Dendera, Egipto, se comenzaron en época de Nectanebo I (siglo IV a.C.) y se finalizaron en tiempo de la dominación romana.

Para los egiptólogos se trata de una «serpiente surgiendo de una flor de loto, que es el símbolo con una marcado carácter mitológico.

Destacan el relieve de Harsomtus (Hor-sema-tauy) o «Horus unificador de las Dos Tierras», con una de las llamadas «lámparas», en el muro de una de las criptas.

Para los historiadores y egiptólogos se tratan de relieves «cosmogónicos y muestran una serpiente (símbolo del principio dualista subyacente en toda la creación, como en el

Génesis la separación del cielo y la tierra) nacida de una flor de loto, símbolo de la creación como una manifestación de la conciencia». Que nada tiene que ver con bombillas ni lámparas...

Si embargo la similitud con nuestros modernos sistemas de iluminación es más que evidente, como si en el Antiguo Egipto se hubiera dispuesto de lámparas y de una tecnología perdida... Esta hipótesis la popularizó el suizo Erich Von Däniken. Argumentando para ello la falta de restos de humo u hollín en techos y paredes, como también afirmó Joseph Norman Lockyer al tratar de explicar la iluminación en las galerías egipcias a través de espejos.

Relieve de Harsomtus «Horus unificador de las Dos Tierras», con una de las llamadas «lámparas», grabadas en el muro de una de las criptas.

Igualmente los defensores de la hipótesis eléctrica creen que los mástiles recubiertos de placas de cobre tenían un fin eléctrico, es el egiptólogo Bolko Stern quien le otorga un carácter ritual y mágico a esos postes, nada más, y mucho menos un fin «eléctrico» para «capturar» rayos...

Peter Krassa y Reinhard Habeck han ideado una teoría

sobre la operación del dispositivo como lámpara eléctrica, pero fue tajantemente rechazada por le egiptología.

«Además en la Biblioteca de Alejandría —también se argumenta— no se dejó constancia de ninguna lámpara eléctrica en Egipto...» Claro que... ¿Qué queda de la Biblioteca de Alejandría?...

¿AVIONES EN ABYDOS?

Si alguna vez viajamos al Egipto, una parada que debe hacer, es a Abydos... Allí, en una de sus paredes, en escritura jeroglífica, está lo imposible. Algunos expertos han querido ver la representación, en relieve, de helicópteros y aviones... De objetos voladores extraños en forma de disco, cual moderno OVNI, huellas de hombres e incluso de «algo» con sólo cuatro dedos... Y aparentes modernos reactores grabados en ¡la antigüedad!

Quizás es jugar a la pareidolia, a la relación mental de formas con las que nuestro cerebro cree que se identifican, pero las muestras están ahí, en el jeroglífico de Abydos... ¿Casualidad? ¿Volaban en la antigüedad? ¿Usaban estos vehículos como en las odiseas sumerias o hindúes?

Pero es que en las leyendas hititas también se habla de artefactos voladores, o en la griega. O en pueblos tan alejados como los primitivos aborígenes australianos o las culturas maya y azteca... ¿Tuvimos un pasado de gran saber tecnológico?

Quizás los estudiosos, los expertos puedan arrojar luz sobre todo este enigma... Parece que los egipcios, y más sus faraones, tenían la costumbre de corregir los jeroglíficos y la Historia de su pueblo. Era moneda común que un gran palacio construido por un faraón fuera radicalmente borrado su nombre por su sucesor y así apropiarse de la autoría y grandeza de sus obras y reinado... Una vez corregido el texto se rellenaba de un tipo de pasta, o yeso, mezclado con color, para que coincidiera con la piedra que había sido rectificada y quedaba totalmente modificado... Con el paso del tiempo la capa de yeso cayó y quedó el grabado con su modificación dando origen a curiosos efectos ópticos como estos de Abydos y sus no menos famosos «aviones»... Parece que ahí podría radicar su explicación, que no es descabellada y que entra dentro de la lógica del ser humano.

El jeroglífico de Abydos pertenece al reinado faraónico de Seti I y fue «Modificado» dos veces... Lo cual nos da una idea de la degradación del mensaje original y de cómo esos continuos cambios hicieron que cambiara la fisonomía identificable del jeroglífico.

En este caso el ego humano y la casualidad jugaron con un «Oopart» —entre comillas— en el viejo Abydos, en el viejo Egipto, el país de las arenas eternas.

Pero hay otros objetos que reclaman nuestra atención. Escondido en el Museo de Antigüedades de el Cairo, el artículo número 6347, RM 22, fue durante muchos años considerado solo un artefacto pequeño e insignificante, un pequeño avión de madera descubierto en 1898, en una tumba cercana a Saqqara. Durante muchos años se mantuvo catalogado como «objeto de aves» y casi olvidado, en un área de almacenamiento del sótano del museo.

En 1969, sin embargo, el Dr. Kalil Messiha, un arqueólogo, notó el parecido del objeto con las aeronaves modernas y decidió indagar más a fondo. Tras los impresionantes resultados obtenidos por el comité de investigación reunido al efecto, el objeto fue expuesto de manera inmediata. Expertos en aerodinámica declararon más tarde, que el modelo era notablemente condicionado en aeronavegabilidad, «indicando el conocimiento de los principios de diseño de las aeronaves, las cuales tomaron a los europeos y americanos un siglo de trabajo para descubrir».

Algunos de esos expertos señalaron similitudes entre el modelo y los últimos avances de la NASA en aeronaves de ala oblicua.

A lo largo de los años, decenas de artefactos fueron descubiertos, testimoniando el conocimiento de una aerodinámica avanzada.

Pero, ¿cómo los antiguos egipcios podrían haber sabido de estas cosas?

14. ORIÓN, SIRIO Y LOS EGIPCIOS

Viajar a Egipto y entrar en su zoco o caminar por sus calles causa una metamorfosis, un cambio, un viaje en el Tiempo que, poco a poco nos hace integrarnos en otra realidad muy diferente a la que se vive en la vieja Europa, calles estrechas, el bullicio de la gente, los armas de Egipto, su cielo... Todo es diferente.

Quizás lo veían así en el Antiguo Egipto, con algunos cambios conforme a su época, cuando se comenzó la construcción de sus pirámides. En plena meseta de Giza destacan sobremanera las tres eternas pirámides: Keops, Kefrén y Micerinos. Casi alineadas, casi cubriéndose las unas a las otras...

Su construcción, ubicación y alineación podría parecer caprichosa, al azar, pero he aquí que la casualidad no ha influido en la alineación de las pirámides: hay ahí mucho más saber que el que podríamos suponer...

A sus «pies» la Esfinge, la Guardiana, ve nacer el Sol ante sus pétreos ojos todas las mañanas, en un lugar donde nada es casual.

De todas estas construcciones lo desconocemos casi todo: cómo se construyeron, quién mandó edificarlas, qué técnicas usaron; incluso su uso final o el cuerpo que, presuntamente, deberían albergar.

Según los arqueólogos las pirámides tienen una edad, pero la arqueoastronomía, o sistema de datación mediante la posición de las estrellas, nos dice algo muy diferente. Así, la edad oficial de la Gran Pirámide ha pasado a ser datada en 4450 años de antigüedad en lugar de los 4500 que se le concedían. Con ello ya no podría ser llamada de Keops pues este faraón no habría nacido aún.

La Esfinge, por el desgaste de la erosión y por esa misma

datación mediante la orientación de las estrellas, no pertenecería a la época de Kefrén, sino que sería más antigua... Y la Historia da un vuelco... La misteriosa Esfinge tendría alrededor de 7000 años, entonces ¿quién la edificó? Teóricamente no había surgido aún la civilización egipcia. Es todo un misterio.

Robert Bauval, en el año 1994, lanzó una arriesgada teoría según la cual las pirámides de Giza y la Esfinge estarían íntimamente relacionadas con las estrellas de la Constelación de Orión... Pero, ¿cómo podía ser eso?

En Giza nada está dejado al azar; sus construcciones esconden el saber astronómico perdido. Según los textos egipcios, Osiris se convirtió tras su muerte en la estrella de Orión. Mirando a las estrellas, la Gran Pirámide orienta parte de sus pasillos precisamente hacia la Constelación de Orión y hacia Sirio, la misteriosa estrella que adoraban los Dogones de Mali. Pero Bauval y Graham Hancock calcularon la posición de las pirámides y sobre un mapa celeste (astronómico) descubrieron que tenían el mismo emplazamiento que las estrellas de Orión, casi alineadas pero con una pequeña desviación en una de ellas. ¡Era un mapa estelar pétreo! ¡Fantástico! Su admiración por Orión, el que fuera una de las constelaciones de culto, su directa relación con la religión egipcia... hacían que no pudiera ser casualidad.

Pero hay más. Se calculó que la posición de las pirámides encaja perfectamente con la posición que tenían en el cielo las estrellas...¡hacía 10450 a.C.! ¿Cómo podía ser?

Pero además la Esfinge se coloca alineada con el Sol, justo en el equinoccio de primavera y sus ojos coincidían con la posición de Sirio...¿Una nueva casualidad? Me temo que no.

Allí, sobre la tibia arena de la meseta de Giza encontramos un mapa estelar. No sabemos qué pretendían con ello, tal vez decirnos cuál era su origen cósmico, o tal vez adorar de forma magistral a sus dioses. Algo sí es cierto, su datación oficial debería buscarse seis milenios más atrás, hacía el 10450 a.C.

El problema es que en esa fecha el hombre no dejaba de ser un «animal» que trataba de socializarse comenzando a vivir en grutas y cavernas. La construcción de las pirámides se antoja muy lejana en su evolución, a no ser que la Historia replantee sus postulados y nos diga que allí surgió una civilización mucho antes de lo que pensábamos.

LENTES EN LA ANTIGÜEDAD

Nos encontramos en la Antigua Asiria, en una excavación realizada por Austen Henry Layard en el Palacio de Kalhu, en la capital asiria, en Nimrud. Mientras hacía inventario de los objetos hallados fijó su atención en una pieza muy especial: parecía un cristal, una lente de cristal como las utilizadas en las monturas ópticas actuales. Layard escribía sobre ello: «Posiblemente de trata de la más antigua prueba de lente incendiaria de aumento», corría el año 1849.

Aquella pieza de cristal inteligentemente trabajado cayó en el olvido pero una serie de inquietos estudiosos, más de un siglo después, iban a fijar su atención en aquel cristal. Aquellos tres buscadores de lo imposible eran Arthur C. Clarke, Robert Temple (Universidad de Louisville) y Derek de Solla Price (Universidad de Yale), además éste último fue la persona que más y mejor estudió el llamado «Mecanismo de Antikitera» hallado frente a la costa de ésta isla griega.

Pero éste último, Price, además había estado inspeccionando los archivos del Museo Británico y había un objeto que le daba que pensar: fue hallado en una excavación en 1849 en Nimrud, Asiria, tenía más de 2000 años y parecía la «Lente» descubierta por el profesor Layard.

Los tres buscadores de lo imposible comenzaron una búsqueda frenética y, por fin, hallaron su traslúcido objeto de deseo... Era una pieza de cristal, datada hacia el 700 a.C., pulida a partir de un cristal de cuarzo y sin impurezas o imperfecciones. A su alrededor, a los «ojos» del microscopio, descubrió algo: era restos de metal... ¿ Qué podía llevar bordeando un cristal y que fuera de metal? «¡Unas monturas de unas gafas!» pensó con algarabía, y así era. De forma que De Solla Price escribió: « todo apunta a que se trata de una lente de forma toroidal elaborada a propósito con esta forma. Y las lentes de este tipo sólo tienen un uso: corregir el astigmatismo».

Pero hasta mediados del siglo XIX la técnica no permitió la elaboración de lentes tiroidales y su evolución hasta 1966... ¿Cómo era posible entonces?

Robert Temple comenzó un concienzudo estudio sobre las técnicas ópticas en la antigüedad y encontró cientos de pruebas en otras muchas excavaciones y catálogos arqueológicos de piezas de cristal «incalificables» y es que eran «cristales ópticos».

Temple halló en Cartago 16 de estos cristales ópticos, en Rodas, Éfeso, Troya... en esta excavación fueron 48 cristales pulidos, plano convexos como los que usamos actualmente. «¡Es imposible!» exclamó.

Pero en Egipto halló cientos de lentes donde pudo demostrar que el conocimiento óptico y su tecnología eran muy superiores a los que la Ciencia o la Historia les otorga.

Y la razón se la dio la Gran Pirámide y su casi inapreciable error de orientación, error que, hoy día, estaría dentro del ratio normal y aceptado usando nuestra máxima tecnología, y esa demostración fue: la Gran Pirámide sólo pudo ser orientada con tal perfección gracias al uso de teodolitos ópticos... Pero claro, la Ciencia moderna afirma que eso sólo ocurrió miles de años después...

Aquellos descubrimientos de Robert Temple quedaron reflejados en su obra «Sol de Cristal» y sigue constituyendo un desafío a la Ciencia.

La cultura egipcia siempre miró a las estrellas, hacia el lugar de donde provenían sus dioses y sus tradiciones.

La historia de los dioses egipcios nos dice que la diosa Isis contrajo matrimonio con Osiris, y ambos fueron los primeros faraones de Egipto. Eran hijos del dios Ra y tenían un tercer hermano: Seth. Este último mató a Osiris, a los veintiocho años de edad, y lo descuartizó en catorce trozos. Isis comenzó a recuperar esos trozos y a unirlos, reconstruyendo a su marido. Pero faltaba uno: el órgano sexual, que no encontró y en su lugar colocó uno artificial. Osiris revivió en forma de milano y volvió con su esposa a la que dejó embarazada, y nació Horus.

Isis tendría su correspondencia en el cielo de los egipcios, sería la estrella Sirio, la más brillante de nuestra bóveda celeste. Aunque hubo un tiempo en que los egipcios, debido al movimiento de precesión de la Tierra, no la pudieron ver. Fue justamente hacia el 10500 a.C., cuando la estrella comenzó a asomarse en el país de las eternas arenas, casi en el momento en que se sitúa la construcción de las pirámides, según opiniones más heterodoxas...

Así la aparición de Sirio en el firmamento egipcio coincidió con el desbordamiento del Nilo, que daría vida a sus campos y agricultura y haría posible la supervivencia de los asentamientos poblacionales de forma permanente. Así los egipcios construirían las pirámides imitando la posición de las Pirámides y la Esfinge sobre la explanada de Giza, justamente tal y como aparecían en el 10450 a.C., y digo Orión ya que Orión representa a Osiris, teniendo en el cielo su cosmogonía particular.

En el 3300 a.C., el movimiento de precesión de nuestro planeta hizo que volviera a desaparecer Sirio del cielo y el pueblo egipcio temiera lo peor, un castigo de los dioses quizás... Fueron setenta días de incertidumbre, de rezos, de dudas. Y reapareció con el solsticio de verano. La magia de los cielos había salvado a los asustados pobladores de la «cuna» de la civilización, y el Nilo se desbordó derramando el líquido elemento sobre sus orillas haciéndolas fértiles. Como un milagro.

El egiptólogo Ed Krupp decía al respecto: *«Tras desaparecer setenta días, Sirio volvió a surgir antes de la salida del Sol y de iniciarse la inundación del Nilo, razón por la cual los egipcios consideraban ese día como el primero del año. Es por ello que se conoce a Isis, es decir, a Sirio, como la «señora del año nuevo». Así, el tiempo que Isis pasa ocultándose de Seth es el tiempo que Sirio desapareció del cielo. Luego resurge y da luz a Horus, al igual que Sirio da inicio al nuevo año».*

Diferentes culturas de la antigüedad rendían culto a Sirio, la más significativa, la de los perdidos dogones en Mali. Ellos dicen que sus dioses les legaron el conocimiento de su estrella, de Sirio, que ellos llaman «Digitaria» así como sus dos acompañantes invisibles. Se tenía por una leyenda hasta que los científicos descubrieron anomalías que hacían pensar que estaba acompañado y podía ser un sistema binario (dos estrellas), la sorpresa fue el descubrir Sirio B y ¡Sirio C!, tal y como anunciaban los dogones de Mali. Sucedió en 1995 y aún los científicos se preguntan ¿Cómo? No hay respuestas salvo: «los dioses nos los contaron».

Sobre el año 4 a.C., se produjo en Egipto un raro acontecimiento estelar, nuevamente un milagro relacionado con Sirio. La fecha no nos dice nada pero para muchos marcaría un antes y un después: la fecha real del nacimiento de Cristo. ¿Casualidad? Permítanme decirles que todo está escrito en las estrellas…

15. LA MUERTE Y MALDICIÓN DE TUTANKAMÓN

La historia recordará al faraón Tutankamón no por su grandeza de reinado (que no la tuvo), sino por su fabulosa tumba hallada sin profanar por el arqueólogo Howard Carter en 1922 y por la presunta maldición que sobre ella pesaba y que se «cobró» varias víctimas.

Tutankamón reinó como faraón en Egipto desde el 1342 al 1323 a.C., aproximadamente, desconociéndose con exactitud la fecha de su nacimiento. Tuvo un reinado convulso, de restablecimiento del orden habitual tras las reformas realizadas, social y religiosamente, por el faraón hereje Akenatón. Bajo su reinado faraónico restituyó el culto a Amón, con la presión de las castas sacerdotales así como a Tebas, su capital.

Pero la momia de Tutankamón escondía mucho más. En 1968 se realiza un estudio sobre su cuerpo y se descubre una especie de fractura en el cráneo. Así se comienza a hablar de un magnicidio. «Alguien asesinó al faraón» decían los tabloides ingleses de forma sensacionalista, incluso se dijo que su gran sacerdote Ay fue el asesino.

El neurorradiólogo Ian Isherwood, junto al inspector forense de Scotland Yard, Graham Melvin, comenzaron una amplia tarea de investigación. Reafirmaron la fractura en el cráneo del faraón, elaboraron listas de sospechosos e incluso en los intereses de los sacerdotes en un cambio... Así Horembeb (general jefe) o Ay (gran sacerdote) e iniciador de la XIX dinastía faraónica.

Casi todos dieron por buena la teoría del magnicidio de Tutankamón hasta el 5 de Enero de 2005, cuando un nuevo equipo investigó el cuerpo del faraón descartando totalmente la teoría del asesinato gracias a las nuevas pruebas realizadas con modernos escáners.

Los informes de estos nuevos investigadores no reconocían fractura craneal dando a aquellas primeras conclusiones de los investigadores Isherwood y Melvin una explicación lógica, como la de un movimiento brusco al manipular el cuerpo de faraón por parte de sus descubridores, de Howard Carter o de los propios embalsamadores.

Tutankamón.

Igualmente se encontraron defectos y lesiones óseas en el cuerpo de Tut, rastros de una fractura en el fémur de su pierna izquierda. Tampoco se descartaron posibles secuelas de una infección, proveniente de una herida, y que podría haberse extendido a todo el cuerpo del faraón siendo la causa de su muerte.

Pero también pudo haber fallecido debido a unas fiebres mortales, fiebres que pudieron haber tenido su origen en la picadura de un mosquito provocando la malaria.

Finalmente, parece que su muerte fue causada por la acción de la infección mezclada con las mortales fiebres. Y aquel faraón no sobrevivió... Sería el final del último hijo del Sol.

Por más de 3270 años su cuerpo había quedado oculto a los ojos del mundo. A la codicia y la maldad de la raza humana. Al igual que sus antecesores, Tutankamón había sido enterrado en el Valle denominado de los Reyes. Todos aquellos que reinaron sobre la misteriosa raza descansaban allí en uno u otro lugar. Por siglos el Valle de los Reyes había sido saqueado por todo tipo de maleantes, aventureros, conquistadores y, finalmente, los arqueólogos que deseaban los ocultos tesoros del lugar. El valle fue saqueado de una forma tal que sus paredes graníticas parecían un paisaje escapado de la Luna. Se llegó al convencimiento de que todos los Faraones habían rendido sus secretos a la Humanidad en una u otra forma. Pero aún quedaba una... Tutankamón.

Muerto en plena adolescencia en el año 1340 antes de Cristo, nadie sabía con exactitud en dónde se hallaba su tumba. Howard Carter se encontraba trabajando para el gobierno de Egipto como Inspector General del Departamento de Antigüedades. Había dedicado casi la totalidad de su vida científica a la tarea que le llevaba de la mano. El descubrimiento y conservación de los tesoros escondidos en las tumbas reales. Uno tras otro los arqueólogos que buscaban la tumba de Tutankamón se dieron por vencidos. Liquidaban sus expediciones y volvían a sus tierras y a sus Universidades contando lo que podía haber sido. Solo uno permaneció expectante. Howard Carter estaba decidido a develar el misterio del Faraón adolescente. Desde 1917 se dedicó a excavar en los restos de los otros arqueólogos. No teniendo el capital suficiente, muchas veces él mismo tenía que emprender la tarea con algún estudiante, discípulo u obrero mal pagado. Excavaba en los sitios en que se había excavado con anterioridad por dos motivos. Primeramente porque de esta forma se ahorraba en mano de obra y por otra porque ya había camino adelantado en las excavaciones abandonadas. Era un juego rutinario pero que podía rendir frutos. La principal ventaja de Carter era su profesión. Residiendo en Egipto, trabajando para el gobierno tenía todo el tiempo del mundo para finalizar su tarea (si lograba el éxito). Los informes mostraban que, efectivamente, la tumba de Tutankamón no se había encontrado aún. Que estaba allí desafiando todos los esfuerzos para dar con su paradero. Por lo tanto Carter se dedicó a esta tumba especialmente.

Y por fin, el 26 Noviembre de 1922 sus esfuerzos de varios años dieron el resultado apetecido. La entrada a la tumba fue descubierta. Dieciséis escalones que conducían hacia las profundidades (esto dio pie a la teoría de que Tutankamón solo tenía 19 años al morir.) Tras bajar los escalones Carter se encontró en una antecámara. Tras de él se encontraba Lord Carnavon, arqueólogo aficionado y el hombre que había suministrado el dinero para la tediosa y costosa operación de rescate. Carter se inclinó ante la puerta de granito. Una puerta maciza grabada con todo tipo de signos jeroglíficos. Bajo la puerta había una especie de rajadura por la cual podía verse hacia adentro. Carter se inclinó con su linterna y la enfocó hacia la Tumba Real. Por varios minutos permaneció inmóvil viendo lo que acabamos de describir. Los tesoros incontables que brillaban en la oscuridad y que adquirían dimensiones propias al ser violados por la luz eléctrica... casi 3500 años después de su desaparición.

—Bueno... ¿ves algo? —exclamó Lord Carnavon en el colmo del nerviosismo. Carter movió la cabeza afirmativamente.

—Veo cosas maravillosas... —susurró emocionado.

Los tesoros que yacían en aquella tumba, como diría Carter más adelante «estaban fuera del ámbito terrestre, sencillamente no tenían precio para ser evaluados.» No andaba lejos de la verdad. Piedras preciosas en montones. Muebles de oro sólido, vasos de exquisita configuración, mantos reales conservados en perfecto estado, y finalmente un trono real de oro que por sí solo valía el rescate de un Emperador.

Todo esto sin contar infinidad de pequeños objetos, cada uno de los cuales hubiese hecho las delicias de cualquier museo en el mundo a un precio de millones. Todo junto, lo contenido en las cuatro cámaras encontradas fue descrito por el arqueólogo americano James Breadstad como «Los inmensos e incalculables tesoros de un niño que dominó el mundo mucho antes de que se conociera Creta, antes de que Grecia fuera concebida o Roma creada… y cuando aún más de la mitad de la historia de la civilización estaba por escribirse».

Y sin embargo, el momento más emocionante y remunerador tendría que venir dos años después, el 3 de Febrero de 1924, cuando Carter y su cuadrilla finalmente abrieron la puerta en la última cámara, la dedicada a tumba del Faraón especialmente. Un grito de admiración escapó de la garganta en los pocos presentes. Estaban ante un masivo ataúd de granito de más de nueve pies de largo. Dentro del ataúd había otros tres más pequeños que a su vez se fijaban uno en el otro con pasmosa precisión. Los dos exteriores hechos de madera con incrustaciones de oro y piedras preciosas en la parte interna. Y el tercero y último conteniendo los restos del faraón adolescente hecho de oro sólido. Allí estaba el cuerpo momificado del faraón Tutankamón. Su rostro cubierto con una máscara que semejaba sus facciones aniñadas y también de sólido oro.

Carter y sus obreros no constituían los primeros violadores de la tumba. A las claras se veía que ladrones del Valle de los Reyes habían penetrado en ella. Aun cuando ninguno de ellos se atrevió a tocar el ataúd real. Los sellos en las puertas habían sido rotos y arreglados nuevamente por los guardianes. Tutankamón fue violado en su descanso eterno por Carter. Estos históricos y maravillosos descubrimientos atrajeron la atención internacional en el acto. Cientos y miles de turistas llegaron al Valle de los Reyes desde todos los ámbitos del mundo. Caminaban por el polvo del desierto excavando, pateando y apartando cuanta piedra había en su camino con la esperanza de encontrar algún objeto precioso perdido.

Esto hacía que Carter tuviera que mantener continua vigilancia 24 horas al día sobre su descubrimiento. Pero aún más que los tesoros había algo que atraía la morbosidad de la multitud. Se corría entre los egipcios una leyenda. Se decía que todo aquel que violara la tumba del faraón Tutankamón encontraría muerte por su profanación. Una maldición ancestral, mística y horrenda que escapaba desde las gélidas paredes de la tumba subterránea y que detenía a todo aquel que se acercara a ella con la excepción de Carter y su equipo.

Sintiéndose muy solitario y cansado, Carter había instalado en la tumba —donde trabajó diariamente durante 16 años— una jaulita con un canario, cuyo canto ponía algo de alegría en el sombrío ambiente. Una tarde notó que el canto se interrumpía bruscamente y, al levantar la vista, vio una cobra (la serpiente guardiana de los faraones y encarnación de la diosa Edjo) devorando a su infortunada mascota...

La maldición comenzó a confirmarse. Lo que comenzó como un simple cuchicheo terminó por convertirse en trágica realidad, en apariencia. La muerte de Lord Carnavon fue el gatillo que disparó la imaginación del mundo entero. Murió el 5 de Abril de1923, apenas diez meses después de haber penetrado en la Cámara Real. George Edward Molyneus Herbert, más conocido como el quinto conde de Carnavon había tomado la egiptología y la arqueología con la misma pasión que otros millonarios y miembros de la nobleza toman los deportes o la sociedad. Mientras que se encontraba en los días del sensacional descubrimiento fue picado por un mosquito en la mejilla izquierda. No le prestó la menor atención a la picada de mosquito, un incidente que ocurría día a día y a millares de turistas y locales. Una semana después, mientras que se afeitaba se cortó encima de la picada anterior.

De repente, un par de días más tarde comenzó a sentirse mal de salud. Y se agravó tanto que tuvo que ser trasladado al Cairo con urgencia. El 17 de marzo se conoció que una grave infección le había atacado la garganta, el oído interno y el pulmón derecho. Los doctores en El Cairo le dieron diversas inyecciones de suero que, aparentemente, detuvieron el curso de la enfermedad. Sin embargo el 27 de marzo un ataque fulminante de neumonía se extendió por ambos pulmones.

Tras sufrir una terrible agonía plagada de dolores horrendos y deformaciones físicas, incluida la caída de todos los dientes, para el 4 de abril estaba muerto. Un continuado ataque de tos hizo que su corazón fallara a las dos de la madrugada. En ese mismo instante, Suan, su perra fox-terrier, comenzó a aullar en Inglaterra muriendo en brazos del mayordomo. La familia Carnavon, reunida en el hotel Continental Savoy en El Cairo recibió la noticia por la enfermera que lo había cuidado. Nada más terminar la frase todo quedó a oscuras; un fallo en el suministro de energía dejó sin luz a toda la capital egipcia.

Inmediatamente y posterior a su muerte los rumores sobre la «maldición» se hicieron voces públicas que los periódicos y medios informativos tomaron de su buena cuenta. ¿Por qué? Se preguntaban ¿Un hombre con apenas 57 años, saludable y sin enfermedades anteriores había de sucumbir ante la picada de un mosquito? A estas alturas surge un egiptólogo que afirmaba haber «descifrado la inscripción que había sobre la entrada en la tumba» Según el Egiptólogo esta inscripción decía: «La muerte vendrá con alas ligeras sobre todo aquel que se atreva a violar esta tumba» Lo cierto es que la famosa inscripción jamás pudo ser encontrada nuevamente ya que los trabajadores de Carter destruyeron la pared que la tenía escrita.

Los faraones tenían una especie de miedo masivo y patológico a la violación de sus tumbas. La muerte en el Egipto antiguo no era símbolo de miedo o terror.

Morir era liberarse y emprender el viaje al País del Infinito. Sin embargo, para que este viaje estuviera garantizado era necesario preparar a los cadáveres mediante la momificación y después ocultarlos para siempre mediante tumbas inviolables. El fracaso de estas medidas hacía que el alma del egipcio vagara eternamente sin encontrar reposo. Aquellos ricos que se podían permitir el lujo de cámaras secretas y subterráneas se tomaban gran parte de su fortuna para garantizar la inviolabilidad de su muerte. Por ejemplo, se hacían innumerables pasadizos secundarios que no conducían a ninguna parte y que despistaban a los violadores. En el caso de los faraones, las precauciones alcanzaban características casi sobrehumanas.

Lord Carnavon tenía un medio hermano, Audrey Herbert, que lleno de entusiasmo por el descubrimiento de su pariente y Carter se trasladó a Egipto a fin de estar presente cuando encontraran la Cripta Final. A su regreso a Londres, sin causa prevista o lógica cayó muerto en el piso de su dormitorio mientras se preparaba para tomar un baño. Carter eliminaba lo sucedido con comentarios tales como «se trata de teorías sin sentido... tonterías» Pero sus allegados decían que estaba sumamente alterado por estas muertes. Especialmente cuando su más cercano ayudante Arthur Mace siguió la misma suerte de los Carnavon. Mace fue el hombre que con una barra de hierro rompió los últimos pedazos del sello que separaba al mundo exterior de la Cámara Real. Poco después moría de forma fulminante en el hotel que ocupaba Lord Carnavon en el Cairo. Los médicos se encontraron imposibilitados de dar una explicación científica a su repentina muerte. Pero aquí no se detenía la aparente maldición.

Sir Douglas Reíd, el radiologista que había trabajado bajo las órdenes de Carter sacando radiografías de la momia en la tumba seguía el mismo camino. Repentinamente enfermó de cansancio y agotamiento, tuvo que regresar a Suiza, su país natal. Allí fallecía dos meses después sin causa conocida. Seguían las muertes violentas. La secretaria de Carter, Bethel, moría de un ataque al corazón. Cuando su padre se enteró de la noticia (también había estado en la Tumba) falleció al lanzarse de un séptimo piso. Un profesor canadiense, amigo de Carter recorrió la tumba poco después del hallazgo, sólo para regresar al hotel en el Cairo y morir víctima de un ataque cerebral.

El pánico corría como las olas de viento polvoroso en el desierto. De innumerables fuentes llegaban noticias de que los trabajadores que participaran en la excavación también morían por igual ¿Sería cierto todo aquello? Pero aún faltaba lo principal, lo horrendo. La momia de Tutankamón fue llevada a la Universidad del Cairo el 11 de noviembre de 1925. Se trataba de hacerle la autopsia bajo el escalpelo profesional del doctor Douglas Derry, una autoridad en la materia. Derry, en un silencio de muerte tomó el escalpelo y realizó una incisión directa en los vendajes exteriores de la momia. Los vendajes cayeron a ambos lados mostrando 143 pequeñísimos bolsillos. Cada uno de ellos guardando una piedra preciosa. Alrededor de su cuello estaba el «collar de la protección» según la religión egipcia y confeccionado en hierro. Los brazos estaban cubiertos con magníficos brazaletes. Siete en el derecho y seis en el izquierdo. Cada dedo de sus manos tenía un anillo de oro macizo. El abdomen estaba cubierto con capas de misteriosos objetos también de oro macizo. Todos ellos en forma de T. La cabeza estaba cubierta con una magnífica diadema de oro y separándola del afeitado cráneo (según la moda egipcia) había una malla de finísimo oro batido. Por fin todos los adminículos y ornamentos fueron separados. Los presentes dieron un suspiro de asombro.

Las facciones del Faraón Niño aparecían serenas. Casi vivas. Perfectamente conservadas. En la mejilla izquierda, casi bajo el lóbulo de la oreja tenía una depresión en el hueso. Se especuló que quizás de aquello había muerto el faraón. Una fractura en el hueso y un derrame cerebral. Sin embargo jamás se encontraron pruebas para garantizar esta teoría como válida. La voz del pueblo se entera de todo. De algún lugar surgió el rumor de que «el Faraón tenía una marca en el mismo lugar en que Lord Carnavon fue picado por el mosquito» Y esto era cierto. De allí en adelante se esperó la muerte de los asistentes a la autopsia de un momento al otro. La prensa se cebaba en ellos. Las personas en la calle los consideraban como «muertos en vida.» Incluso científicos amigos se alejaban de sus alrededores.

Lo cierto es que uno de ellos, que ayudó al doctor Derry en la autopsia murió poco después de un ataque al corazón. Sin embargo, el principal ejecutor de la autopsia, el mismo Derry sobrevivió hasta pasados los ochenta años. La teoría de la maldición tenía sus pros y sus contras. El mismo Carter sobrevivió su descubrimiento hasta los 67 años y murió de aparentes causas naturales. Sin embargo había algo que llamaba la atención. Los dos asistentes principales. Los dos «secundarios» en los momentos cruciales de la profanación habían muerto. Uno de ellos Lord Carnavon. El otro fue el radiologista Carlyle ayudante del doctor Derry ¿Coincidencia? Los que se dedicaron a explotar la leyenda sensacionalista de la «maldición» ampliaron sus explicaciones.

Según ellos, Lord Carnavon representaba la fuerza monetaria que había hecho posible las excavaciones. Sobre él debía caer la maldición y no sobre Carter que era un simple egiptólogo pagado por el Gobierno. En el caso de Carlyle se llegó a la conclusión de que, tras de la incisión primaria efectuada por el doctor Derry, el resto de la operación fue realizada por su ayudante. En otras palabras, fue la mano ejecutora. Esta explicación tiene lógica. En este caso la maldición faraónica hubiese alcanzado al instigador y al profanador. Los médicos en la actualidad tienden a explicar la muerte de Lord Carnavon y la de varios miembros de la expedición mediante los últimos descubrimientos. Con toda seguridad (según ellos) Lord Carnavon fue infectado por la picada del mosquito. Esto trajo como consecuencia que, en ausencia de los antibióticos que aún se desconocían, la muerte fuera inevitable.

Para 1935 la cifra total de muertos relacionados con Tutankamón sumaba veintiuno y varios recopiladores de sucesos la elevaron hasta treinta. Lo cierto, es que hasta para el más escéptico la lista más pequeña resulta impresionante. A esto se debe añadir los sucesos posteriores ocurridos en la década de los años sesenta, consiguiendo que la maldición de Tutankamón volviera a ser titular en los periódicos. Mohammed Ibrahim, en esa época director egipcio de antigüedades, intentó impedir que varias reliquias halladas en la tumba fueran a París. Había sufrido una serie de pesadillas que anunciaban su muerte si las dejaba salir de Egipto. El gobierno le obligó a aprobar el traslado y ese mismo día murió atropellado. El doctor Ezze-din Taha, de la Universidad de El Cairo, descubrió que varios arqueólogos y personas que trabajaban con restos antiguos solían padecer infecciones en la vías respiratorias debidas a la existencia de diversos hongos. En 1962 expuso que la famosa maldición podría tener origen en estos peligrosos hongos. Al salir de la conferencia tomó su coche. En la larga carretera de El Cairo a Suez chocó frontalmente contra otro coche. La autopsia demostró que su muerte se debió a un fallo cardiaco ocurrido pocos segundos antes del accidente.

Durante la década siguiente la maldición continuó. En 1972 el nuevo director del Departamento de Antigüedades egipcio, Gamal ed-Din Mehrez, sucesor de Ibrahim, afirmó a Philipp Vandenberg que no creía en la maldición: «Fíjese en mí, toda la vida he estado trabajando con tumbas y momias. Seguramente soy la mejor prueba de que todo son coincidencias» Gamal murió la noche siguiente a la supervisión del empaquetado de los objetos destinados a la exposición que se iba a celebrar en Londres. Los miembros de la tripulación del avión que efectuó el traslado a la capital británica se vieron también alcanzados por la maldición. El teniente Rick Laurie murió en 1976 de un infarto. Su esposa se volvió loca y contaba a todo el mundo que su marido murió por culpa de la maldición. El ingeniero de vuelo Ken Parkinson sufrió seis infartos y murió en 1978. El oficial Ian Lansdown confesó haberse burlado de la maldición dando una patada al cofre que transportaba la máscara. Se fracturó esa misma pierna al romperse una escalera de hierro y su curación se complicó hasta que pasados seis meses pudo volver a andar. La casa del teniente Jim Webb se incendió mientras pilotaba el avión hacia Londres. Y Brian Rounsfall que se burló junto con Ian de la maldición dedicándose a jugar a las cartas sobre la caja que contenía el sarcófago sufrió dos infartos el año siguiente.

La lista continuó de nuevo en los años ochenta destacando la filmación de la película La maldición del rey Tut en donde se usaron objetos pertenecientes a Tutankamón. El protagonista, Ian McShane, cayó con su coche por un acantilado el primer día de grabación rompiéndose la pierna por diez sitios.

Parece ser que la maldición lleva años inactiva. Quizás sea auténtica, quizás sólo sean coincidencias sorprendentes, pero ahí está en pie desafiando a cualquier explicación. ¿Es cierta la leyenda del faraón Tutankamón? Sólo la máscara inmutable de su rostro guarda la solución.

16. EL SECRETO DE ALEJANDRÍA

Nacido en Pella en el año 356 a. C. la figura de Alejandro Magno es evocadora de grandes historias, leyendas y batallas.

Alejandro Magno es, sin duda, el más grande de los guerreros de la antigüedad, el gran general macedonio. Rey de Babilonia e hijo de Filipo y Olimpia, fue educado por el filósofo griego Aristóteles. Intervino en la batalla de Queronea (338 a .C.) y heredó el trono de Macedonia en el años 336 a .C. Cuando falleció el rey Filipo, arrasó las ciudades griegas que se sublevaron contra el reinado macedonio de su padre, entre ellas la emblemática ciudad de Tebas. Alejandro fue nombrado General de los ejércitos en Corintio para luchar contra los persas y así vengar las guerras médicas, colonizar Asia menor y liberar a las ciudades sometidas a los persas desde el 386 a.C. Así Alejandro fue forjando su sobrenombre de «El Grande». En el año 334 a.C. derrotó a las tropas de Darío III junto al río Gránico, lo que supuso la liberación de las ciudades costeras de Asia Menor y, en un segundo momento, las del interior, mejor defendidas por los sátrapas. Tras recorrer Frigia, en el 333 a. C. destrozó en Issos al ejército persa, que trataba de impedir su paso hacia Fenicia y Egipto. Un año después tomó Tiro e invadió Egipto, donde se hizo consagrar como hijo de Amón y fundó la mítica ciudad de Alejandría. Rechazó proposiciones de paz con Darío y planteó la posibilidad de un imperio mundial. En el año 331 a .C. masacró en la batalla de Gaugamela al ejército de Darío, quien logró huir. La victoria le permitió ocupar Babilonia, Susa, donde estableció su gobierno, Ecbatana y Persépolis, incendiada como represalia. Tras el asesinato de Darío III, en el año 330 a .C., se consideró su sucesor. Realizó expediciones a Oriente para reafirmar su dominio por la fuerza o mediante alianzas como la de su matrimonio con la princesa de Bactriana, Roxana. Finalmente, estableció el límite de sus dominios en el río Yaxartes, aunque la ambición de Alejandro Magno iba más allá.

En el año 327 a .C. marchó hacia la India, llegó al valle del Indo y venció junto al Hispasdes al rey Poro. Al llegar al río Hífasis se vio obligado a retroceder ante el cansancio de sus tropas. Regresó siguiendo el curso del Indo hasta Pattala y desde allí se dirigió a Persia. Llegó a Susa en el 324 a.C., donde atajó la corrupción surgida durante su ausencia y sofocó el descontento que producía entre los griegos la orientalización de su monarquía.

Murió un año después de unas fiebres, sin haber establecido un mecanismo de sucesión. Comenzó una lucha de poder entre sus generales, quienes poco después se repartieron su imperio.

La obra de Alejandro Magno fue profundamente bienhechora y civilizadora (pese a las múltiples batallas), ya que aseguró la penetración de la cultura helénica en Asia y África.

La vida de Alejandro Magno es subyugante y no está exenta de misterio; amante de profecías, pitonisas y otras artes adivinadoras del futuro, por todos son conocidas las múltiples visitas que el emperador realizó para consultar al famoso Oráculo de Delfos, al píe del Parnaso en Grecia.

Pero el misterio volvió a rodear la figura de Alejandro Magno a su muerte, producida en extrañas circunstancias, las pistas del lugar de su última morada se pierden convirtiendo ese lugar en una leyenda insondable. Vinculado a Grecia, a Egipto, a Mesopotamia... todos quieren tener el honor de ser la patria de los restos de Alejandro Magno, pero ¿dónde se encuentran sus restos mortales?

La vida de Alejandro Magno es de por sí envidiada por muchos modernos «héroes» que no se acercan ni de lejos a la repercusión de este hombre en su tiempo y en la actualidad. El Rey macedonio logró la inmortalidad a través de sus hazañas. Al fallecer, posiblemente de fiebres tifoideas o de un colapso hepático en Agosto del año 323 a .C. muchos se disputaron el lugar de su inhumación. Tras dos largos años de disputas se preparó una deslumbrante carroza funeraria para trasladarlo a la ciudad griega de Ege (Macedonia) aunque muchos eran los que presionaban para trasladarlo a Babilonia. Entre tanto, el cuerpo de Alejandro se mantuvo conservado gracias a que fue sumergido durante ese tiempo en miel. Alejandro Magno hizo saber en vida su expreso deseo de ser enterrado en Alejandría o en Siwa, una ciudad egipcia situada al noroeste del país a corta distancia de la famosa ciudad —durante la IIª Guerra Mundial— de El Alamein. Cuando todo estaba dispuesto para su traslado a Macedonia, Ptolomeo, gobernador de Egipto y amigo íntimo de Alejandro atacó la comitiva y se apoderó del cadáver de su rey dispuesto a hacer cumplir su última voluntad y deseo sobre el lugar de su enterramiento. Ptolomeo envió primero el cadáver a Menfis donde el rey fue enterrado según la costumbre macedonia (Pausanias) y posteriormente fue trasladado a la ciudad de Alejandría al sector real. Fue el geógrafo griego Estrabón quién visitó su tumba hacia los años 24 y 20 a .C. durante una estancia en Egipto. Estrabón la describió como un mausoleo en el interior de un recinto sagrado en el que también estaban los restos de los Ptolomeos según decisión de Ptolomeo IV. Ptolomeo X cometió el primer «sacrilegio» al sustituir el sarcófago de oro por otro no menos valioso que según su traducción era de vidrio, aunque podríamos interpretarlo como de alabastro. Tal era la veneración y respeto que se sentía hacía la figura del emperador que también se inclinaron ante su tumba emperadores romanos como Augusto —que causó daños en la nariz al depositar una corona de flores—, Calígula —que sustituyó la coraza de Alejandro por la suya imperial lo que no le salvó de su merecido final... —y otros muchos emperadores. El último en visitar la alejandrina tumba fue el emperador romano Séptimo Severo —otro gran estratega y gran militar que antes de ser emperador había conocido la dureza de la batalla debido a su grado de general— que en el siglo III d.C. selló la tumba para que nadie turbase más el descanso de Alejandro «El Grande». Así pues parece evidente que el lugar del último descanso de Alejandro hemos de encontrarlo en tierras egipcias y más concretamente en la ciudad por él fundada.

La decisión de Séptimo Severo sirvió para olvidar los restos del emperador, todo ello unido a la situación del país hizo que el lugar donde se ubicaba su tumba fuera totalmente desconocido hacia el siglo IV d.C. Se fabuló mucho sobre los supuestos tesoros que acompañaban al rey en su última morada y durante mucho tiempo se consideró un lugar en Alejandría llamado Kom ed-Dick —una colina artificial en el centro de la ciudad— como el lugar de su tumba. Años después se localizó en la iglesia de San Anastasio un sarcófago de piedra verde con inscripciones. Cuando Napoleón —otro gran general y emperador— entró en Egipto en 1798 se apoderó de la pieza funeraria así como de otras extrañas y curiosas reliquias... pero eso ya es otra historia. Posteriormente los ingleses se adueñaron del sarcófago y fue trasladado al British Museum pero cuando Champollion encontró la piedra roseta y se descifraron sus jeroglíficos se descubrió que pertenecía al faraón Amirteo de la XXVIII Dinastía.

A principios del siglo XX, el arqueólogo francés Breccia encontró en el barrio latino de Alejandría un olvidado mausoleo en ruinas. Construido en grandes bloques de alabastro, de tal forma que se pensó que podría tratarse del Nemeseion, sepulcro construido por César para custodiar la cabeza de Pompeyo, decapitado por el hermano de Cleopatra.

Fue en los años 30 el arqueólogo Achille Adriani quien observó el importante hallazgo ante el que se encontraban, un sepulcro demasiado cuidado y trabajado como para ser sólo el custodio de la cabeza de Pompeyo. Era una gran cámara de alabastro por su cara interna pulido como espejos y basto exteriormente. Era sin dudas una tumba siguiendo el estilo macedonio y que por su riqueza debía albergar un personaje de excepcional interés. Además de todo ello el monumento funerario daba la impresión de haber estado cubierto de arena y tierra en épocas pasadas verificando el *estructus mons* o colina artificial donde el poeta Lucano decía que estaban enterrado los restos de Alejandro Magno. Muy posiblemente estemos ante la fina de la leyenda de la tumba del gran estratega. Su suntuosidad, el estilo, las cámaras e incluso la que —posiblemente— contenga la momia del emperador nos hacen pensar en el final de esta bonita historia. A todo ello ayudan los testimonios de testigos que dicen haber visto al emperador como el conserje del consulado ruso Ambroise Schilizzi quién tras penetrar en los subterráneos de la mezquita de Nabi Daniel (San Atanasio) cerca de Kom ed—Dick dijo haber visto una jaula de vidrio (yalinos=

vítreo o alabastrino) con los restos de un hombre con una corona de oro en su cabeza... o el griego Joannidis quién reveló haber encontrado la tumba de Alejandro a 12 metros de profundidad en aquella misma zona de Alejandría. Stelio Kamutsos realizó una intentona de excavación en la zona pero los resultado fueron infructuosos, las pistas de la excavación las dio un libro donde se ubicaba de forma aproximada el lugar del enterramiento.

Hay voces discrepantes a toda esta singular historia en torno a los restos del rey macedonio, Helena Souvaltzi anunció haberla encontrado en el oasis de Siwa (Egipto). Alejandro recibió allí su investidura divina y expresó su deseo de ser enterrado allí pero las pruebas encontradas hacen descartar esta posibilidad.

En la actualidad se continúa la excavación pese a los problemas gubernamentales y económicos que rodean a la excavación. El final de la historia y leyenda de la Tumba de Alejandro Magno, «El Grande» se halla cerca de su final, quizás aquellos que tratan de encontrar en ella un inmenso y fabuloso tesoro no se han dado cuenta aún que el verdadero tesoro es en sí el lugar donde reposan los restos del más grande de los militares de la antigüedad: Alejandro Magno.

MANETÓN: EL FARAÓN DIFERENTE

Nació en Sebennito (actual Samannud, en el Delta del Nilo) y fue sumo sacerdote de Ra en Heliópolis. Vivió durante el reinado de los dos primeros faraones de la Dinastía Lágida, que son Ptolomeo I Sóter (305-283 a.C.) y Ptolomeo II Filadelfo (283-246 a.C.). Compuso la Aigyptiaká (Historia de Egipto), en la que organizó la cronología de su larga historia en forma de dinastías desde los tiempos míticos hasta la conquista de Alejandro Magno. Manetón escribió «La Historia de Egipto» en 3 volúmenes o tomos, que en realidad ya no existen.

Pero nos han llegado fragmentos recogidos por distintos autores. Por un lado, las citas de Flavio Josefo (siglo I d. C.), y por otro, los escritos de los llamados «padres» (autores relacionados con la Iglesia), como Julio Africano (siglo III d. C.), Eusebio de Cesárea (siglo IV d. C.), y Sincelo, conocido como Jorge el Monje (siglo IX d. C.). Como sumo sacerdote que era, Manetón tenía acceso a los archivos reales depositados en templos y palacios, así que es de suponer que las fuentes que utilizó fueron documentos de la misma tipología que el Canon Real de Turín, la Piedra de Palermo y las listas reales de los muros de los templos. Dinastía a dinastía, Manetón nos da una versión del nombre de cada rey, los años de duración de su reinado, y a menudo también aporta datos sobre el reinado o la personalidad del monarca.

Como anteriormente he comentado, no nos ha llegado nada de la «Historia de Egipto» directamente de Manetón, sino de numerosos autores que utilizaron su obra con diversos fines. Las cronologías que detalló Manetón encajan perfectamente con el Papiro de Turín y la Piedra de Palermo. Se recoge en la Crónica de Malalas, en torno al 500 d. C., en el que se explica que «el primer Rey de Egipto pertenecía a la tribu de Cam, el hijo de Noé, llamado también Naracó, pero anteriormente a éste, existieron otros antiguos reinos de Egipto, ya señalados por el sapientísimo Manetón». Según recoge Eusebio de Cesárea , una dinastía de dioses reinó en Egipto durante 13.900 años: el primer dios fue Vulcano, el dios descubridor del fuego, después el Sol, Sosis, Saturno, Isis y Osiris, Tifón hermano de Osiris, y Horus hijo de Isis y Osiris. A estos, siguieron dinastías de Semidioses héroes que reinaron durante 11.025 años. Lo que hace un total de 24.925 años. A partir de ese tiempo, aproximadamente sobre el 3.000 a. C. reinaría el primer faraón humano.

Parece que oficialmente es Menes el primer Faraón hombre, también identificado como Narmer, pero seguramente hubieron algunos otros anteriores. De hecho se sabe que anteriormente a Menes reinaron otros monarcas como el Faraón Escorpión y el Faraón Ka. Según transmite Sincelo (Jorge el Monje), seis dinastías de dioses reinaron durante 11.985 años. De nuevo, Hefesto dios del fuego, Helios o Sol, Agatodemon, Cronos o Saturno, Isis y Osiris y Tifón hermano de Osiris. Los primeros 9 semidioses que cita Sincelo son Horus (hijo de Isis y Osiris), Ares, Anubis, Heracles, Apolo, Amón, Titoes, Sosus, y Zeus, abarcando entre estos 9 semidioses un periodo de unos 2.645 años aproximadamente de reinado en Egipto. A continuación, siguen sucediéndose dinastías de semidioses, espíritus, o héroes, abarcando entre todos ellos miles de años de reinados en Egipto, en unas cifras similares a las que establece Eusebio. Y todo esto, antes de que empezara a reinar en Egipto el primer faraón según la Historia oficial.

En cuanto al aspecto físico de los seres referidos en las antiguas cronologías, según refieren los escritos, se sabe que los Semidioses, héroes, etc., descendientes de los dioses, eran físicamente mucho más altos, voluminosos y fuertes que los seres humanos. Por eso se les llamaba también a menudo como «Gigantes». A este respecto se han encontrado multitud de momias y esqueletos de individuos, repartidos por toda la Tierra, que vivieron en la antigüedad, que superaban los 2 metros e incluso los 3 metros de altura. Generalmente solían tener el pelo rubio y ojos claros. Por ejemplo, a través de las distintas fuentes de Manetón se habla del monarca Sesocris, de quien se dice que su estatura era de 5 codos y 3 palmos (unos tres metros). Seres transformados como híbridos, mitad animales mitad humanos, imágenes representadas constantemente en la antigüedad, consideradas hoy en día como mitología. Pero una mitología que sin embargo para los antiguos era una religión muy real. Los dioses, seres reales que posiblemente eran ángeles caídos o demonios, aquellos que se rebelaron en el Cielo, y que según la Biblia, descendieron a habitar en la Tierra, podían materializarse y desmaterializarse a voluntad, y adoptar cualquier aspecto físico, por ejemplo, un híbrido de animal con humano...

Diodoro de Sicilia, un famoso historiador griego del siglo I a. C., que empleó 30 años en escribir una Historia Universal, para lo cual visitó todos los lugares y monumentos que mencionó. En Egipto fue ilustrado por los sacerdotes y eruditos egipcios de aquella época, y no dudó en escribir que los primeros monarcas del país del Nilo reinaban desde hacía 23.000 años. Otra vez asomaban dioses y semidioses en la cronología de Egipto, en un tiempo en el que todavía no reinaban los seres humanos.

Siempre hemos percibido el Antiguo Egipto como un país regido por faraones de nobles y divinas estirpes, hijos de los dioses, hijos de las estrellas.

Pero una pregunta surge en la mente de muchos amantes del misterio y de la cultura Egipcia... ¿Hubo faraones de otras razas?

Joham Friederich Blumenbach estudió minuciosamente a aquellos faraones egipcios, llegando a la conclusión de que el pueblo egipcio tenía mucho en común con los etíopes, también había un núcleo poblacional muy similar al hindú y un tercer núcleo debido al mestizaje de los anteriores.

Sin embargo en las comparaciones óseas con los hindúes se daban pocas coincidencias, siendo más positivas cuando se realizaban con los europeos o asiáticos que con sus congéneres del África negra.

Otros autores hablan de una africanización. Pero el «mito» de la uniformidad racial en el Antiguo Egipto se viene abajo con las siguientes aseveraciones:

El profesor Carlton Coon afirmaba: «*La reina Hetep-Heres II, de la cuarta dinastía, la hija de Keops, el constructor de la gran pirámide, es retratada en los coloridos bajorrelieves de su tumba como una llamativa rubia. Su cabello está pintado con un brillante amarillo moteado con pequeñas líneas rojas horizontales, y su piel es blanca. Esta es la más temprana evidencia conocida de rubicundez en el mundo*»... Aunque pienso yo que también pudo ser representada con un tocado o con un tinte en el cabello.

El historiador egipcio Maspero dice que Seth era «*pelirrojo y de piel blanca, con un temperamento violento, sombrío y celoso*»... Muy al estilo de una antigua raza que se daba en Libia y que hoy sobrevive en algunas partes del Rif, en Marruecos, y los kabiles en Argelia. Por tanto, en el antiguo Egipto hubo también faraones blancos y pelirrojos provenientes de un crisol racial. Así hubo dinastías de aspecto nórdico, negro, caucásico o asiático, en consonancia con la época racial que le tocó vivir a su reinado faraónico.

Buena muestra de ello lo tenemos en las descripciones de faraones con piel más oscura, o de ascendencia nubia, o libia..., incluso etíopes o europeos, como los Ptolomeos, que descendían de aquel primer general de Alejandro Magno que al fallecer el conquistador macedonio obtuvo, en el reparto, el país de las eternas arenas.

NAPOLEÓN BONAPARTE Y LA GRAN PIRÁMIDE

Llegó a Alejandría a bordo del buque francés «L´Orient» un primero de Julio de 1798; era el buque insignia del almirante François-Paul Brueys D´Aigalliers, un buque con 120 cañones. Se trataba de un joven de 28 años que atendía al nombre de Napoleón Bonaparte. Su campaña en Egipto haría historia.

La Batalla de las Pirámides, 1798–9, por François-Louis-Joseph Watteau.

Aunque quizás la historia más enigmática fue aquella que lo llevó a tomar la decisión de pasar toda una noche, en soledad, en la Cámara del Rey de la Gran Pirámide. Era un 12 de Agosto de 1799. A la mañana siguiente sus oficiales miraron hacia la entrada de la Gran Pirámide, la llamada «de Keops», y allí vieron emerger la figura desencajada de Napoleón Bonaparte, sudoroso, nervioso, pálido... No aceptó la ayuda de sus hombres y dejó que los rayos del sol bañaran su rostro. Nunca revelaría lo que le sucedió aquella noche de magia, recuerdos, sensaciones, sentimientos...

Su aventura comienza un 19 de mayo de 1798, en el puerto francés de Toulon. En las fechas previas, el Directorio postrevolucionario de París le dotó de una flota de 328 embarcaciones y más de treinta mil hombres para acometer una misión secreta tras las primeras semanas de navegación. Poco tiempo después se conocía el objeto de la misión: conquistar Malta y marchar sobre Egipto. Napoleón desembarca en el Delta del Nilo el primero de julio de 1798. Veinte días después, cerca de las pirámides de Giza, los hombres de Napoleón tuvieron su primera «batalla» con los mamelucos que gobernaban Egipto. Parecía una batalla sin igual, los mamelucos era aliados de los británicos, los hombres de Murad Bey formaban con seis mil jinetes, doce mil fellahs y las tropas no regulares armadas con sables y lanzas. Sin embargo, el ejército francés contaba con un arma secreta: la estrategia de Napoleón Bonaparte que dispuso a sus hombres de tal manera que restó la superioridad numérica mameluca con facilidad, resultando victorioso. Fue el momento de descubrir las bellezas de aquel arenoso país, comenzando por aquellas tres siluetas que se divisaban en el horizonte.

Con Napoleón viajaban importantes científicos y eruditos franceses, 167 en total, entre ellos un joven François Jomard, que se enfrentaba a los desniveles de la Gran Pirámide y los excrementos de los murciélagos. No había nada, no había tesoros, solo una inmensa y sosegante soledad. Alguien del grupo disparó su arma y comprobaron que la pirámide resonaba. El científico comenzó su labor de medición y palideció, aquellos «ignorantes» egipcios habían utilizado en su construcción medidas como el estadio, el codo o el pie, que eran fracciones exactas del tamaño de la Tierra. Jomard escribía impresionado en su cuaderno de campo: «Nos han transmitido el patrón exacto de la dimensión del globo terráqueo y la inapreciable noción de la invariabilidad del Polo».

Jomard fue el primero, conocido, que planteó que aquella monumental construcción no sirvió jamás como tumba de ningún faraón sino de «patrón de medida», destinado a conservar algún remoto conocimiento matemático.

Napoleón estaba fascinado con el país del Nilo y quiso saber qué se podría construir con todas las piedras de la Gran Pirámide; la respuesta, tan monumental como la Maravilla del Mundo Antiguo que tenía ante él: un muro de tres metros de altura por casi uno de espesor, que rodeara toda Francia.

Los científicos seguían sorprendiéndose con aquel monumento, la siguiente sorpresa sería la precisa orientación de sus caras hacia los cuatro puntos cardinales.

La noche del 12 de Agosto de 1799 Napoleón pidió a sus oficiales que le dejaran solo, quería pasar la noche en el interior de la Gran Pirámide. Sus oficiales de más rango se miraron, no entendían aquella petición y desalojaron el monumento reforzando la presencia de vigilancia en torno a él. Lo que iba a ocurrir en su interior quedó para siempre como el mayor secreto del emperador.

En «Secretos de la Gran Pirámide» Peter Tompkins explica: *«En un determinado momento Bonaparte quiso quedarse solo en la Cámara del Rey, como hiciera Alejandro Magno, según se decía, antes que él»*. Ocurrió tras una campaña Siria y Palestina; Napoleón quería imitar a otros grandes estrategas cuya leyenda decía que habían pasado la noche en soledad en el interior de la pirámide, grandes genios militares como el propio Alejandro o Julio César. El paleopatólogo Bob Brier, prestigioso egiptólogo, decía: «por lo visto, creía en las propiedades mágicas de la pirámide». En su libro «Secretos del Antiguo Egipto mágico», aclara que esas propiedades, según los Textos de las Pirámides, grabados sobre monumentos de la V Dinastía, un siglo más modernos que la Gran Pirámide, eran una especie de «máquinas para la resurrección» de los faraones. Dicen esos antiguos salmos religiosos que el proceso constaba de tres fases: la primera, el despertar del difunto en la pirámide; la segunda, su ascensión al más allá, atravesando los cielos, y la tercera, su ingreso en la cofradía de los dioses. ¿Se trataba entonces de una iniciación faraónica?

Napoleón había leído la obra del abad Terrasson «Sethos ou vie tirée des monuments et anecdotes de l'ancienne Egypte» (1733), en cuyas páginas se imaginan las pruebas iniciáticas a las que el faraón Seti debió someterse en la Gran Pirámide. Terrasson magnificó una serie de creencias que se basaban en algo real: La Gran Pirámide había visto pasar por sus pasillos a muchos altos dignatarios y reyes, probablemente para participar en extraños ceremoniales que pocos conocían.

Uno de ellos es el llamado «Hebsed» que es una fiesta en la que se creía que el faraón rejuvenecía mediante el acceso a los secretos de la vida eterna, y que se celebraba cada treinta años de reinado o cada vez que la salud del monarca se resentía. Pues bien, a Napoleón Bonaparte, aquella noche del 12 de Agosto, le restaban sólo tres días para cumplir esa edad... ¿Casualidad? ¿Era parte de un rito iniciático faraónico?

Otro dato más: junto a Napoleón en aquella campaña viajaban un nutrido grupo de masones, generales de su ejército como Jean Baptiste Kléber o Joachin Murat. Para Gérard Galtier, historiador especializado en francmasonería, los franceses exportaron los ritos masónicos a Egipto, en aquella campaña napoleónica, destacando el Rito de Menfis. Solutore Zola, pariente del escritor francés Zola y Gran Maestre, afirmaba en 1863 que Bonaparte y Kléber: «recibieron la iniciación y la filiación del Rito de Menfis de un hombre de edad venerable, muy sabio en la doctrina y las costumbres, que se decía descendiente de los antiguos sabios de Egipto» y prosigue: «La iniciación tuvo lugar en la pirámide de Keops y recibieron como única investidura un anillo».

Otro dato más: el padre de Napoleón, su hermano José Bonaparte conocido en España como «Pepe Botella» durante su reinado o su esposa Josefina fue Gran Maestre de una logia masónica femenina que fundó en Estrasburgo con su marido de entonces, Alejandro de Beauharnais.

A Napoleón se le señaló como miembro de la logia Hermes Egipcio; de muchos de los científicos y sabios que llevó consigo a la campaña de Egipto como Monge, Norry, Saint—Hilaire, entre otros, se dijo que pertenecían a la logia de los sophisiens, que anualmente se reunían en París para celebrar cierto «banquete egipcio». En la obra «Mémoires historiques et secrets de l'impératrice Joséphine» de 1820, se recoge una confesión de Bonaparte a su esposa: «*He consumido mi vida entre movimientos continuos*» y sigue «*que no me han dejado ni un solo minuto para cumplir mis deberes de iniciado a la secta de los egipcios*».

17. TIERRA DE FARAONES

TIERRA DE FARAONES: LUXOR

En tierras egipcias también debemos visitar otros lugares monumentales que llamarán nuestra atención. Uno de ellos es Luxor (الأقصر al-Uqsur), está construida sobre las viejas ruinas de la ciudad que fue capital del Imperio Nuevo del Antiguo Egipto: Tebas. Posteriormente Luxor fue también capital del IV nomo del Alto Egipto.

Las impresionantes ruinas que hallaremos en Luxor están situadas en la ribera oriental del río Nilo, distante casi 200 kilómetros de la primera catarata (Asuán) que está al norte. En pleno valle del Nilo con todos sus contrastes, más allá de donde llega el frescor de las aguas del río y su fertilidad, solo se extiende el desierto. Aquí el calor es sofocante (40°C).

Homero la llamó «La ciudad de las cien puertas» por el gran predominio de estas en sus murallas, los árabes la llamaban «Ciudad de los Palacios» y, en la antigüedad era llamada Uaset (en egipcio antiguo), o Tebas (en griego). En esta ciudad encontraremos sus grandes templos, los de Luxor y Karnak así como el Valle de los Reyes y el Valle de las Reinas, necrópolis de los faraones y nobleza del periodo del Imperio Nuevo.

En el 2050 a.C. Luxor (Tebas) se convierte en la capital del imperio, sustituyendo a Menfis, corría la XI Dinastía; se mantuvo como capital durante unos 1.500 años.

El templo de Luxor se construye durante el Imperio Nuevo y estaba unido al templo de Karnak mediante una avenida escoltada por esfinges. Su construcción se atribuye a Amenhotep III (edificó la zona interior) y Ramsés II, que finalizó el templo, pero otros también contribuyeron a su grandeza y belleza, faraones como Ajenatón, Tutankamón, Horemheb, Nectanebo I o el propio Alejandro Magno.

En el templo destacaban los dos obeliscos monumentales junto a la puerta de entrada: uno de ellos, trasladado en 1833, se puede contemplar hoy en la Plaza de la Concordia de París. También eran muy relevantes las dos grandes estatuas sedentes, ante los pilonos, del monarca Ramsés II. El templo tiene un gran patio, destaca su columnata procesional, atrio, sala hipóstila, salas de Mut, Jonsu, y Amón-Min, cámara del nacimiento, sala de ofrendas, vestíbulo, santuario de la barca y otros santuarios. Al nordeste encontramos una mezquita construida más adelante en el tiempo.

Destacado es también el templo de Karnak; fue el principal centro religioso del Antiguo Egipto, especialmente durante el Imperio Nuevo, y en él se rendía culto al dios Amón principalmente. El complejo religioso de Karnak es considerado hoy como el más antiguo del mundo y uno de los que más visitantes congrega.

El templo de Karnak, así como el conjunto denominado Antigua Tebas con sus necrópolis, fueron declarados Patrimonio de la Humanidad por la Unesco en 1979.

En la zona de Luxor hemos de visitar,inexcusablemente, el Valle de los Reyes, un lugar lleno de hipogeos que sirvieron de tumba a los faraones del Imperio Nuevo, faraones de las dinastías XVIII, XIX y XX, así como a algunas reinas, príncipes y nobles. Llamado Uadi Biban Al-Muluk (وادي الملوك) que podríamos traducir como Valle de las Puertas de los Reyes, es una necrópolis del antiguo Egipto, conocido por los egipcios como Ta-sekhet-ma'at (Gran Campo).

El valle está compuesto de dos valles: el Valle Este y el Valle de los Monos. En el Valle Este encontramos las tumbas enumeradas con la clave TT (tumba tebana), y el Valle Oeste o Valle de los monos, con las llamadas WV (West Valley). La colina Tebana domina el Valle de los Reyes que se conoce por Meretseger, o «La que ama el silencio» que es rematada por una cima en forma de pirámide natural. La denominación KV se corresponde con «King Valley».

TUMBAS DEL VALLE DE LOS REYES:

Nombre	Ocupante	Época
KV1	Ramsés VII, faraón	Dinastía XX
KV2	Ramsés IV, faraón	Dinastía XX
KV3	Hijo de Ramsés III	Dinastía XX
KV4	Ramsés XI, faraón	Dinastía XX
KV5	Hijos de Ramsés II	Dinastía XIX
KV6	Ramsés IX, faraón	Dinastía XX
KV7	Ramsés II, faraón	Dinastía XIX
KV8	Merenptah, faraón	Dinastía XIX
KV9	Ramsés V y Ramsés VI, faraones	Dinastía XX
KV10	Amenmeses, faraón	Dinastía XIX
KV11	Ramsés III, faraón	Dinastía XX
KV12	¿?	Dinastías XVIII-XIX-XX
KV13	Bay, canciller de Siptah	Dinastía XIX
KV14	Tausert y Sethnajt, faraones	Dinastías XIX-XX
KV15	Sethy II, faraón	Dinastía XIX
KV16	Ramsés I, faraón	Dinastía XIX
KV17	Sethy I, faraón	Dinastía XIX
KV18	Ramsés X, faraón	Dinastía XX
KV19	Mentuhirjopshef, hijo de Ramsés IX	Dinastía XX
KV20	Thutmose I y Hatshepsut, faraones	Dinastía XVIII
KV21	¿?	Dinastía XVIII
WV22	Amenhotep III, faraón	Dinastía XVIII
WV23	Ay, faraón	Dinastía XVIII
WV24	¿?	Dinastía XVIII
WV25	¿Ajenatón?, faraón	Dinastía XVIII
KV26	¿?	Dinastía XVIII
KV27	¿?	Dinastía XVIII
KV28	¿?	Dinastía XVIII
KV29	¿?	¿?
KV30	¿?	Dinastía XVIII
KV31	¿?	Dinastía XVIII
KV32	Tiaa, madre de Thutmose IV	Dinastía XVIII
KV33	¿?	Dinastía XVIII
KV34	Thutmose III, faraón	Dinastía XVIII
KV35	Amenhotep II, faraón	Dinastía XVIII

KV36	Maiherpi, miembro del harén de Thutmose IV	Dinastía XVIII
KV37	¿?	Dinastía XVIII
KV38	Thutmose I, faraón	Dinastía XVIII
KV39	¿Amenhotep I?, faraón	Dinastía XVIII
KV40	¿?	Dinastía XVIII
KV41	¿?	Dinastía XVIII
KV42	Hatshepsut Meritra, esposa de Thutmose III	Dinastía XVIII
KV43	Thutmose IV, faraón	Dinastía XVIII
KV44	¿?	Dinastía XVIII
KV45	Userhat, noble	Dinastía XVIII
KV46	Yuya y Tuya, suegros de Amenhotep III	Dinastía XVIII
KV47	Siptah, faraón	Dinastía XIX
KV48	Amenemopet, visir	Dinastía XVIII
KV49	¿?	Dinastía XVIII
KV50	Animales	Dinastía XVIII
KV51	Animales	Dinastía XVIII
KV52	Animales	Dinastía XVIII
KV53	¿?	¿?
KV54	Almacén de la tumba de Tutankamon (Tut-anj-Amón)	Dinastía XVIII
KV55	¿Tiy?, esposa de Amenhotep III y ¿Ajenatón?, su hijo	Dinastía XVIII
KV56	Tumba de Oro	Dinastías XVIII—XIX
KV57	Horemheb, faraón	Dinastía XVIII
KV58	Depósitos de la tumba de Horemheb	Dinastía XVIII
KV59	¿?	Dinastía XVIII
KV60	Sitra In, nodriza de Hatshepsut	Dinastía XVIII
KV61	Nunca fue usada	¿?
KV62	Tutankamón (Tut—anj—Amón), faraón	Dinastía XVIII
KV63	¿Kiya?, esposa de Ajenatón	Dinastía XVIII
KV64	Tumba sin excavar descubierta en julio de 2008	———
KV65	Tumba sin excavar descubierta en julio de 2008	———

El Valle de la Reinas es el lugar del último descanso de las reinas y princesas de la XIX y XX Dinastía principalmente. Situado al sudoeste del Valle de los Reyes, en la ribera occidental del Nilo, frente a Luxor, es más pequeño que el Valle de los Reyes y la roca utilizada en su construcción es de peor calidad. Fue llamado como Ta Set Neferu «el lugar de la belleza», y en árabe es el actual Biban el—Harim.

Forma parte del conjunto denominado Antigua Tebas con sus necrópolis que en 1979 fue declarado Patrimonio de la Humanidad por la Unesco.

TUMBAS DEL VALLE DE LA REINA:

Nombre	Ocupante	Época
QV1-QV7	¿?	Dinastía XVIII
QV8	Hori, príncipe de la 18º dinastía, y una princesa anónima	Dinastía XVIII
QV9-QV16	¿?	Dinastía XVIII
QV17	Meritra y Uremerutes, princesas	Dinastía XVIII
QV18-QV23	¿?	Dinastía XVIII
QV24	¿?	Dinastía XX
QV25-QV29	¿?	Dinastía XVIII
QV30	Nebiri, jefe de los establos reales	Dinastía XVIII
QV31	Reina anónima	Dinastía XIX
QV32	¿?	Dinastía XVIII
QV33	Tanedyemy, princesa ¿hija de Horemheb? y reina ¿esposa de Sethy I?	Dinastías XVIII—XIX
QV34	Reina anónima	Dinastía XIX
QV35	¿?	Dinastía XVIII
QV36	Princesa anónima	Dinastía XIX
QV37	¿?	Dinastía XVIII
QV38	Sitra, esposa de Ramsés I	Dinastía XIX
QV39	¿?	Dinastía XVIII
QV40	Reina anónima	Dinastía XIX
QV41	Tumba inacabada	Dinastía XX
QV42	Paraheruenemef, hijo de Ramsés III	Dinastía XX
QV43	Sethirjopshef (futuro Ramsés VIII), hijo de Ramsés III	Dinastía XX
QV44	Jaemuaset, hijo de Ramsés III	Dinastía XX
QV45	Tumba inacabada	Dinastía XX

QV46	Imhotep, visir de Thutmose I	Dinastía XVIII
QV47	Ahmose, hija de Seqenenra—Tao	Dinastías XVII-XVIII
QV48	¿?	Dinastías XVIII
QV49	¿?	Dinastía XIX
QV50	¿?	Dinastía XX
QV51	Isis Tahemdyeret, esposa de Ramsés III	Dinastía XX
QV52	Tyti, ¿hija de Ramsés IX y esposa de Ramsés X?	Dinastía XX
QV53	Ramsés, hijo de Ramsés III	Dinastía XX
QV54	Tumba inacabada	Dinastía XX
QV55	Amenhirjopshef, hijo de Ramsés III	Dinastía XX
QV56-QV57	Tumbas inacabadas	Dinastía XIX
QV58-QV59	¿?	Dinastía XIX
QV60	Nebettaui, hija y esposa de Ramsés II	Dinastía XIX
QV61-QV65	¿?	Dinastías XVIII—XIX
QV66	Nefertari, esposa de Ramsés II	Dinastía XIX
QV67	¿?	Dinastía XVIII
QV68	Meritamón, hija y esposa de Ramsés II	Dinastía XIX
QV69	¿?	Dinastía XVIII
QV70	Nehesy	Dinastía XVIII
QV71	Bint—Anat, hija y esposa de Ramsés II	Dinastía XIX
QV72	Baki, príncipe, y Hatneferet, princesa	Dinastía XVIII
QV73	Henuttaui, hija y esposa de Ramsés II	Dinastía XIX
QV74	Dua Tentopet, hija de Ramsés III y esposa de Ramsés IV	Dinastía XX
QV75	Henutmira, ¿hija? y esposa de Ramsés II	Dinastía XIX
QV76	Meritra, princesa	Dinastía XVIII
QV77-QV79	¿?	Dinastía XVIII
QV80	Tuya, esposa de Sethy I y madre de Ramsés II	Dinastía XIX
QV81	Heka...	Dinastía XVIII
QV82	Minemhat y Amenhotep, príncipes	Dinastía XVIII
QV83-QV87	¿?	Dinastías XVIII y XX
QV88	Ahmose, príncipe	Dinastía XVIII
QV89-QV95	¿?	Dinastía XVIII

OTRAS TUMBAS HALLADAS:

Henut, esposa de un faraón de mediados de la dinastía XVIII sin identificar. Su nombre aparece en la orla de unos fragmentos de vasos canopos. Príncipe Menjeperre, hijo de Tutmosïs III y Hatshepsut Meritra. Nebetnehat, Gran Esposa Real de mediados de la dinastía no identificada. Ti, hija de un faraón.

En Luxor debemos visitar también los colosos de Memnón. Su nombre lo dice todo: son dos colosales estatuas de piedra del faraón Amenhotep III ubicadas al oeste de la ciudad, cerca de Medinet Habu. Representan a dos estatuas gemelas de Amenhotep III en posición sedente. Con una altura total de dieciocho metros, son de cuarcita de Giza y de las canteras de Gebel el—Silsila, al norte de Asuán.

TIERRA DE FARAONES: KARNAK

La ciudad de Karnak, de la que hemos hablado junto a Luxor, (al-Karnak, الكرنك), «ciudad fortificada», llamada en el Antiguo Egipto Ipet sut, «el lugar más venerado», está ubicada en la ribera oriental del río Nilo, junto a Luxor. Está en la zona de Tebas y desde 1979 la Antigua Tebas con sus necrópolis es Patrimonio de la Humanidad por la Unesco.

El complejo de Karnak, dedicado al dios Amón, fue sumamente importante. Está compuesto por el recinto de Amón—Ra, el recinto de Montu, el recinto de Mut, el templo de Jonsu, el templo de Opet y el templo de Ptah, entre otros lugares sagrados.

El templo de Karnak destaca por su monumentalidad, el esfuerzo realizado en su construcción, su grandeza; ocupa unas treinta hectáreas. El templo nos sorprende porque la entrada se encuentra entre dos inmensos pilonos y está precedida por un dromos («camino del dios») que podríamos definir, de forma más comprensible, como una avenida de esfinges con cabeza de carnero, símbolos del dios Amón. Accediendo a su interior encontramos un gran patio porticado donde tenemos el templete del faraón Sethy II, una de las columnas de Taharqo y la monumental estatua de Pinedyem I; al otro lado el templo de Ramsés III, al frente, la sala hipóstila, y un poco más al fondo, los obeliscos de Thutmose I y Hatshepsut; hay una serie de estancias, patios menores, y el santuario al que únicamente tenían acceso el faraón y los sacerdotes.

Sorprende la sala hipóstila por su monumentalidad, tiene 23 metros de altura, apoyada en 134 gigantescas columnas que son más altas en las dos filas centrales y forman un gran pasillo, cuya disposición posibilita iluminar desde el eje de la sala. Están practicadas en piedra tallada que forman los tambores de las columnas. Sus gigantescos capiteles tienen formas papiriformes y campaniformes y sus enormes dinteles sostenían la cubierta adintelada. Los fustes de estas columnas estaban decorados con relieves polícromos. Este lugar sagrado era grandioso.

Su construcción se comenzó por el centro y se terminó por las entradas. Lo primero que se construía de los templos era el santuario, posteriormente se decoraba con pinturas de llamativos colores que dotaban sus paredes de gran vistosidad.

Menfis fue la capital de la tierra de faraones durante el Imperio Antiguo de Egipto y del nomo I del Bajo Egipto. Está ubicada al sur del delta del río Nilo, en la región situada entre el Bajo y el Alto Egipto. Recibía los nombres egipcios de Inebu-hedy «Muro blanco», Anj-tauy «Balanza de las Dos Tierras», Men-Nefer «Estable en Belleza» y «Hut-ka-Ptah, de aquí vendría el origen de Egipto, el templo del ka de Ptah» de donde provenía el término dado por los escritores griegos al país, Aí γυ ϖτος Aiguptos, la romana ÆGYPTVS, y la posterior denominación Egipto. Menfis en griego: Menfis (Μεμφις), en la Biblia se le llama Noph o Movh, y en árabe Mit Rahina. El dios local era Ptah.

Sobre el 3050 a.C. Menes, primer faraón de Egipto, funda Menfis a unos 20 kilómetros al sur de El Cairo, en la ribera occidental del Nilo. Menfis adquiere una gran notoriedad convirtiéndose en la ciudad más importante del país y centro económico del reino, capital desde la dinastía I a la VIII. En el reinado del faraón Ramsés II y Merenptah resurge la grandeza de Menfis; en esas fechas Tebas, Pi-Ramsés, Tanis o Sais ostentaban la capitalidad y seguía siendo denominada Balanza de las Dos Tierras. Se calcula que en 2250 a.C. tuvo una población de casi medio millón de habitantes. Se mantuvo casi 1500 años como capital del Antiguo Egipto y padeció los saqueos de las invasiones de Asarhaddón de Asiria, en 661 a. C., y Asurbanipal.

En el año 331 a. C. se crea Alejandría al norte del país y acaba con la preferencia menfita. Los ptolomeos primero, y el Imperio Romano después, consideraban Alejandría como la gran capital de Egipto, relegando al olvido a Menfis. En el 641 d.C. se abandona y la ciudad comienza a ser saqueada por la gran cantidad de materiales utilizables para la construcción, sobre todo para levantar la nueva capital egipcia: El Cairo.

De las ruinas de Menfis, de su templo de Ptah, se desenterró la figura de Ramsés II. Menfis con sus necrópolis y campos de pirámides (Guiza, Abusir, Saqqara y Dahshur) fue declarada Patrimonio de la Humanidad por la Unesco.

En la zona de Menfis encontramos en la actualidad, el asentamiento de Mit Rahina donde destacan una gran esfinge, estatuas de Ramsés II y otros vestigios arqueológicos menores; es una especie de museo al aire libre con una sala cubierta en la que se custodian las obras expuestas.

TIERRA DE FARAONES: ABU SIMBEL

Sin duda alguna es uno de lo lugares más emblemáticos y atractivos de Egipto; su nombre es Abu Simbel, que significa «el padre de la espiga», y destaca por sus dos templos excavados en roca (speos). Lo hallamos al sur de Egipto, en la ribera occidental del lago Nasser, a unos 231 km al suroeste de Asuán (como a 300 km por carretera), en un punto próximo a su emplazamiento original, ya que el templo debió ser movido para evitar que quedara sumergido por las aguas del Nilo. Los templos son parte del Museo al Aire Libre de Nubia y Asuán y como otros grandes monumentos y ciudades antiguas de Egipto, fue declarado en 1979 por la Unesco, Patrimonio de la Humanidad con la denominación de Monumentos de Nubia de Abu Simbel a File.

La construcción de los templos fue ordenada por Ramsés II como motivo de su victoria en la batalla de Kadesh (1274 a.C.) contra los hititas. Su construcción estaba dedicada al culto a Ramsés II (por aquello de que se consideraba un dios...) y a otras grandes deidades del Antiguo Egipto como Amón, Ra y Ptah. En los muros de Abul Simbel se cuenta la «gran victoria» de Ramsés II, pero en los templos hititas su rey hizo lo mismo, y es que ninguno fue vencedor sino que se firmó un tratado de paz. Curiosamente Ra era la cabeza de la Enéada de Heliópolis, Amón la cabeza de la Triada de Tebas y Ptah el gran dios artesano de Menfis. Junto a ellos estaba Ramsés II, como cuarto gran dios de Egipto.

El templo de Ramsés se comenzó a construir sobre el año 1284 a.C. y se concluyó hacia el 1264 a.C. Es un hipogeo excavado en la roca, en la zona de Nubia y tenía un claro propósito: impresionar a todo el que lo viera, sobre todo a sus vecinos del Sur. Pero como todo en la vida, el templo de Abu Simbel quedó relegado al olvido y las arenas del desierto comenzaron a comerle el terreno. En 1813 Johann Ludwig

Burckhardt visita su ubicación comentándolo al arqueólogo italiano Giovanni Belzoni que tras varias visitas, logró acceder a su interior en 1817, descubriendo diferentes objetos de valor que trasladó a El Cairo.

Pero su descubrimiento y grandeza iban a sufrir un revés. La construcción de la magnífica presa de Asuán (o Assuán), que daría origen al lago Nasser, haría que el nivel de las aguas subiera y esa misma agua de vida hiciera peligrar la existencia del templo de Abu Simbel situado a orillas del Nilo. Así comenzaría una importante labor internacional para cortar el templo y trasladarlo a un punto más elevado, a salvo de las aguas. La obra fue faraónica.

TIERRA DE FARAONES: ELEFANTINA

Elefantina es otro de esos lugares fascinantes de Egipto. Es una isla en el Nilo, frente a la ciudad moderna de Asuán. La isla, contigua a la primera catarata, tiene unas dimensiones de 1.350 metros de longitud por 780 metros de anchura. Desde 1979 es Patrimonio de la Humanidad con la denominación de Monumentos nubios de Abu Simbel y File. Su nombre viene dado del egipcio Ab o Abu, que significa «elefante»; los árabes la llamaron «Isla de las Flores».

En la isla de Elefantina se rendía culto a Jnum, Satet y Anuket. Sus templos fueron destruidos por el rey persa Cambises II, el hijo de Ciro II el Grande, en los años 525 y el 522 a. C. Fue capital del nomo I del Alto Egipto, To-Jentit «La frontera». En Elefantina había una guarnición egipcia que tenía como misión controlar las rutas del sur de Egipto pues estaba junto a la primera catarata y era una frontera natural.

En la isla de Elefantina encontramos los vestigios del templo al dios Jnum, erigido por Nectanebo II y completado por ptolomeos y romanos. También el templo de Heqa-ib, monarca de Elefantina y Siena de finales del Imperio Antiguo y la Pirámide de Elefantina. Así mismo, El Nilómetro, del que habló Estrabón, que es un pasaje escalonado, ganado a la roca, provisto de noventa escalones y marcas laterales grabadas y que sirve para medir el nivel del río.

Amarna fue una ciudad ordenada construir por el faraón Akhenatón, el faraón «hereje» (Ajenatón) y constituida como capital de Egipto donde se rendía culto al dios Atón, culto monoteísta desterrando los cultos politeístas, lo cual tenía soliviantados a los sacerdotes de Egipto. Atón, es representado iconográficamente por un disco solar cuyos rayos acaban en manos portadoras de la llave de la vida. Amarna «El Horizonte de Atón», se localizó a mitad de camino entre Tebas y Menfis. Está situada en la ribera oriental del río Nilo, su construcción data de mediados del siglo XIV a. C.

Se pretendió construir una ciudad moderna, con un diseño geométrico ortogonal (hipodámico), esculpiéndose 14 grandes estelas para marcar los límites. Ajenatón mandó edificar suntuosos templos de gran belleza como el templo a Atón, al aire libre y sin techo, muy luminoso por la acción del sol. Lo formaban la «La casa de jubileo» con un pilón y sala hipóstila de 16 columnas, y «El descubrimiento de Atón», con seis patios consecutivos en los cuales se situaban 365 mesas de ofrendas.

Igualmente mandó construir una serie de palacios reales para uso de Ajenatón, la reina Nefertiti y las princesas reales. El palacio del norte, edificado para la reina, albergaba un mundo en miniatura con jardines y estanques donde había.diversos animales. Amarna poseía otros edificios con uso administrativo, como el edificio de archivos que contenía las «Tablillas de el-Amarna» o «Cartas de Amarna» que era la correspondencia real.

Había un núcleo de viviendas nobles y una serie de hipogeos (tumbas excavadas en la roca), ubicados al norte y sur de la ciudad.

El sueño de Ajenatón duró poco y a su muerte se restauró el culto politeísta y se persiguió el culto a Atón, borrándose los vestigios de su nombre de los monumentos, templos y esculturas. Fue su comandante en jefe, Horemheb, quin se nombró faraón y se comenzó la destrucción de la ciudad, tan solo habían transcurrido quince años desde su fundación. Corría el tercer año del reinado de Tutankhaton o Tutankhamon (Tut-anj-Amón).

TIERRA DE FARAONES: HELIÓPOLIS

La ciudad del Sol, en griego, es una de las más importantes ciudades del Antiguo Egipto, tanto que le valió ser capital del nomo XIII del Bajo Egipto. Su ubicación hemos de encontrarla al nordeste de la ciudad de El Cairo (cerca del actual aeropuerto), retirada de la ribera occidental del Nilo con la que se comunicaba mediante un canal. En egipcio se la llamo Iunu («pilar»), en copto, On. En ella se rendía culto al dios solar Ra y junto con Tebas y Menfis era una de las grandes ciudades de Egipto.

Se la menciona por primera vez hacia el año 20 a.C. En la II Dinastía, fue un notable centro astronómico cuyo gran sacerdote tenía el título de Jefe de los observadores. Con el faraón Dyeser fue Imhotep quien tuvo ese título. Estamos ante de una de las ciudades de más peso en la Historia de Egipto.

En Heliópolis tenía una gran importancia el culto al Sol, así su templo podría haber sido similar a los templos solares de Abusir, de la V Dinastía siendo en el año 2400 a. C. cuando se establece el culto a Ra. De Heliópolis han quedado los vestigios del templo (Amón o Ra), el obelisco de Senusert I y restos de una capilla de Dyeser. Se encontró una estela de la XVIII Dinastía en la que se conmemoraba el cerramiento mediante muros del recinto del templo. Igualmente se han encontrado estatuas y restos de construcciones de la dinastía XIX.

Su auge lo alcanza hacia el 1500 a.C. hasta que en el 525 a.C. es destruida por los persas y posteriormente en el 343 a. C. es vuelta a atacar y destruir. La construcción de Alejandría hace que con el paso de los siglos quede deshabitada y en el siglo I a.C. ya no vivía nadie en el recinto, trasladando sus monumentos a Alejandría o a Roma (dependiendo del dominador). Lo poco que quedó sirvió para alimentar las construcciones de El Cairo en la Edad Media.

Heliópolis fue engullida por el crecimiento de El Cairo siendo hoy un barrio de la ciudad cariota.

TIERRA DE FARAONES: TANIS

Tanis (Τάνις), ubicada al Este del delta del Nilo, fue la capital del nomo XIX del Bajo Egipto. Era conocida por los egipcios como Dyanet, Per-Uadyet, en árabe San el-Haggar, Zoán en la Biblia y Tanis en griego. Tenía gran importancia comercial y estratégica que le valió ser su capital durante las dinastías XXI y XXIII. Hubo que abandonarla en el siglo VI, por el peligro de inundación del lago Manzala. Tanis fue también el último lugar de descanso de los reyes de las dinastías XXI y XXII.

En Tanis se adoraba a Amón, su esposa Mut y su hijo Jonsu, la llamada tríada Tanita, semejante a la tríada de Tebas. Muchos de los bloques de piedra utilizados para erigir Tanis y sus templos eran originarios del viejo poblado ramésida de Qantir, la antigua Pi-Ramsés, por lo que muchos egiptólogos la tomaron como esa antigua ciudad

De Tanis nos han llegado los vestigios de la Muralla de la ciudad, el Templo de Amón del que sobresale la Gran Esfinge de Tanis, sus obeliscos o los colosos de Ramsés II. Igualmente es muy destacable el Templo de Mut, Jonsu y Astarté, de Siamón de la dinastía XXI; el Templo de Jonsu-Neferhotep de la dinastía XXX.

En Tanis también se encuentran el templo dedicado a Horus iniciado por Nectanebo II y finalizado por Ptolomeo II, las tumbas reales de las dinastías XXI y XXII que fueron construidas con materiales y sarcófagos usurpados a otros faraones y cuyo descubridor fue Pierre Montet en 1939. La tumba de Osorkon II y su sarcófago así como el de su hijo Horanjt y el de Takelot II. La tumba de Psusenes I con las sepulturas de Psusennes I, Sheshonq II, Amenemopet y el general Undebaunded. La tumba de Sheshonq III con su sarcófago.

TIERRA DE FARAONES: SIWA

Es un lugar mágico que captó incluso la atención de todo un conquistador como Alejandro Magno, extraño, misterioso, apartado, un milagro de la vida en medio del desierto... Así es Siwa, el oasis de Siwa.

Lo localizamos a unos 50 kilómetros de la frontera con Libia y a más de 500 kilómetros de la capital, de El Cairo; está entre la depresión de Qattara y el denominado Mar de Arena Egipcio que no es más que una prolongación del desierto libio.

Mide aproximadamente 80 kilómetros de longitud por 20 kilómetros de anchura; lo pueblan unos 20000 habitantes cuyo idioma es el bereber, el tamazight o el tasiwit, dedicándose al cultivo de la aceituna y los dátiles. Es un lugar apartado, aislado, y una visita a Siwa hace cambiar, en muchas ocasiones, la precepción del mundo.

Siwa significa «tierra de palmeras», en egipcio era Sekht-am. Se datan los asentamientos en esa tierra sobre el X milenio a.C. aunque los contactos con el Antiguo Egipto se producen durante la Dinastía XXVI de Egipto, de la que se dispone una necrópolis.

Los pobladores de Siwa tuvieron contacto con los griegos de Cirene sobre el siglo VII a.C., pero de Siwa era sobre todo conocido su oráculo, dedicado según Herodoto, al dios Amón, posteriormente Zeus Amón. Era un lugar tan especial que hacia el 331 a.C. el propio Alejandro Magno se desplazó hasta aquí para confirmar su divinidad con el oráculo y ser nombrado así legítimo faraón —dios viviente— de tierras egipcias, e iniciar su conquista de Persia. Alejandro Magno era todo un habitual de este tipo de lugares, ya en Grecia visitó Delfos, otro de los lugares mágicos por su oráculo.

Cuenta la leyenda, en palabras de Herodoto, que el rey persa Cambises II, hacia el 524 a.C. envío un ejército de 50000 soldados para destruir el oasis; los habitantes de Siwa temían el feroz ataque persa que jamás se produjo, los miembros de aquel numeroso ejército desaparecieron en las arenas del desierto.

Con el Imperio Romano el oasis se utilizó como lugar de destierro dada su soledad en medio de la nada.

William George Browne visitó Siwa en 1792 y fue testigo de los vestigios del templo del oráculo. En 1819 Egipto anexiona el Oasis a la nación de la mano de Mehmet Alí.

Durante la Primera y la Segunda Guerra Mundial se libraron allí diferentes batallas siendo base del Long Range Desert Group del Ejército Británico. El Afrika Korps del general Rommel tomó posesión del oasis en tres ocasiones.

En Siwa podemos encontrar las ruinas del Templo del Oráculo cerca de las ruinas de Aghurmi. También encontramos la denominada como «Montaña de los Muertos» que es una necrópolis romana así como una terma que recibe el nombre de «Baño de Cleopatra».

Destaca la vieja fortaleza medieval que data del siglo XIII y está realizada con el llamado «kershef», una mezcla de sal, yeso, ladrillos de tierra gedrosa, junto con madera de palma o Shali Ghali. La fortaleza no ha soportado el paso del tiempo y en 1926 una fuerte lluvia torrencial la destrozó.

También encontraremos la Isla de Fatnas que es una península de palmeras. Está en el interior de un saladísimo lago, más salado que el Mar Muerto.

En Siwa es preciada su artesanía, trabajo de la plata, vestidos de bodas, cestería y cerámica.

Se custodia el llamado «Manuscrito de Siwa», documento que recoge las costumbres de Siwa así como matrimonios entre hombres, hecho curioso comentado por el viajero alemán Steindorff. Los dueños de la tierra se esposaban con sus jornaleros (zagala), y no recuperaban su libertad hasta cumplir los cuarenta años, edad con la que podían casarse con mujeres. En 1928 el rey Fuad prohibió los matrimonios homosexuales; para algunos exegetas musulmanes es un ejemplo de tolerancia hacia la homosexualidad: *«A quien nos haya seguido hasta ahora, no le sorprenderá descubrir la existencia de matrimonios entre homosexuales en el mundo islámico, hasta bien entrado el siglo XX. [...] En concreto, la celebración de matrimonios entre homosexuales musulmanes está documentada en el oasis de Siwa, situado en el desierto de Libia, en la actualidad en territorio egipcio. Es improbable que se trate de un caso aislado» (Abdennur Prado, «Homosexualidad en el Islam»).*

En Siwa se encuentra la huella humana fosilizada datada en más de un millón de años de antigüedad y hallada en el año 2007. Para el arqueólogo Zahi Hawass se trataba de la huella más antigua del mundo. Una misión arqueológica del Consejo Supremo de Antigüedades de Egipto analizó las muestras tomadas de plantas fosilizadas del mismo estrato, dando origen a la increíble datación que hacen de Siwa una de las cunas de la humanidad, tal vez el vestigio de un pasado en el que el desierto de Libia era un suntuoso vergel.

ANEXO INFORMATIVO

Cronología de las antiguas Dinastías del Antiguo Egipto:

1	3100:2890 A.C.	Menphis	Abydos	Egipcia	Narmer, Hor Aha, Ger, Jet, Den, Ag Eb, Seer Khet,Qa,
3	2686:2613 A.C.	Menphis	Sakkara, Dahshur, Giza	Egipcia	Neb ka Sa Nakht, Jeser Neter Jet, Sekhem Jet, Kha Ba, Houni
5	2498:2345 A.C.	Menphis	Sakkara	Egipcia	User Ka Ef, Sa Hu Ra, Nefer Er Ka Ra Ka Kay, Sheb Es Ka Ra, Nefer Ef Ra, Ni User Ra, Men Kau Hour, Ged Ka Ra Asisi, Unas
7	2181:2173 A.C.	Menphis	Sakkara	Egipcia	....
9	2160:2130 A.C.	Ihnasia	Ihnasia	Egipcia	Kheti I, Nefer Ka Ra, Kheti II
11	2133:1991 A.C.	Thebes	Thebes, (Orilla occidental)	Egipcia	Antef I, Antef II, Antef III, Monthu Hotep Neb hepet Ra, Monthu Hotep II Sa Ankh Ka Ra, Monthu Hotep III Neb Tawe Ra,
13	3100:2890 B.C	Thebes	Thebes, (Orilla occidental)	Egipcia	Sobek Hotep, Nofer Hotep,
15	1603:1567 A.C.	Afaris	c	Asiatica	Khean, Abufis, A User, Neb Khenesh Ra, A Qenen Ra
17	1650:1567 A.C.	Thebes	Valle de los reyes	Egipcia	Seqen En Ra I, Seqen En ra Ta A II, Kames
19	1320:1200 A.C.	Thebes	Valle de los reyes	Egipcia	Ramses I, Seti I, Ramses II, Meri En Ptah , Amen Em Sesi, Set II, Si Ptah, Tawesret,
21	1085:945 A.C.	Tanis	Tanis	Egipcia	Semendes, Harehur, Psusennes I, Banedjem,
23	818:715 A.C.	Bubastis	Bubastis	Egipcia	Beto Bastes
25	780:656 A.C.	Kush	....	Nubia	Ba Ankhi, Sha Baka, Sha Ba Taka, Taharka, Tanut Amon
27	525:404 A.C.	Persia	....	Persia	Cambyses, Dara I, Akserkis I, Artakserkis,
29	399:380 A.C.	Mandis	Mandis	Egipcia	Naif A Rod, Heker,
31	341:332 A.C.	Persia	....	Persia	....

INFORMACIONES Y HALLAZGOS EN EL EGIPTO FARAÓNICO

Pero la Gran Pirámide ha dejado investigaciones que han saltado a los medios de comunicación en estos últimos años y que pueden ser la antesala de descubrimientos realmente sorprendentes o, como decía Edward Carter… «maravillosos».

Esos descubrimientos comprenden una serie de investigaciones realizadas en el interior de la Gran Pirámide que han desconcertado a la Ciencia. Esta es la cronología de esos descubrimientos.

LOS SECRETOS DE EGIPTO AL DESCUBIERTO

¿Se imagina escanear las pirámides para tratar de descubrir sus secretos? Podría ser un trabajo tan faraónico como su edificación pero, sin embargo, se podría saber casi todo acerca de su construcción y de lo que aún esconden.

El lema de la misión científica que hizo el escaneado de la Gran Pirámide era: «Que un misterio tenga 4.500 años de antigüedad no significa que no pueda ser descifrado». El proyecto gozó del permiso del ministro de Antigüedades egipcio Mamduh el Damati sobre cuatro pirámides del Antiguo Egipto —las de la meseta de Dashur y las de Giza— en busca de los enigmas que perviven a lo largo de los siglos.

El proyecto está coordinado por la facultad de Ingeniería de la Universidad de El Cairo y el Instituto para la Preservación e Innovación en Patrimonio, con sede en París y lleva por nombre «Escanear las Pirámides». Sobre ello Hani Helal, profesor de Ingeniería de la Universidad de El Cairo, comunicaba en la rueda de prensa: «*Las pirámides están repletas de secretos. Científicamente no estamos satisfechos con lo que sabemos de ellas. Existen muchas teorías sobre, por ejemplo, cómo se construyeron pero son todo hipótesis.Fueron levantadas por arquitectos y ahora somos los arquitectos e ingenieros quienes podemos ayudar a revelar sus misterios*». En el proyecto también participan la universidad japonesa de Nagoya y la canadiense de Laval.

El primer paso fue la termografía por infarrojos, para detectar la pérdida de energía, que midió la radiación de energía que emiten los emblemáticos monumentos, ello desvelaría si hay puntos fríos y corrientes de aire que señalarían la presencia de pasadizos y estancias. »*Confiamos en que serán las diferencias térmicas entre verano e invierno las que nos ayuden a hallar las anomalías o posibles cavidades*», decía Mathieu Klein, miembro del equipo de expertos.

Mehdi Tayubi, presidente del Instituto para la Preservación e Innovación en Patrimonio se mostraba esperanzado con las técnicas que se van a utilizar: »S*e trata de salir de nuestro campo convencional y aplicar tecnologías muy avanzadas a algo en lo que soñamos cuando éramos niños*». Por su parte, el profesor Kunihito Morishima decía: «*Vamos a usar los muones para ver qué hay dentro de las pirámides. Hemos usado la técnica en las montañas volcánicas de Japón, cuyo tamaño es cinco veces mayor que el de las pirámides*». Se ubicarán diferentes detectores de muones en las pirámides y se medirá la velocidad y carga de las partículas en su entrada y salida, ello ayudará a averiguar las áreas más densas y las que permanecen vacías.

El profesor Yves Ubelmann también participaba indicando que su parte sería la de reconstruir en 3D la necrópolis de Giza y Dashur «*lo haremos tomando miles de fotografías a diferente altitud y conseguiremos imágenes en 3D de varios kilómetros alrededor con detalles de hasta cinco centímetros. Son técnicas que nos van a proporcionar información importante acerca del modo en el que fueron construidas las pirámides. Nos va a permitir incluso identificar los niveles, pendientes y señales de rampas antiguas levantadas para facilitar su construcción*».

Ambicioso proyecto que esperaba descubrir los secretos de estos milenarios monumentos.

ESTUDIO DE LAS PARTÍCULAS DE ENERGÍA DE LA GRAN PIRÁMIDE

Dentro del proyecto denominado «Scan Pyramids» se produjo un importante descubrimiento en la Gran Pirámide de

Keops (Egipto) cuando se detectaron partículas de energía en su interior.

Madi Tayubi, director del Instituto para la Preservación e Innovación anunciaba dicho descubrimiento desprendido de los resultados preliminares del trabajo que se está realizando actualmente en torno a las pirámides.

El uso de partículas que atraviesan los objetos, muones, está destinado a descubrir pasadizos ocultos en el interior de la pirámide aunque el objetivo principal del trabajo es conocer mejor cómo se construyeron las pirámides y cómo se pudieron mover las grandes piedras que las forman.

También se han realizado experimentos en la pirámide Roja de Dahshur que muestran que su temperatura es más alta que en el resto de mausoleos y que se mantiene constante en sus caras.

Mamduh al Damati, ministro egipcio de Antigüedades, indicó que el próximo paso es la colocación de una cámara térmográfica de infrarrojos dentro de las cuatro pirámides, las de Giza y Dahshur. El proyecto pretende, principalmente, confirmar que la temperatura registrada no es consecuencia ni de los cambios estacionales ni del clima exterior. Este apartado del proyecto durará dos meses y se pretenden descubrir partes ocultas en estas construcciones.

EL MISTERIO «GRAN VACÍO» EN LA GRAN PIRÁMIDE

La Gran Pirámide de Keops sorprendió a la comunidad científica tras «hallarse» en su interior una cavidad de 30 metros de largo con características similares a la gran galería de la misma.

La misteriosa galería estaría entre 40 y 50 metros más allá de la Cámara de la Reina en el centro de la pirámide y no se tendría muy clara su función aunque según un estudio publicado en la revista «Nature» podría tratarse de un espacio relacionado con la arquitectura de la pirámide. Se la ha denominado como «big void» o «gran vacío» y constituye un enigma más en torno a su construcción.

Para determinar este espacio en el interior de la Gran Pirámide de Keops se utilizaron imágenes generadas por una partícula llamada muon; esta partícula atómica se activa cuando partículas subatómicas procedentes del espacio exterior entran en contacto con la atmósfera terrestre. Los muones presentan diferentes trayectorias si penetran en la piedra o si atraviesan el aire, generando una imagen que permite estudiar el interior de la pirámide y sus estructuras.

El estudio es obra del trabajo de científicos egipcios, franceses, canadienses y japoneses, que desde 2015 tratan de «ver» lo que hay más allá de la Gran Pirámide, en su interior.

Dentro de los últimos descubrimientos en torno a las pirámides otro hallazgo sobresaltó a arqueólogos, arquitectos e historiadores; se trataba de saber algo muy relacionado con su construcción…

¿CÓMO SE DESPLAZABAN LAS PIEDRAS EN LAS PIRÁMIDES?

Siempre será un tema controvertido saber de qué forma se construyeron las pirámides de Egipto y, concretamente, aquellas que se ubican en la meseta de Giza y que son parte de las Siete Maravillas del Mundo Antiguo.

Las Pirámides de Giza y la Gran Pirámide de Keops, en concreto, son unas de las construcciones más estudiadas del mundo y son muchos los que se afanan en descubrir cómo se erigieron en este desértico lugar que, antaño, parece que fue un vergel. Así, es uno de los grandes misterios de la arquitectura y la Arqueología. Aquellos primitivos egipcios no tenían ni grúas, ni elementos mecánicos para mover dos millones de bloques de piedra con un peso mínimo de dos toneladas por bloque, a un ritmo de una piedra por minuto durante 20 años de forma ininterrumpida.

Los estudios sobre las costumbres en el Antiguo Egipto nos llevan a saber que los egipcios conocían los trineos pues aparecen en muchos de sus murales y que, posiblemente, con su empleo se lograban mover grandes masas de piedra si bien mover las mismas tanta distancia en el desierto parece toda una proeza. Debido a ello el profesor Daniel Bonn, de la Universidad de Amsterdam, estudió la forma en la que pudieron desplazar las piedras sin que el peso hundiera el trineo en la arena y ha llegado a una curiosa conclusión:

humedecían la arena por la que deslizaban el trineo con la piedra.

En una pintura de la tumba de Djehutihotep, jefe de una de las regiones del Alto Egipto durante los reinados de Amenemhat II, Sesostris II y Sesostris III (1914-1852 a.C.), se puede observar cómo hay una persona que se ubica sobre el trineo que tiran cientos de esclavos y va vertiendo agua bajo el mismo, lo que era tenido como un «detalle ceremonial». Se trataba realmente de facilitar el deslizamiento del mismo. Para verificar este extremo se construyó un trineo en miniatura y se experimentó con él: la correcta cantidad de agua y arena húmeda hacía que la arena se convirtiera en un firme adecuado para desplazar el trineo reduciendo la fuerza con la que se tira del mismo a la mitad al reducir la fricción de la arena que, debido a la humedad, no se acumula delante del trineo. Esto se produce debido a los «puentes capilares» que hacen que las gotas unan los granos entre sí, la proporción de agua debe ser la justa ya que, en caso contrario, el trineo se hundiría. Bonn decía: «Parece que mojar la arena del desierto egipcio permitía que se redujera la fricción lo suficiente como para necesitar la mitad de gente para mover el trineo en comparación con la tierra seca».

Este estudio desvela uno de los grandes misterios del Antiguo Egipto y que tiene aplicaciones en nuestros días ya que podría ayudar a comprender el comportamiento físico de los materiales granulares como la arena, asfalto, hormigón o carbón, cuyo desplazamiento hoy día sigue implicando el consumo del 10% de la energía mundial.

Egipto no deja de sorprender y equipos de arqueólogos de todo el mundo se afanan en desentrañar sus últimos misterios...

IMPORTANTE DESCUBRIMIENTO AL SUR DE EL CAIRO

Importante noticia la que partía de la tierra de las arenas eternas, de Egipto, y donde un equipo de arqueólogos de dicho país descubrió lo que parecen ser los restos de una pirámide datada en la XIII Dinastía faraónica, es decir, entre el 1795 y el 1650 a.C.

La pirámide fue descubierta al sur de El Cairo, en la necrópolis de Dahshur: así lo manifestó Mahmud Afif, director del Departamento de Antigüedades egipcio en un comunicado oficial. La pirámide estaría situada al norte de la pirámide de Senerefu, de la IV Dinastía, 2613 al 2494 a.C.

Los arqueólogos descubrieron una parte de la pirámide en muy buen estado de conservación. Alaa al Shahat, jefe de la administración central de Guiza y El Cairo, indicó que pronto se dejarían al descubierto otras partes importantes de la pirámide. La zona hallada es la interior del mausoleo que es un corredor descendente hasta el fondo de la pirámide, al igual que una cámara que comunica con una rampa al sur de la misma y una habitación al oeste, así lo indicaba Adel Okasha, director general de la necrópolis de Dahshur. En la parte hallada también se han encontrado jeroglíficos en un bloque de alabastro blanco.

TRAS EL HALLAZGO DE UNA «PIRÁMIDE» EGIPTO SE PREPARA PARA LO QUE PODRÍA SER UN «GRAN DESCUBRIMIENTO ARQUEOLÓGICO»

Egipto, se prepara para, tal vez, comunicar a los medios de todo el mundo una noticia que, a medio plazo, nuevamente, puede conmocionar el mundo de la Arqueología y la Historia. Se trataría del hallazgo por parte de arqueólogos franceses y suizos de la Universidad de Ginebra, de una pirámide satélite al sur de El Cairo. La pequeña pirámide de granito apareció en una excavación en Saqqara, según informó el Ministerio de Antigüedades del país norteafricano, y podría ser el preámbulo de un hallazgo mayor.

Mustafa Waziri, secretario general del Consejo Supremo de Antigüedades, indicó que la pirámide tiene 130 centímetros de alto, 35 de ancho y 110 desde la base, si bien matizó que la parte superior se encuentra muy dañada y hay restos de oro y cobre en ella, posiblemente de una capa que la recubría. La pirámide estaba aún sin terminar o fue manipulada.

Philippe Collombert, jefe de la excavación, informó en un comunicado que este nuevo descubrimiento está ubicado en la zona de la pirámide de Pepi I de la VI Dinastía (2345-2181 a.C.) en Saqqara y esperan encontrar pronto una pirámide satélite de la reina en la zona, lo que sería un hallazgo sensacional.

Muchos son los investigadores que se preguntan: «¿Aún hay tumbas por descubrir en Egipto?»

DESCUBREN LA TUMBA DE UN FARAÓN PERDIDO

Un nuevo descubrimiento de gran valor se produjo en Egipto de forma casual. Un equipo de arquitectos se encontraba estudiando una zona para la construcción de una casa cuando fue hallado un sepulcro faraónico.

Fue en la provincia de Al Sharquiya, al noroeste del país. El jefe de la Dirección de Restauración, Garib Sondul, indicó que se trataba de un sepulcro de piedra en un bloque único apoyado en una base «fue tallado en una montaña, luego trasladado durante la época faraónica a su lugar actual».

El sepulcro pesa 65 toneladas en su lecho de piedra de basalto o diorita, de gran dureza. En las paredes del mismo hay una serie de jerogíficos y podrían explicar más detalles de la persona que contenía. Según comunicó el Ministerio de Antigüedades de Egipto el sepulcro ha sido trasladado al almacén arqueológico de San al Hayar para ser analizado y estudiado por un amplio equipo de científicos, historiadores y arqueólogos.

Ayman Ashmaui, director del sector de Antigüedades, explicó cómo se encontró, fortuitamente, el sepulcro, así como se difundieron imágenes del sepulcro en su lecho en el subsuelo. El sepulcro, según se explica, fue descubierto hace 50 años por el arqueólogo Flinders Petrie, pero quedó enterrado hasta que ahora ha sido redescubierto.

INTRIGANTE HALLAZGO EN LA TUMBA CON LA CAPILLA DE OSIRIS

Egipto sigue sorprendiendo a historiadores y arqueólogos con lo que sus arenas esconden, uno de los últimos descubrimientos es una tumba en la Necrópolis de Tebas, en la orilla occidental del río Nilo donde se ha descubierto una capilla con la estatua del dios Osiris.

Teniendo como fuente a la página web www.ancient-origins.es en esta excavación participó la arqueóloga española Milagros Álvarez Sosa, que para La Gran Época, explicaba como el Proyecto Min —del que es directora— ha tenido un peso importante. Min fue el supervisor de los profetas de los dioses Osiris y Onuris y tutor del futuro rey Amenhotep II durante el reinado de Tutmosis III.

Milagros Álvarez explicaba: *«Una especie de portal que se abre en la sala transversal de esta tumba [la 327] nos introduce a la tumba "osiríaca". Se accede a la capilla principal a través de unas escaleras que, en parte, están cubiertas de escombros y que nos llevan a descender varios metros bajo tierra, como si la intención fuera la introducción del difunto en el inframundo. Estas escaleras nos llevan hasta otro portal y, tras pasarlo, nos encontramos con una capilla de considerable altura, con forma de bóveda, decorada con un altar esculpido en la pared, que alberga un dios Osiris».*

Osiris portaba la corona Atef, el renacer de los difuntos, su cetro y un cayado, además la capilla tiene un túnel y dos pozos que conducen a otras tantas cámaras funerarias, igualmente tiene el Osireion de Abydos, o «ciudad donde se piensa que reposa el cuerpo del dio», en ese orden explicó: *«El hecho de que un corredor rodee al núcleo principal con la estatua en lo alto de la capilla, a la que se llega a través de una escalera, no es casual. Son elementos que nos permiten relacionar el área de Osiris con una isla, y el corredor con un canal de agua. Elementos de esta clase de complejo funerario se encuentran de forma dispersa en las más grandes tumbas de Assasif, de la necrópolis Tebana, sin embargo es en esta estatua escondida en la tumba donde aparecen todos integrados de forma más evidente. Parece "llenar el vacío" de inscripciones e imágenes».*

Una de las posibilidades que se plantean es que se trate de una tumba cementerio o que fuera una tumba reutilizada muchas veces en el tiempo. En las paredes de la tumba hay una serie de dibujos a base de demonios que pudieran estar relacionado con el Libro de los Muertos: «En una de las paredes sostienen cuchillos y en la pared contraria sujetan en ambas manos lagartijas. En el Libro de los Muertos el difunto debe saber el nombre y los títulos de estos demonios, para poder pasar por los caminos del Más Allá sin ser agredido. El Libro de los Muertos no solo protegía el cuerpo del muerto, sino que también lo introducía en el inframundo.

Las ciudades perdidas de Egipto también tienen una importancia a la hora de determinar la Historia del país, así se calcula que muchas viejas ciudades estarían sepultadas aún bajo toneladas de arena, ciudades que estarían esperando a ser descubiertas.

DESCUBREN UNA CIUDAD PERDIDA DE 7000 AÑOS DE ANTIGÜEDAD

Un increíble descubrimiento fue anunciado por el Ministerio de Antigüedades de Egipto que conmocionó a historiadores y arqueólogos.

Se trata de una ciudad con 7.000 años de antigüedad en la provincia de Sohag y que pertenecería a la Iª. Dinastía. La ciudad era la sede de altos funcionarios y constructores de sepulcros y vendría a aportar nuevos datos sobre la ciudad de Abydos que tuvo una gran importancia en su época y que fue capital del país en el final del periodo predinástico y las cuatro primeras dinastías.

El descubrimiento se realizó a 400 metros del templo del faraón Seti I. Se han hallado chozas, cerámica y herramientas de hierro, igualmente quince tumbas que llegaban a ser más grandes que las de los propios dirigentes. Desde el Ministerio se indicó: «El tamaño de las tumbas descubiertas en el cementerio es más grande en algunos casos que las tumbas reales en Abydos que datan de la Primera Dinastía, lo que demuestra la importancia de las personas enterradas allí y su alta posición social durante esta era temprana de la historia del antiguo Egipto».

Este nuevo e importante descubrimiento viene a sumarse a otros, de menor importancia pero destacados, que durante todo el año se han ido desenterrando y que han sido comunicados por el Ministerio de Antigüedades de Egipto.

El misterio de la vida eterna en Egipto siempre estará unida a sus momias…

DESCUBREN LA MOMIA DE LA «DAMA DE ASUÁN»

Egipto es el país del que se dice que esconde bajo sus arenas eternas el 80% de sus tesoros. Se estima que tan solo se han descubierto un 20% de los yacimientos arqueológicos en el país de las pirámides, que puede resultar exagerado pero a tenor de los últimos descubrimientos parece casi acertado pensar de esta forma.

El último hallazgo de importancia que se produjo en Egipto llega de la mano de un equipo español. Fue en un yacimiento en la ciudad de Asuán, allí se descubrió la momia de Sattjeni, que sería una mujer parte de la aristocracia egipcia, una dama «depositaria de la sangre dinástica», así lo exponía el jefe de la excavación Alejandro Jiménez.

El arqueólogo indicó que Sattjeni fue descubierta en el interior de dos sarcófagos de madera en la necrópolis de Qubbet el—Hawa, en el denominado como Valle de los Nobles, donde el equipo de Jiménez lleva trabajando desde 2008. «Hija, esposa y madre de gobernadores», esa sería la definición de esta dama que pertenecería a la XII Dinastía del Imperio Medio y que fue madre de gobernadores de Elefantina, Heqaib III y Amaney-Seneb, hacia el 1.800 a.C.

Mahmud Afifi, director del departamento de Antigüedades de Egipto, indicó que Sattjeni era hija del emir Sarenput II así como «una de las personalidades de la época».

Satjjeni estaba en la línea inmediata al faraón Amenemhat III. La momia tenía el rostro cubierto por una máscara policromada y los sarcófagos son de madera de cedro del Líbano con escrituras jeroglíficas, detalles que han servido para datar la momia que se encuentra en un buen estado de conservación.

Es considerado como uno de los más grandes eruditos del Antiguo Egipto, fue astrónomo, matemático, arquitecto, consejero del faraón, su nombre evoca la grandeza del país de las arenas eternas: Imhotep.

Sin ser faraón se le dio el tratamiento de un dios en la medicina y la sabiduría. Inmhoted tuvo sacerdotes y se encargaban de hacer rituales a los dioses de forma que ellos eran los únicos conocedores de los secretos que desplegaban en tales ceremonias.

Uno de esos sacerdotes, su momia, ha llegado hasta nuestros días desvelando los secretos que oculta bajo los vendajes. Su nombre es Nespamedu, sacerdote de Imhotep y médico del faraón que vivió hacia el siglo III a.C. en Sakkara o Alejandría. Su momia está cubierta de inscripciones e imágenes religiosas y se encuentra en el Museo Arqueológico Nacional. Ahora, con la colaboración del Hospital Universitario Quirónsalud de Madrid, se conocen más detalles de su embalsamamiento pues bajo los vendajes se han encontrado un collar usekh que solía usar la nobleza como talismán del dios Hathor, brazaletes y amuletos. Además poseía dos juegos de placas de los cuatro hijos de Horus, dos placas del dios Thot, dos de la diosa Isis y Neftys, dos ojos de Horus y el amuleto de un corazón.

La momia, junto a otras tres egipcias y una guanche, han sido sometidas a una tomografía computerizada de alta resolución; una de las momias es de una mujer que podría haber estado embarazada.

Las momias tienen diferentes niveles de embalsamamiento y se aplicó un tratamiento a las vísceras llamado mirlado, principalmente en la momia guanche procedente del Barranco de Herques al suroeste de Tenerife y encontrada en el siglo XVIII.

DESCUBREN LOS SECRETOS DE LOS RETRATOS EGIPCIOS Y SUS MOMIAS

El arte de la momificación era dominado con absoluta firmeza por los antiguos egipcios, muestra de ello son las momias que han llegado hasta nuestros días en un aceptable estado de conservación. Pero aún hay muchos detalles que se pierden de esta técnica y de las costumbres funerarias.

Entre esas prácticas hubo una curiosa que consistía en un grupo de retratos realizados por artistas romanos que mostraban al finado. Tienen más de 2000 años de antigüedad y cada uno de ellos fue incluido entre las envolturas de la momia o se ubicaba sobre su rostro.

Fueron descubiertos hace más de un siglo en Tebtunis, hoy Umm el-Breigat (Egipto), en la zona de Fayum. El conjunto está en la actualidad en la Phoebe A. Hearst del Museo de Antropología de la Universidad de California, en Berkeley (Estados Unidos).

La importancia de los retratos radica en que se consideran los antecedentes del retrato occidental. Fue el investigador Marc Walton el que descubrió que se combinaron determinados colores y que se hicieron otros retratos (o conjunto) en las mismas tablas. Se identificaron los materiales y el estilo de las pinceladas. Tres de las pinturas eran del mismo taller y, posiblemente, de la misma mano artística.

Walton explicaba: «*se encontró que los pigmentos de tierra y hierro muy probablemente vinieron de Ceos, en Grecias, el cable rojo de España y el sustrato de madera sobre la que se pintan los retratos vinieron de Europa central. Además, se sabe que los pintores utilizaron azul egipcio de una manera inusual para ampliar el espectro de matices*».

A través de los objetos cotidianos también se puede conocer la Historia de Egipto así el hallazgo de nuevas piezas hacen que se de, descubrimiento a descubrimiento, un paso más para conocer los pormenores de esta civilización.

ENCUENTRAN TESORO ESCULTÓRICO FARAÓNICO

Un equipo de arqueólogos franceses y egipcios descubrió un importante tesoro del Antiguo Egipto en un trabajo de excavación en los templos de Karnak, en un pozo hallado en diciembre de 2014 en las inmediaciones del templo del dios Ptah.

En este momento se han desenterrado 38 estatuas y estatuillas, objetos preciosos y otras piezas importantes. Todo ello mediante un nuevo método de excavación mediante grabación que hace posible reconstruir virtualmente el objeto de estudio.

El Centro Franco-egipcio para el Estudio de Templos de Karnak fue fundado para restaurar y estudiar el espacio de Amón-Ra en Karnak (hoy Luxor). El templo dedicado al dios Ptah fue construido durante el reinado de Tutmosis III (1479-1424 a.C.), posteriormente fue restaurado y ampliado antes del reinado del emperador romano Tiberio (14-37 d.C.).

Path es una deidad asociada a la ciudad de Menfis y la excavación ahora se centra en una favissa (repositorio de objetos de culto) a dos metros tras el templo. También se han encontrado objetos ocasionalmente de oro, lo cual es un hallazgo importante.

El inventario es interesante: 14 estatuas, estatuillas y figuras de Osiris, 3 estatuillas de babuinos (monos), 2 estatuillas de la diosa Mut, 1 cabeza y fragmentos de un gato estatuario, 2 bases de estatuilla sin identificar, 1 placa pequeña y la parte superior de una estela marcada con el nombre del dios Ptah. Probablemente la cabeza pertenezca a Imhotep.

Se trata de un hallazgo excepcional del que se está realizando una reconstrucción virtual en 3D a medida que se excava.

Y un misterio…

ENCUENTRAN LOS RESTOS DE LA EPIDEMIA DEL «FIN DEL MUNDO» EN EGIPTO

Un grupo de arqueólogos, según informaba Live Science, descubrió los restos de lo que en su día se calificó como «el fin del mundo».

Fue Cipriano de Cartago quien ante una terrible epidemia que asoló Egipto no dudó en calificarlo así. Cipriano de Cartago era clérigo y escritor, y el horror que vivió no lo pudo describir de otra forma.

Se realizaron diferentes trabajos en el Complejo Funerario de Harwa y Akhimenru, en la orilla occidental de la ciudad antigua de Tebas en Egipto, hoy Luxor.

Fue un grupo de arqueólogos italianos los que hallaron una gran cantidad de cuerpos cubiertos con una densa capa de cal, que se usaba en la época como desinfectante, junto a ellos restos de una hoguera con restos humanos donde quemaron los restos de los fallecidos.

Los restos fueron datados en el siglo III a.C. y son coincidentes con lo que se denominó (por los escritos referentes de la época) «plaga de Cipriano» que arrasó el Imperio romano, ya con Egipto como parte del mismo. San Cipriano, obispo de Cartago creía que era una señal del fin del mundo en la que se cuantificaban 5.000 muertes diarias en Roma debido a la plaga.

Francesco Tiradritti, director del equipo de arqueólogos, se muestra sorprendido a la vez que desconoce qué tipo de plaga era aunque se barajan hipótesis sobre una variedad de viruela o sarampión.

Esta plaga, según Tiradritti, «debilitó seriamente el Imperio Romano, acelerando su caída», los cuerpos no tenían señal de haber recibido ningún rito religioso, tal vez por el alto grado de contagio y el temor a estar demasiado tiempo expuesto al cadáver contagiado.

DESCUBREN DOS MISTERIOSAS HABITACIONES EN LA GRAN PIRÁMIDE DE KEOPS

Nuevas sorpresas las que ha generado la Gran Pirámide de Keops, en la meseta de Giza, Egipto, cuando el Ministerio de Antigüedades anunció que ha encontrado «dos anomalías» que podrían tratarse de dos cavidades, o habitaciones, cuya existencia se desconocía.

Hasta ahora se conocían tres cámaras en las Gran Pirámide pero la «Operación ScanPyramids» ha desvelado algo más: «*Ahora estamos en condiciones de confirmar la existencia de un vacío escondido detrás de la cara norte, que podría tener la forma de al menos un corredor que va dentro de la Gran Pirámide*».

La segunda cavidad está al lado noreste, según se ha determinado en el estudio que se ha realizado con radiografía de muones y reconstrucción en 3D, igualmente se incluye termografía infrarroja. Con respecto al empleo de muones de detalló: «*similares a los rayos X que pueden penetrar el cuerpo y permitir imágenes de los huesos*» y «*pueden pasar a través de cientos de metros de piedra antes de ser absorbida*».

DESVELADO EL MISTERIOSO PROPÓSITO DE LAS CAVIDADES DE LA GRAN PIRÁMIDE DE KEOPS

Las cavidades y pasillos podrían ser parte de la protoconstrucción de la pirámide y constituían una especie de mecanismo de defensa porque se evitaba que posibles ladrones de tumbas pudieran acceder a la cámara principal de la Gran Pirámide.

Fue el arqueólogo Mark Lehner el que informó sobre estos pasillos y canales ocultos tras las paredes sólidas del recinto y que accedían a la cámara de Keops, quedando bloqueados totalmente una vez finalizada la construcción de la pirámide; eran solo «vías de servicio» en la obra: «*Los constructores de Khufú diseñaron una línea de defensa contra quien entrase a la cámara del rey*».

Para lograr el sellado se practicaron una serie de cavidades (las estudiadas) que sirvieron de guía a enormes bloques de granito que certificaron la inutilización de los mismos tapando las entradas utilizadas durante la construcción de la Gran Pirámide. No obstante, se piensa que los ladrones de tumbas penetraron en el interior de la pirámide.

Otro de los lugares mágicos y misteriosos de Egipto es el Valle de los Reyes, grandes tumbas y grandes faraones descansasn allí, algunos por descubrir, y muchos enigmas encierran aún sus tumbas…

EL ENIGMA DE LA MOMIA ENCONTRADA EN LA KV55 DEL VALLE DE LOS REYES

El Valle de los Reyes, en Egipto, sigue generando noticias y enigmas pendientes de resolver. Uno de ellos lo encontramos en la tumba KV55.

Fue descubierta por el arqueólogo Edward Russell Ayrton y la identidad del personaje que la ocupa es todo un misterio. Se trata de un sepulcro de la dinastía XVIII y las especulaciones apuntan a que pudiera tratarse, nada más y nada menos, que del faraón hereje Akenaton, padre de Tutankamón.

Las investigaciones se centran en estudiar las 500 láminas de oro que se encontraron, en una caja de madera, dentro de los almacenes del Museo Egipcio junto a un fragmento de cráneo y una nota escrita en francés fechada en el año en el que se descubrió la KV55.

El sarcófago tiene la cara arrancada así como eliminados los cartuchos con el nombre del fallecido, por lo que parece indicar que fue un faraón maldito, alguien que iba en contra de lo establecido en la época, y uno de los señalados es Akenatón. Determinar su identidad sería la segunda fase de la investigación según explicaba Elham Salah, jefe del Departamento de Museos del Ministerio de Egipto: «*Esta investigación contribuirá de gran manera a definir las discrepancias que hay sobre la identidad de la persona que ocupó el sarcófago, que ha sido el más polémico de la antigua historia egipcia, y que actualmente se exhibe en el Museo Egipcio*».

La tumba se descubrió el 3 de enero de 1907 gracias al patrocinio de Theodore Davis, estaba ubicada a pocos metros de la de Tutankamón y no contenía riqueza ni relieves por lo que su identificación era muy compleja. En su interior se encontraron restos de lo que fue una capilla dorada con relieves de la reina Tiyi y vasos canopos con cabeza de mujer muy parecidas a Kiya, la esposa de Akenatón. El sarcófago tenía un daño evidente y la momia se encontraba en mal estado. Se pensó que era la tumba de Tiy, esposa de Amenhotep III y madre de Akenatón pero los forenses determinaron que era de un adulto de 25 años.

Islam Ezat, de la Oficina Científica del Ministerio de Antigüedades, opina que tras el estudio que se está realizando se podrá saber quien ocupaba la KV55.

Dentro del Valle de los Reyes encontramos la tumba faraónica más famosa de la Historia y un misterio moderno que existe sobre ella.

EL MISTERIO DE NEFERTITI

Fue la reina de Egipto, de belleza sin igual y evocación de un esplendor que el país de las arenas eternas iría perdiendo con el paso del tiempo. Es Nefertiti, una de las reinas más reales y legendarias del país de los faraones y que sigue despertando la curiosidad de historiadores, arqueólogos y curiosos sobre la denominada como la mujer más hermosa que gobernó Egipto.

Nicholas Reeves, arqueólogo británico de la Universidad de Arizona, puede tener la llave de un asombroso descubrimiento, nada menos que el último lugar de descanso de la reina muy cerca de otro lugar mítico en arqueología: la tumba de Tutankamón.

El arqueólogo, tras un intenso análisis de las imágenes de alta resolución publicadas por Factum Arte, cree haber descubierto grietas en las paredes de la tumba de Tut que indicarían dos entradas «fantasmas» a otra tumba que estaría oculta, contigua a la tumba KV 62 (Tutankamón), que pudiera tratarse de la tumba real de Nefertiti.

La búsqueda de la tumba de la reina ha intrigado a los arqueólogos que durante años la han buscado infructuosamente, así esta teoría expondría que una parte de la tumba de Tutankamón habría sido reciclada, una tumba que originalmente era para la reina y que la muerte del faraón niño hizo que se ocupara prematuramente. Tutankamón murió con 18 años y su lugar de descanso no debía ser ese, por lo que se ocupó y a la muerte de la reina se habilitó una zona adyacente. El descubrimiento de la tumba por Howard Carter, en 1922, hizo que fuera un lugar intocable para otras excavaciones y que quedara eternamente oculta, hasta hoy.

Reeves comentaba: «*En el momento del entierro de Nefertiti... seguramente no existía la intención de que Tutankamón a su debido tiempo ocupara esta misma tumba. Ese pensamiento no ocurriría sino hasta la muerte temprana e inesperada del rey una década después*».

Sus colegas se han manifestado al respecto, Toby Wilkinson, egiptólogo de la Universidad de Cambridge, decía: «*Sin duda es tentador lo que Nicholas Reeves ha sugerido. Si consideramos lo que sabemos, estamos bastante seguros de que hay una tumba real sin descubrir de aproximadamente el mismo periodo en algún lugar, porque tenemos más reyes que tumbas, así que la lógica sugiere que todavía hay una tumba por encontrar. Creo que al utilizar una moderna tecnología sísmica de rayos X debería ser posible ver a través de las paredes y determinar si hay anomalías significativas o incluso espacios en el lecho de roca detrás de esas paredes. Ese tipo de radar de penetración del suelo está bien desarrollado. Ha sido usado en el Valle de los Reyes y otros lugares en Egipto. Podríamos llegar al punto dentro de unos cuantos años de saber si existe una cámara detrás de esas paredes, pero creo que pasará un tiempo antes de que podamos darle un vistazo a cualquier cámara que pudiera estar ahí. Sin embargo, es muy tentador y sería agradable pensar que en unos pocos años podríamos tener la respuesta final*».

La sorprendente tumba del faraón Tutankamón podría contener un tesoro inimaginado nunca antes visto si se confirman las sospechas del arqueólogo Nicholas Reeves; en alguna parte de sus paredes se escondería un falso muro que daría acceso a otra tumba, a la tumba perdida de la bella Nefertiti, madrastra del faraón niño.

El Ministerio de Antigüedades de Egipto autorizó la investigación de esta hipótesis de Reeves. Si estuviera en lo cierto, su descubrimiento sería muy importante, tal vez el más destacado del siglo XXI. Nefertiti fue la esposa del faraón hereje, de aquel que quiso sustituir los cultos politeistas (muchos dioses) por el monoteista (un sólo dios), era Akenatón, de la dinastía XVIII.

Los trabajos comenzaron en el Valle de los Reyes, en Luxor, con la supervisión de la Universidad de El Cairo y la Institución de Preservación e Innovación del Patrimonio Francés. El primer paso sería someter los muros a termografía por infrarrojos, para comprobar si están huecos o no y si hay un sepulcro o nuevas salas. «*La arqueología normalmente no va buscando a nadie. Eso se hacía hace mucho tiempo, como por ejemplo en la época de Howard Carter, el descubridor de la tumba de Tutankamón. Considero que es un error plantear una excavación de esta manera. No es así como se trabaja*», decía José Manuel Galán, egiptólogo del CSIC, director del Proyecto Djehuty, centrado en la necrópolis de Dra Abu el—Naga, en Luxor. «*La arqueología tiende a llevarte la contraria y por eso hay que ser muy prudente.Un científico tiene que ir paso a paso. La ciencia se caracteriza por su prudencia. Reeves ya aseguraba que estaba en la pista de la tumba de Nefertiti en otro lugar del Valle de los Reyes, se excavó allí y no se encontró nada. Ello no quita que todos estemos deseando que sea verdad. Y si no es Nefertiti, al menos otro miembro de la familia real. Sería uno de los hallazgos arqueológicos más importantes del siglo XXI*».

Nicholas Reeves realizó un escáner fotográfico de las paredes en el que se revelaron unas extrañas grietas bajo la pintura, sobre el mortero. Las marcas, según el arqueólogo, se identificarían con una puerta tras la que se encontraría una cámara, tal vez la mortuoria con la momia de la reina y su ajuar.

Es posible que se utilizara la tumba de la reina para enterrar a Tutankamón debido a lo prematuro de su muerte y ella, que cayó en desgracia para los sacerdotes, fuera confinada a la sala secreta. «*Si realmente hay una cámara funeraria detrás, seguramente estará intacta, porque las pinturas no han sido tocadas. A no ser que tuviera otra entrada; y no creo que sea el caso. Habiéndose conservado tan bien la tumba de Tutankamón, todo hace pensar que la cámara que se descubriese también estaría muy bien conservada*» concreta Galán.

La condición impuesta por las autoridades egipcias fue que no se dañara la tumba del faraón: «*En este sentido, los investigadores cuentan con una característica importante que juega a su favor. Las pinturas de las paredes no llegan hasta el suelo. Hay más de un metro de margen. En ese espacio desnudo se podría realizar un pequeño agujero para introducir una cámara y explorar su interior sin perjudicar a las pinturas. Si finalmente se encuentra a Nefertiti, su enterramiento no sería tan lujoso como el de Tutankamón, pero tiene que ser espectacular. Nefertiti vivió una época histórica apasionante. El hallazgo de su tumba, o la de cualquier otro miembro de la familia real, podría revelar objetos importantísimos que nos ayudasen a comprender mejor este período».*

Pocos días después de haber comenzado los trabajos de investigación en la tumba del faraón Tutankamón, siguiendo la teoría del arqueólogo británico Nicholas Reeves, se descubrieron indicios de que la tumba de Nefertiti podría esconderse dentro de la del malogrado y joven regente del Antiguo Egipto.

Los análisis de la tumba de Tutankamon revelaron que podría existir una cámara oculta en la pared norte «*los primeros análisis indican la presencia de un área que tiene una temperatura diferente a otras zonas del muro norte*», indicaba el ministro de Antigüedades egipcio Mamduh el Damati que prosiguió diciendo que «*para certificar los resultados se llevarán a cabo una serie de experimentos que podrán aportar información más certera del área en la que se produce el cambio de temperatura. El estudio de los resultados obtenidos también será analizado*».

Se escanearon las paredes norte y oeste dentro del famoso Valle de los Reyes, donde se practicaron también pruebas con termografía por infarrojos, para detectar pérdidas de energía, todo ello bajo el control de la Facultad de Ingeniería de la Universidad de El Cairo y el Instituto para la Preservación e Innovación en Patrimonio de París. El proceso de análisis de esta técnica «*necesita más tiempo, una semana o más, con el fin de confirmar los resultados; la posibilidad de usar otros métodos está siendo estudiada con el objetivo de ayudar a identificar la zona con diferente temperatura*».

Sobre el trabajo de Reeves indicaba que «*él dice que hallaremos la cámara funeraria de Nefertiti. Yo estoy seguro al 60% de que encontraremos algo pero no estoy de acuerdo con que sea precisamente a Nefertiti*». Como alternativa a la bella reina está la candidata y segunda esposa de Akenatón, Kiya, madre de Tutankamon o Meritatón, primogénita de Ajenatón y Nefertiti. Según la teoría del arqueólogo: «*Habría una cámara lateral debajo de la decorada pared oeste de la cámara funeraria y una prolongación de la tumba más allá del muro norte*». En la primera de las opciones, camuflado bajo el mural de los doce monos, símbolo de las doce horas nocturnas que debía transitar el monarca antes de renacer, y conduciría a a una especie de almacén. La segunda opción conduciría a la cámara funeraria secreta. Reeves decía al respecto: «*Mi hipótesis es que nos encontramos ante una tumba dentro de una tumba. El enterramiento de Tutankamón se habría realizado en la parte exterior de una sepultura que ya existía y que se habría adaptado para tal fin*». Así el trabajo de Reeves resolvería el enigma del hallazgo de la KV62 y las pequeñas dimensiones —extrañas en un monarca de la dinastía XVIII— o el anómalo esqueleto del enterramiento «*su plano, con el giro a la derecha incluido, es claramente el de la tumba de una reina con evidentes pretensiones regias a juzgar por el ensanchamiento del segundo pasillo*».

Debe quedar muy poco para resolver el misterio de Nefertiti.

Pocos podían rubricar la «descabellada» teoría de que dentro de la tumba del «faraón niño», de Tutankamón, pudiera esconderse otra tumba como, en este caso, la de la bella Nefertiti.

Las primeras informaciones sobre el estudio llevado a cabo en la tumba del faraón Tutankamón, en Luxor, señalan que «*podría ser una cámara vacía*», según informaba Mahmud Afifi, jefe del Departamento de Antigüedades egipcio, que añadía que «*hasta ahora el resultado principal es que hay algo, aunque todavía es desconocido, detrás de la parte este del muro norte de la tumba*».

Todo ello aumenta las posibilidades de que se pueda encontrar la tumba de la reina tras la pared donde se estaba y está buscando. Los datos fueron enviados a Japón donde informarán con mayor claridad de lo que pudiera existir tras la misma.

El especialista de radar Hirokatsu Watanabe decía sobre todo ello que «*hay un espacio vacío más allá del muro según el radar, que es muy preciso, no hay duda. Aunque en este momento no podemos decir el tamaño de ese espacio. Tenemos los datos pero necesitamos analizarlos para comprenderlos. Aunque estamos tra-*

bajando en el Valle de los Reyes, por lo que esperamos encontrar reliquias tras los muros».

Nicholas Reeves fue el arqueólogo y egiptólogo que apuntó ésta posibilidad y que la tumba de la reina estaría en un anexo de la tumba de Tutankamón, una tumba donde se descubrió en 1922, por parte de Howard Carter, un increíble tesoro que conmocionó a la sociedad de su tiempo. Nefertiti, posible madrastra de Tutankamón falleció en el siglo XIV a.C., era la esposa del faraón hereje, de Akhenatón, que sustituyó el culto politeista por el monoteísta al dios Atón.

¿QUÉ PASÓ CON EL ESTUDIO DE LA TUMBA DE TUTANKAMÓN?

El enigma de la tumba secreta, y perdida, de la reina Nefertiti parece que se puede resolver y ser localizada, al menos así lo aseguraban los expertos, aventurándose en que podría encontrarse en otra tumba no menos famosa en la Historia.

Se trata de la KV62, la tumba donde fue hallado el tesoro y el sarcófago con la momia del faraón Tutankamón, un rey menor de Egipto que fue acompañado de una increíble riqueza en su viaje al más allá. Según el arqueólogo Nicolas Reeves la tumba del faraón niño escondería unas cámaras secretas que albergarían el cuerpo de la reina de Egipto.

Nefertiti habría estado todos estos siglos, milenios, fuera de la vista del curioso, del buscador de tesoros, del arqueólogo; una tumba dentro de otra tumba, escondida tras las paredes del último lugar de descanso de Tutankamón.

Mahdouh Eldamaty, ministro egipcio de Antigüedades afirmó estar seguro al 90% de haber encontrado dos cámaras nuevas, ocultas, en las paredes de la tumba real y a las que se accedería por un pasadizo. «*Las exploraciones apuntan a diferentes cosas detrás de las paredes, material diferente que podría ser de metal, o que puede ser orgánico. Podemos decir con más del 90% de probabilidad que las cámaras están ahí. Pero nunca daremos el siguiente paso hasta que sea el 100%*».

El trabajo de escaneo de la tumba comenzó cuando Nicolas Reeves descubrió unas grietas en las paredes que le hicieron pensar que tras ellas podría haber cámaras ocultas. Además, la tumba de Tutankamón, por sus dimensiones, no es propia de un rey de Egipto lo que le llevó a pensar que su prematura muerte habría ocasionado que se tomara una tumba de otro regente, tal vez de una reina, para así reutilizarla. La no aparición del cuerpo de Nefertiti llevó a pensar que su cuerpo podría estar allí, oculto tras una pared.

Nefertiti murió en el siglo XIV a.C., era la madrastra de Tutankamón y se considera lógica esta reutilización.

El ministro afirmó contundente: «*Puede ser el descubrimiento del siglo. Es muy importante para la Historia de Egipto y del mundo*». En pocas semanas se desvelará el secreto.

El posible hallazgo de dos cámaras escondidas en la KV62, en la tumba del faraón Tutankamón, conmocionó a la comunidad de arqueólogos de todo el mundo por considerarse el hallazgo más importante del siglo —si realmente es así—. No se sabe lo que hay en esas cámaras pero como especulación cabe destacar que el cuerpo de Nefertiti podría encontrarse allí.

Sin embargo pocos son los que conocen que ese hallazgo tiene enfrentados a dos conocidos arqueólogos cuyo campo de actuación es Egipto. De un lado encontraríamos a Nicholas Reeves y del otro, al egiptólogo Zahi Hawass.

Reeves fue expulsado por Hawass de la necrópolis real de la antigua Tebas (Luxor) por las hipótesis que el británico manejaba y que el egipcio temía que pudieran eclipsar el poder mediático que en ese momento tenía.

El tiempo pasó y el que fuera uno de los hombres más influyentes de Egipto, Zahi Hawass, fue nombrado secretario general del Consejo de Antigüedades del país y ascendido en 2011 a ministro de Antigüedades. El poder de Hawass parecía no tener límites, concentraba a medios de comunicación del nivel de National Geographic y Discovery Channel, pero todo se vino abajo cuando se le acusó de traficar con antigüedades.

Durante el tiempo que estuvo en el cargo, determinaba quién podía, y quién no, trabajar en su país y Reeves era uno de los 'castigados'. Cuando Hawass cayó en desgracia Reeves regresó a Egipto y expresó sus hipótesis teniendo gran aceptación entre la nueva autoridad en el terreno de antigüedades. El británico contó que antes de su expulsión, en 2000, ya encontró evidencias de lo que hoy puede ser el descubrimiento más grande del siglo pero que Hawass se encargó de eclipsar y silenciar. Ahora Hawass acusa a Reeves de buscar notoriedad y ser mediático... No es Hawass, precisamente, la persona más idónea para hablar de humildad.

Cuando parecía que ambas cámaras iban a ser descubiertas, una nueva acusación popular se cernió sobre Hawass: iba en contra de su país y de su patrimonio por una cuestión de ego.

Si las cámaras, como se afirma, se encuentran en la tumba de Tutankamón, Zahi Hawass tendría que dar muchas explicaciones y su imagen quedaría totalmente rota entre la comunidad arqueológica. El ministro de Antigüedades egipcio, Mahmud al-Damaty se encuentra muy esperanzado con el hallazgo.

Es la otra cara de la arqueología en el país de las arenas eternas, aquella que no muestran y en la que priman más los intereses y egos personales que la verdadera investigación.

Tras muchas noticias e informaciones sobre las cámaras secretas en la tumba del faraón Tutankamón y la posible presencia de la momia de la reina Nefertiti parece que todo ha caído en el olvido o en un voluntario silencio. ¿En qué punto se encuentra esta investigación?

El nuevo ministro de Antigüedades de Egipto, Jaled al Anani, indicó que las nuevas tecnologías son las encargadas de descubrir las cámaras ocultas en la tumba de Tutankamón y que, de forma acertada, señaló el egiptólogo británico Nicholas Reeves.

Fue su predecesor en el cargo, Mamduh al Damati, en 2015, quien lanzó la noticia rodeado de numerosos medios de comunicación. La tumba fue inspeccionada por los expertos y se quiso ver en todo este 'descubrimiento' una especie de campaña de marketing para revitalizar el turismo en Egipto, tras los recientes problemas y conflictos internos en el país que lo han mermado considerablemente.

Pero la investigación ha quedado silenciada; al Anani indicó en El Cairo: «*No haré ninguna perforación hasta que esté 100% convencido de que existe una cavidad detrás de la pared*».

El último lugar de descanso de la que fuera esposa del 'faraón hereje', Akhenatón, es todo un misterio. Fue una mujer poderosa que jugó un destacado papel político, pero ambos, ella y su esposo, cayeron en desgracia por imponer en la religión egipcia el culto monoteísta frente a los sacerdotes y sus ritos politeístas. Han pasado más de tres milenios y jamás se hallaron sus restos.

Reeves opinaba que la pronta muerte de Tutankamón, con sólo 19 años, provocó que fuera enterrado en la tumba de la reina, y ella tras una de las paredes de la misma. Ahora solo falta que se reemprenda la investigación y se vuelva a informar del estado de la misma.

EPÍLOGO

«En este lugar profundo, el observador experimenta una sensación singular y que le impone silencio: la sensación del poder unido a las tinieblas. Nos hallamos aquí en el refugio de los muertos... Losas de piedra, mausoleos de mármol, sepulcros, ruinas históricas, fragmentos del pasado. Un silencio lúgubre y pesado llena los espacios abovedados. Los mil ruidos del exterior, vanos ecos del mundo, no llegan hasta nosotros. Todo es misterio, angustia y temor, en este antro oscuro. Formas rudas y gastadas, en que la elegancia y la riqueza ceden sitio a la solidez. Músculos gruesos, contraídos por el esfuerzo, que se reparten, sin desfallecer, el peso formidable del edificio entero. Fuerza real, pero oculta, que se ejercita en secreto, que se desarrolla en la sombra, que actúa sin tregua en la profundidad de las construcciones subterráneas de la obra».

Fulcanelli, «El misterio de las catedrales».

Se podría decir que reproduzco un pensamiento sobre las pirámides que he ido desgranando a lo largo y ancho de cada página de este libro, pero no es así, es un texto de Fulcanelli, el genio alquimista que nos fascinó con sus relatos sobre las catedrales, pero hay tantos paralelismos que uno no puede reprimir pensar si, tal vez, nos encontremos ante un templo sagrado cual catedral cristiana y no ante una pretendida tumba de ególatras y usurpadores faraones.

Parece que el ser humano actual, su Historia y su Ciencia, acatan de buena gana la oficialidad, o la ortodoxia, de atribuir a Keops, Kefrén y Micerinos su construcción, pero como hemos ido leyendo, no todo es tan sencillo como la historia nos lo ha querido contar, habiendo serias dudas al respecto.

Hemos comprobado cómo las pirámides y sus hermanas menores guardan aún muchos secretos y hemos descubierto solo algunos de ellos. Hemos comprobado la trascendencia del río Nilo, desde su nacimiento hasta Alejandría, hemos conocido otras pirámides, otros templos, otras ubicaciones importantes en la historia de Egipto, como Luxor, Menfis, Karnak, Amarna, etc. La monumentalidad hoy es inenarrable pero también es difícilmente reproducible por nuestras técnicas arquitectónicas y, nuevamente, se agolpan preguntas y más preguntas sobre el origen y su pasado remoto. ¿De verdad tendrían una relación directa con aquellos semidioses que les dieron el Conocimiento que poco a poco perdieron? Parece casi la única explicación posible, y sin embargo cada día surgen descubrimientos de viejos vestigios que nos sorprenden más y más.

Egipto es un lugar para vivirlo, para visitarlo al menos una vez, para perderse por las calles del zoco, para tomar un puñado de su arena y sentir los ecos del pasado. Para madrugar y visitar aquellos lugares que pisaron los mismísimos faraones, los «dioses» mortales de aquel mítico Egipto. Egipto es tierra de misterios, tierra de sueños, tierra de reencontrarnos con nosotros mismos, tierra de fascinación, de preguntas, de anhelos, de vida... Mucho podría narrarle de Egipto pero nada como estar aquí contemplando la Gran Pirámide y sintiendo que algo muy especial sucedió en torno a ella y a su interior hace miles de años... Ahí queda el desafío vigilado por su guardiana la Gran Esfinge, ahí queda su misterio como otros muchos diseminados por todo el país del Nilo a cuyas orillas crece la vida y fuera de ellas el desierto, la muerte, el mundo de las arenas eternas, el mundo mágico de Egipto.

> *«Unas ha vuelto a aparecer en gloria en el cielo*
> *ha sido coronado como Señor del Horizonte*
> *ha quebrado vértebras y espinazos*
> *se ha apoderado de los corazones de los dioses*
> *se ha comido la corona roja, ha engullido la verde*
> *Unas se alimenta de los pulmones de los Sabios*
> *y queda saciado viviendo de sus corazones y su magia*
> *a Unas le repugna lamer los shebesu que están en la poja*
> *se recogija porque sus magias están en su vientre*
> *las dignidades de Unas no le serán arrebatadas*
> *ha engullido el conocimiento de todo Dios».*

Rito Iniciático del Libro de las Pirámides,
comunión del faraón Unas con la divinidad.
En Abul Simbel mientras espero el milagro del sol...

José Manuel García Bautista

BIBLIOGRAFÍA

— *11 Cuentos del antiguo Egipto de Michel Laporte* / Editex, S.A., 2008

— *Amen-Hotep III: el esplendor de Egipto* de Martin Valentin, Francisco J. / Alderaban ediciones, S.L., 1998

— *Antiguo Egipto: arte, historia y civilizacion* (atlas ilustrado) de Guidotti, María Cristina y Cortese, Valeria / Susaeta Ediciones, S.A. 2004

— *Antiguo Egipto: cultura y mitología* de Jonathan Sutherland / Lisma, 2008

— *Código Egipto: el mensaje secreto de las estrellas* de Robert Bauval / Martínez Roca, 2007

— *Cómo leer el Arte egipcio. Guía de jeroglíficos del Antiguo egipto* de Wilkinson, Richard w. / Editorial Crítica 2004

— *Destellos de Osiris: vidas del antiguo Egipto* de Ray, John / Editorial Crítica 2003

— *Diccionario Akal del Antiguo Egipto* de Shaw, Ian / Ediciones Akal, s.A., 2004

— *Egipto* de VV.AA. / Combel, 2012

— *Egipto* (Travel time) de VV.AA. / Jaguar Consultores & Asociados (guías travel time), 2009

— *Egipto 2008* (Guías tresd) de VV.AA. / Anaya touring, 2010

— *Egipto 2010* (Trotamundos) de VV.AA. / Anaya, 2010

— *Egipto desde el cielo* de Christian Jacq y Philip Plison / Lunwerg, 2010

— *Egipto. Grandes civilizaciones* de VV.AA. / Parramon ediciones, S.A. 2004

— *Egipto: 4000 años de Arte* de Jaromir Malek / Phaidon Press Limited, 2007

— *Egipto: 4000 años de arte* de Malek, Jaromir / Phaidon Press Limited, 2003

— *Egipto: de la Prehistoria a los faraones* de Pardo Mata, Pilar / Silex ediciones 2004
— *Egipto: la música en la era de las pirámides* de Pérez Arroyo, Rafael / Centro de estudios egipcios, S.L., 2002
— *El Antiguo Egipto en el Museo Británico* de Quirke, Stephen y Spencer, Jeffrey / Alianza Editorial, S.A. 2004
— *El Antiguo Egipto: anatomía de una civilización* de Kemp, Barry J. / Editorial Crítica, 2003
— *El camino secreto* de García Bautista, José Manuel / Abadir 2011
— *El enigma de la Gran Pirámide* de Nacho Ares / Oberon, 2004
— *El guardián de las Pirámides* de Nacho Ares / Anaya, 2001
— *El origen de los Faraones* de Wilkinson, Toby / Ediciones Destino, S.A. 2004
— *El pueblo egipcio: la vida cotidiana en el Imperio de los Faraones* de James, T.G.H. / Editorial Crítica 2004
— *El uno y los múltiples: concepciones egipcias de la divinidad* de Hornung, Erik / Editorial Trotta, S.A., 1999
— *Gentes del Valle del Nilo: la sociedad egipcia durante el periodo faraónico* de Parra Ortiz, José Miguel / Editorial Complutense, 2003
— *Gran libro del Antiguo Egipto* de VV.AA. / San Pablo, 2008
— *Hablan los dioses* de Redford, Donald B. / Editorial Crítica 2003
— *Historia del Antiguo Egipto* de Grimal, Nicolás / Ediciones Akal, S.A., 1996
— *Historia del Antiguo Egipto* de Ian Shaw / La Esfera de los Libros, 2010
— *La historia perdida* de Nacho Ares / Edaf, 2003
— *La historia perdida II: nuevos enigmas que los hombres y el tiempo ocultaron* de Nacho Ares / Edaf, 2003
— *La medicina en el Antiguo Egipcio* de Cuenca-Estrella, Manuel y Barba, Raquel / Alderaban ediciones, S.L. 2004
— *La mujer en tiempos de los faraones* de Desroches Noblecourt, Chrstiane / Complutense, 1999
— *La ruta prohibida* de Sierra, Javier / Martínez Roca, 2009
— *La tumba de Tutankamon: Egipto* de VV.AA. / Bruño, 2007
— *La tumba perdida* de Nacho Ares / Grijalbo, 2012
— *Larousse Egipto* de VV.AA. / Larousse, 2007
— *Las pirámides de Egipto* de Edwards, I.E.S. / Editorial Crítica 2003
— *Libro de los muertos* de anónimo / editorial Tecnos, 2002
— *Los egipcios: de los orígenes hasta nuestro días* de Lugan, Bernard / Editorial Ariel, S.A. 2003
— *Los templos del Antiguo Egipto* de Wilkinson, Richard H. / Ediciones Destino, S.A., 2002

— *Metrología historia en la descripción de Egipto* de Mario Ruiz Morales / Universidad de Granada, 2011
— *Mitos y leyendas del Antiguo Egipto* de Joyce Tyldesley / Crítica, 2011
— *Poder y sabiduría en el Antiguo Egipto* de Jacq, Christian / Editorial Planeta, S.A. 2001
— *Quién es quién en el Antiguo Egipto* de Rice, Michael / Acento Ediciones, 2002
— *Ramses II: la verdadera historia* de Noblecourt, Christine d. / Ediciones Destino, S.A., 2004
— *Reinas de Egipto: el secreto del poder* de Bedman González / Oberon, 2003
— *Religión y magia en el Antiguo Egipto* de David, Rosalie / Editorial Crítica, 2003
— *Sen en mut: el hombre que pudo ser rey de Egipto* de Bedman / Oberon 2004
— S*ímbolos sagrados: cómo leer los jeroglíficos* de Wilson, Penélope / Editorial Crítica 2004
— Todo sobre las pirámides de Lehner, Mark / Ediciones Destino, S.A., 2003
— *Tutankamon: el último hijo del sol* de Nacho Ares / Oberón, 2002
— *Tutankhamon: vida y muerte de un rey niño* de Mahdy, Christine / Ediciones Península, S.A., 2002
— *Viaje iniciático por los templos sagrados del Antiguo Egipto* de Nacho Ares / Edaf, 2001
— *Viajes por Egipto* de Robert Sole / Océano, 2004
— *Vida cotidiana de los egipcios* de Cimmino, Franco / Editorial Edaf, S.A., 2002

Egipto misterioso se terminó de imprimir en su primera edición por encargo de la editorial Almuzara el 26 de junio de 2020. Tal día del 1284 (Día de san Pedro y san Pablo): en Hamelín (Alemania) suceden los hechos de la leyenda del flautista de Hamelín, en que 130 niños (posiblemente jóvenes) fueron raptados o reclutados.